Remo Rapino

DAS WUNDERSAME LEBEN DES LIBORIO BONFIGLIO

ROMAN

Aus dem Italienischen
von Walter Kögler

KEIN & ABER

Questo libro è stato tradotto grazie a un contributo per la traduzione assegnato dal Ministero degli Affari Esteri italiano.

Die Publikation der Übersetzung erfolgt mit der freundlichen Unterstützung des italienischen Außenministeriums.

Die Originalausgabe erschien 2019 unter dem Titel *Vita, morte e miracoli di Bonfiglio Liborio* bei Edizioni minimum fax, Rom

Deutsche Erstausgabe

Cover: Maurice Ettlin
Coverfoto: Benjamin Katz
Satz: Dörlemann Satz, Lemförde
Druck und Bindung: CPI books GmbH, Leck
ISBN 978-3-0369-5864-4
Auch als eBook erhältlich

www.keinundaber.ch

1926
Jahr, in dem Liborio Bonfiglio die Bühne der Welt betritt, und zwar im Sommer

> Die Leute auf der Straße sagen, ich spinne, weil ich immer Hunger habe.
>
> JUAN RULFO, *MACARIO*, IN: *DER LLANO IN FLAMMEN*

> Ja ihr lieben Leute, glaubt mir nur, diese Sache ist nicht so unerheblich, als Manche von euch glauben mögen.
>
> LAURENCE STERNE, *LEBEN UND MEINUNGEN DES HERRN TRISTRAM SHANDY*

Jetzt gehen die auch noch her, die andern da, die ganzen Leute in diesem blöden Kaff und sagen ich spinne. Das brauchen die mir nicht jetzt zu sagen, die andern da, die ganzen Leute in diesem blöden Kaff, dass ich spinne. Weiß ich doch selber, und denk auch dauernd dran, Tag und Nacht, im Winter wie im Sommer, jeden Tag, den der Herrgott kommen und gehen lässt mit Licht und Dunkel, denk ich dran. Hab ich schon immer drüber nachgedacht, warum aus meim Schädel, der fast normal war, ein Knallkopf geworden ist, ein hirnrissiger Schmarrn. Ist ja so, wie wenn einer geradeaus geht und auf einmal verhakt sich der Blick an einer Weggabelung, die krumm und verschlungen ist wie ne Schlange, und er schlägt einen anderen Weg ein und merkt es gar nicht, und auf einen Schlag bist du an einem Ort, den du vorher noch nie gesehen hast, wo du nichts kennst, die Häuser nicht blickst, die Bäume, die Gesichter der Leute, die Stimmen, ja nicht mal die Stimmen; selbst die feine Stimme deiner Mutter klingt falsch, und du findest nicht mal mehr den Brunnen auf der Piazza Grande, dabei ist der richtig groß, und dann kacken dir voll gemein auch noch die Tauben auf den Kopf, du findest nicht einmal das Haus, wo du geboren bist, mit dieser Haustür aus völlig morschem altem Holz, wo die Holzwürmer ganze Wohnsiedlungen drin einrichten, ja das tun sie, und nach und nach alles in sich reinschlürfen, den Rost und den Schimmel fressen sie gleich mit, diese Holzwürmer. So was kann passieren. Ich meine, mir ist es auch so passiert, mir selber. Kann auch sein, es hat alles damit angefangen wie ich auf die Welt gekommen bin, zumindest nach dem was mir meine Mama erzählt hat, weil mein Vater weiß ich nicht mal, wer er ist und wo er jetzt lebt, ob er überhaupt noch am Leben ist, ob er gestorben ist als der elende arme Schlucker der er gewesen ist, weil er ja einer war, ein elender armer Schlucker der nur Pech hatte. Wer sich ihn erinnert, meint, er ist nach Amerika gegangen, nach Argentinien oder Barsilien, irgendwo hinterm Meer, aber ein großes Meer sagen sie, wie soll ich das denn wissen nach der ganzen Zeit. Wie groß wird es denn sein, dieses beschissene Meer? Was richtig Großes erzählen die Emigranten, dass die Wellen haushoch daherkommen und mit einem Schwapp ganze Schiffe und Dampfer verschlingen, und in manchen Nächten bei starkem Wind kotzen sich die Leute an Bord auch noch die Seele aus dem Leib, die Seele und die Erinnerungen und alles was sie hinter sich gelassen haben und das was noch kommt. Jedenfalls ward er seitdem nicht mehr gesehen und er hat auch keine Postkarte nicht geschrieben, kein Lebenszeichen von sich gegeben, und Geld hat er auch keins geschickt, dass man die Tage und den Bauch hätte füllen können. Gehungert haben wir, richtig gehungert, dass man sogar auf die Schafe eifersüchtig sein konnte, die hatten wenigstens ihr Gras. Vielleicht ist er auch gestorben, so was kommt vor, was weiß ich, ein Unglück, vielleicht von einem Baugerüst geflogen, das nur von Stoßgebeten und Wird-schon-gut-gehen-Sprüchen zusammengehalten war, oder ein Messerstich in ner Spelunke, ne schlimme Krankheit, oder er ist ins Meer gesprungen oder vor einen amerikanischen Zug. Woher soll ich das wissen, wo ich ihn doch nie gesehen und auch nie mit ihm geredet hab. Ich bin erst später gekommen. Mir hat meine Mutter gesagt, ich hab die gleichen Augen wie er. Das ist alles was ich weiß. Und seit ich ein kleiner Knirps war, ein ganz kleiner, und später, als ich etwas größer war auch, hab ich jedes mal wenn ich an einem Spiegel vorbeigekommen bin oder an einem Schaufenster, hab ich mich immer angeguckt, aber immer nur die Augen, um dahinterzukommen wie mein Vater ausgesehen hat, zumindest sein Geschau, wenigstens die Farbe seiner Augen. Auch als gestandener Mann ist mir das noch geblieben, wie ne Macke, eine Fantasie die ich immer mit mir herumtrage, aber es hat nichts gebracht, kein einziges Mal, nicht einmal wenn ich mich angestrengt und die Augen zugemacht habe um besser zu sehen. Nur ein Schatten ist mir geblieben zwischen den Fingern und im Herz, weil dem Herz war manchmal auch zum Heulen, vor allem nachts, wenn ich nicht einschlafen konnte in Gedanken an diese schlimme Sache, keinen Vater zu haben, und mich zwischen den Decken hin- und hergewälzt und gerufen hab, aber leise, damit mich keiner hört, Papa, Papa, oh Pa. Wenigstens ein einziges Mal wollte ich ihn sehen, und dann alles nach dem Herrgott seinem Willen, Schöpfer des Himmels und der Erden, Amen. Dann überkam mich der Schlaf, aber geträumt hab ich nichts, zum Glück. Ein Glück war auch, dass ich den Namen meiner Mutter hatte, Bonfiglio. Denn so hat meine Mama geheißen, Bonfiglio, Maria Bonfiglio, Maria wie die Muttergottes, und so stand mein Name auch auf der Gemeinde, in einem Register mit schwarzer Tinte, und das *o* hatte ein Ringelschwänzchen ganz genauso wie bei denen, die einen richtigen Vater hatten, der da war, der sie in die Schule begleitete und ihnen ab und zu auch mal was schenkte. Also als ich geboren bin, sind diese Dinge passiert und noch viel anderes mehr, und vieles sollte noch passieren, was mir widerfahren ist, dieweil die Jahre nach und nach vergingen, wie lauter Wolken in allen Farben, weiße, violette, schwarze, rote, die Sonne ging auf und ging unter, und ab und zu kam ein Sturzregen, dass alle Meere vollliefen, alle Flüsse und alle Schlaglöcher der Welt, und die Gemüsegärten mit den Tomaten und den Kürbissen drin auch. So viel Regen hats auch gegeben als ich geboren bin, an nem Abend im August, wo am Himmel hinter den Wolken klar und deutlich das Zeichen des Löwen gewesen sein muss, was man aber nicht hat sehen können, weil es geschüttet hat wie aus Eimern, dass Petrus es nur so hat herunter prasseln lassen und ein Donnerwetter auf die Erde heruntergekracht ist, dass alle Viecher, Hunde und Katzen vom Angesicht der Erde verschwunden sind und die Vögel sich in ihre Nester verkrochen haben und keiner mehr geredet hat, nicht mal ein Stoßgebet zur Rettung der eigenen Seele. Es mag der Südwestwind gewesen sein oder der Libeccio, die Blitze zerfetzten jedenfalls den Himmel und der Donner ließ die Dächer erbeben, die Scheiben, die Häuser, die Herzen und die Ohren. Mein Opa, Nonno Peppe Bonfiglio, so erzählte es mir immer meine Mama Gotthabsieselig, hat unter Schreckgeschrei und Gezitter zwei Kerzen fest in der Hand gehalten, dass wenigstens ein bisschen Licht war, und hat in einem fort geflucht Wo bleibt verdammtnochmal dieser Esel von Don Nicola? Wo bleibt verdammtnochmal diese Hure von Commar'Elisa? Wobei Don Nicola der Gemeindearzt war und Commar'Elisa die Hebamme. Don Nicola spielte gern Karten und zwar mit jedem und allen, dem Bürgermeister, dem Pfarrer, dem Zöllner, dem Gemeindesekretär, aber mit dem nicht so oft, weil der ein Schwindler war und Punkte klaute, sagte Don Nicola immer, aber er spielte auch mit den Maurern und den Bauern, wenn die aus der Gegend heraufkamen, die Sachen vom Land zu verkaufen. Vielleicht war Don Nicola auch das eine Mal, als ich auf die Welt kommen sollte, im Wirtshaus, mit einem Glas Konjak und einer Zigarette im Mundwinkel, bei Kerzenschein, weil der Strom ausgefallen war, und da kannst du lange warten, wenn er keine Ansage für Herz bekam, bis der Lust kriegte, sich um meinen Mist zu kümmern. Und auch die Commar'Elisa machte unter all dem Wasser keine Anstalten, sich blicken zu lassen, bei den voll verschlammten Gassen und ohne das Licht der Laternen, oder vielleicht hatte sie selber ihre liebe Not, sie hatte ja auch einen Sohn, aber ohne Mann, wo sich die bösen Zungen das Maul zerrissen und spotteten, er sei der Sohn vom Heiligen Geist oder vom Baron Della Torre und Amen. Die einen sagten, der Vater, der ihr das Balg gemacht hatte, sei ins Ausland abgehauen, andere meinten, es sei einer, der schon verheiratet war, manche hielten den Pfarrer für den Vater des Kindes, zwar auch ein Don, aber Don Biagio allerdings. Dies Kind war so schön pummelig schon von Geburt an, und von seinen ersten Jahren an, wo es krabbelte und scharrte wie ein Besoffener der erst ganz ganz spät aus der Schenke herausfindet, nannten die Leute es Filippone, obwohl er Filippo hieß und klein war, dass man meinen konnte er kriegt nicht genug zu essen. Ich erinnere mich wie er groß geworden und schön und kräftig war, und weiß auch noch, wie sie ihn eines Tages, weil er so groß und schön und kräftig war, zum Militär eingezogen haben, ausgerechnet zu den Gebirgsjägern, und alle bewunderten ihn mitten auf der Piazza, als er mit seiner Alpini-Uniform mit dem Federhut zurückkam, und mit der Feder kitzelte er mich im Scherz und ich hatte Spaß am Kitzeln unter dem Kinn und hinter meinen Ohren, die auch ein bisschen abstehend waren, aber nicht so viel. Und Filippone war so groß, schön und kräftig, dass sie ihn ins Russenland schickten, ich erinnere mich daran, war ja schon fünfzehn, hatte schon ein bisschen Bart und Haare an den Beinen. An dem Tag weinten alle und nahmen Abschied und sagten ihm, Du musst den Krieg gewinnen, nur seine Mama und sein Hund blieben stumm, und die Leute fragten sich warum sie nicht weinten, wenigstens die Mama, weil von den Hunden weiß man ja, dass sie nicht weinen wie die Christenmenschen. Stattdessen nur ein Winken mit der Hand aus dem Fenster vom Postbus, der blau war und wo Vulcano draufstand, und keiner wusste wer das war, dieser Vulcano. Seitdem hat ihn keiner mehr in der Uniform gesehen, und auch nicht ohne, nicht mal seine eigene Mutter, die viele Jahre drauf gewartet hat, dass er zurückkommt, aber dem war nicht so, nicht einmal ein Brief, dass er verschollen ist, und die Mutter hat immer gespannt auf ihn gewartet und nach ihm Ausschau gehalten auf der Piazza, wie ein Vorstehhund, und nichts da, er ist nicht mehr aufgetaucht. Der Mutter sagte man, der Weg sei lang, voller Flüsse und Berge, vielleicht war sogar ein Meer zu überqueren, und wenn Filippone zu Fuß zurückkam, brauchte es einfach seine Zeit, ja die brauchte es. Am Ende war die Mutter das Warten leid, sie verrenkte sich die Hände und weinte alle Abende, auch im Sommer, und eines Tages dann, genauer eines Nachts, ist sie gestorben, und was sollte Filippone, der nur sie hatte als Familie, wo selbst der Hund gestorben war unter einem Lastwagen der auf dem Morgentau ins Schleudern geraten war, was sollte Filippone also zu Hause, und vielleicht ist er deswegen im Russenland geblieben auch wenn es dort fast das ganze Jahr kalt war, vielleicht sogar im Sommer schneite, sagten die die im Ausland gewesen waren, in Amerika, in Argentinien, in Barsilien, nur im Russenland nicht. Wie konnten sie das dann sagen? Wobei sie dann, ganz am Ende, doch noch gekommen sind, der Doktor und die Hebamme, aber ich war zwischen einer Verleugnung und der nächsten schon auf eigene Faust geboren, hatte schon geschrien und an der Brust genuckelt, machte schon das erste Schläfchen meines Lebens und vielleicht hab ich mir gedacht Das fängt ja gut an wie das anfängt, wobei wer weiß ob ich das schon denken konnte Das fängt ja gut an wie das anfängt, wo ich doch gerade erst geboren war. Das erzählten mir meine Mama und der Nonno, jedes mal wenn es regnete oder wenn ich Geburtstag hatte, und der Nonno fing, sobald er sich daran erinnerte, wieder an, alle zu verfluchen, Christus, die Heiligen, die Madonnen und auch den Duce, der zwar wenig zu suchen hatte in der Reihe von Sprechsünden, Käskopf nannte er ihn, und er leierte die ganze Liste des Heiligenkalenders und der Madonnen herunter, der an der Küchenwand hing, auch wenn er vom Jahr davor war, und meine Mutter bekreuzigte sich, er aber fluchte weiter bis ihm die Stimme versagte, da half kein Kreuzzeichen nicht, weil der Nonno auch noch Komunist oder Sozialist war, von Nennis Seite allerdings; stur war er wie ein Maulesel, er hatte ja keine Angst in die Hölle zu kommen, weil meinem Gefühl nach ist er direkt in die Hölle gefahren, mit dem Satan, den Mistgabeln, den Flammen, den reichen Landbesitzern und Geschäftsleuten, und mit dabei auch ein paar Päpste, so wie ich ihn sehe, wohin denn auch sonst, nachdem er gestorben ist, als Komunist oder Sozialist, wenn auch von Nenni einer, der er sein ganzes Leben lang gewesen ist ohne auch nur einen Deut abzuweichen? Also von mir aus und nach dem was man mir tausendmal erzählt hat, hat dieses Unwetter ja etwas bedeuten müssen, es war wie ne Art Vorwarnung für die Jahre danach. Es hätte vielleicht einen tüchtigen Hellseher gebraucht, um zu warnen, einen Rat zu geben, Schau, es erwarten dich schwierige Zeiten, sei auf der Hut, pass auf, wie du dich aufführst, halte es mit denen, die es besser draufhaben als du, und geh ihnen auch zur Hand, so was halt, dass einer sich drauf einstellen kann und aufpasst, beim tun und lassen was zu tun und zu lassen ist, und beim sagen auch. Aber nichts dergleichen. Denn, hört euch auch das an, ein paar Monate, nachdem ich geboren war, ging meiner Mutter die Milch aus, weil sie wenig Rotwein getrunken hatte, weil der macht die Milch, sagten die alten Weiber im Viertel, und so bin ich nicht recht gewachsen, da hätte es einen Krug Bier gebraucht ab und zu und Hühnerbrühe, ordentlich viel Bier und viel Brühe. Stattdessen war es ein Leben mit lauter Wegwarte und wildem Salat, ein paar Häppchen Käse, Fleisch zu Weihnachten und Ostern, aber nicht jedes Weihnachten und Ostern. So war das damals. Es mögen ja Redereien alter Leute gewesen sein, aber ich bin halt nicht gewachsen wie Filippone zum Beispiel, und wie ich langsam größer wurde, hab ich mich nach und nach arrangiert, und gefressen hab ich alles, Weißbrot und Schwarzbrot, gebratenen Kürbis, Stockfisch voller Gräten, aus den Weinbergen stibitzte Trauben, Steine ebenso, wie man so sagt, und so bin ich, auch wenn in diesem Haus an Hunger nie kein Mangel herrschte, dann ganz und gar nicht gestorben. Der Nonno allerdings ist ganz plötzlich gestorben, keiner hätte gedacht, dass er so abnippeln kann, von Knall auf Fall. Es war ein Nachmittag, da ist ihm ne Bohle aus dem Gerüst unter den Füßen weggebrochen, ein von Wind und Wetter zermorschtes Holz, dort auf der Baustelle, wo sie die neue Schule hochgezogen haben, und er ist runtergeflogen genau auf einen Stapel gerade abgeladener Ziegelsteine, und sein Kreuz, das eh schon ganz kaputt war, ist in tausend Stücke zersprungen, vielleicht auch mehr, und dann hat er noch den am Kreuz gestorbenen Christus verleugnet und war dann selber tot. Nur so hat der Nonno sterben können, im Verleugnen. Auf den Bau ist er gegangen, wo er doch schon ein ziemlich alter Knacker war, weil ja irgendwo was zu futtern hat herkommen müssen, und auch weil er ein tüchtiger Maurer war, der Mauern im Nu hochzog, und stark war er wie eine Eiche, trotz all der Jahre die er auf dem Buckel hatte, er hatte es noch drauf, ein halbes Schaf zu verschlingen und literweise Wein dazu, ohne mit der Wimper zu zuckern. Nur so konnte er sterben, oder von einem anderen Haudegen wie ihm über den Haufen geknallt, oder unter einem Zug, kurz, immer starker Tobak, nicht etwa ein übler Huster oder ein starker Dünnpfiff, der dir die Eingeweide rausfrisst. Und vielleicht war auch das ein Zeichen, mit den Katastrophen ist es wie mit den Kirschen, es kommt selten ein Unglück allein, wie die Stimmen die von weither kommen, um die Christenmenschen zu warnen, sie sollen sich in acht nehmen, still sein und s'Maul halten, weil das Leben einem übel zusetzen kann, da muss man sich rechtzeitig drauf einrichten, wie wenn du pechschwarze Wolken vom Meer her aufziehen siehst und du weißt, gleich wird es fürchterlich schütten und der Wind wird heftig brausen, dass es den Bäumen die Krone vom Kopf reißt. Wie wenn du so rausgehst, hübsch herausgeputzt wie am Ostermontag, ohne Schirm, Umhang und Stiefel, klar, dass du dann ganz begossen dastehst wie eine Vogelscheuche, dass du dir auch noch ne Lungenentzündung holen kannst, die kannst du dir holen. Nun könnte einer meinen, dass das eine wirklich vom Schicksal gebeutelte Familie war, die von Maria Bonfiglio, Nonno Peppe und Sohn Liborio, weil freilich war sie vom Pech verfolgt, wenn wir noch oben draufpacken, dass einen Monat nach dem Unglück auf dem Bau der Rauswurf aus der Wohnung dazukam. Weil dieses Aas von Don Vincenzo, Esel der er war, der mehr Wohnungen hatte als Haare im Arsch, wollte mehr Miete, sonst raus unter den Sternenhimmel. Also packst du das bisschen eigene Habe auf irgendeinen Handkarren, die paar Möbel, die alte Wollmatratze, wo die Schafe dieser Wolle schon seit über hundert Jahren tot waren, und findest einen Platz eine finstere Gasse hoch, zwei vom Schimmel dermaßen stickige Zimmer, die man nicht einmal dem Vieh zumuten konnte als Behausung, ein Sternenzelt wäre wirklich besser gewesen, wenigstens wär es nicht voller Löcher und Flicken gewesen á la Wer Gottes Beistand will, muss schon selber beten. Und dann fangen dir an die Knochen weh zu tun, dass du alle verdammten Tage heulen könntest, weil Don Vincenzo kriegte nie genug, mit seinem Wanst, der immer gut gesättigt war mit Maccheroni und Fleischklößchen, aber nie platzte, je mehr er in sich reinstopfte desto weniger platzte er. Über die Jahre musste ich da immer wieder dran denken, all die Scheiß Don hier und die Don da sind mir immer wieder in die Quere gekommen und haben mein Leben durchkreuzt, das ja gerade erst angefangen hatte, und Don Nicola und Don Biagio und Don Vincenzo, und es wird noch ein paar andere gegeben haben, die mir auf den Sack gegangen sind, ein Don nach dem andern, lauter verfickte hohe Herren, immer frisches Weißbrot auf dem Tisch, als wären sie verwandt gewesen oder eine Clique die es darauf angelegt hatte, den armen Leuten in ihrem Elend das eh schon saure Leben noch saurer zu machen. Und die Sache mit der Räumung sollte auch ein schwarzes Zeichen sein. So fing es meiner Mutter an schlecht zu gehen, nach und nach, ein Hustenanfall ab und an, aber das zog sich hin, bis sie dunkles Blut aufs Kissen spuckte, während sie die Böden der Herrenhäuser schrubbte, mit kaltem Wasser Wäsche wusch, um sich was zum essen zu verdienen, und derweil spuckte sie Blut, spuckte und redete nicht mehr, auch wenn sie mir abends Märchen und Geschichten erzählte, an die ich mich jetzt nicht mehr genau erinnere, und vielleicht ist es besser, dass ich sie vergessen habe, abgesehen von der Geschichte, dass ich die gleichen Augen hatte wie mein Papa. Weil das war ja auch ein weiteres schwarzes Zeichen, wie soll man da nicht stinksauer werden auf die Welt, den Himmel und die Erde, und auf die Pfaffen, die einen mit einem Pater unser und einem Gloria trösten wollten, und mit der Sache vom Paradeis und den Engeln auch, das roch schon damals nach Beschiss, auch wenn mir erst später aufgegangen ist, dass das alles eine Verarschung war. All diese schwarzen Zeichen, als ich noch auf allen vieren krabbelte und ständig Rotz an der Nase hatte und mich einpinkelte wie ein Tattergreis im Altersheim. Aber woher sollte ich Ahnung haben von schwarzen oder roten Zeichen, ich war doch keiner von denen, die aus dem Flug der Vögel oder aus dem Gekröse eines Schafs lesen können und dann wissen, was noch wird, da hätte es einen Hellseher gebraucht, hätte es, aber woher sollte ich wissen, was für ein Leben mich erwartete, und wo ist da außerdem der Reiz, wenn man vorher weiß, was kommt, weil dann freust du dich über nichts mehr und die Schmerzen spürst du auch schon vor der Zeit. Was hast du davon, wenns dir zweimal dreckig geht. Weil Zeichen hin oder her, Hellseher hin oder her, das Leben ist eh wie es ist, wies kommt kommts, und entweder kommst du damit klar oder du schickst alle zum Teufel. Aber der Vater der wie ein Vogel auf und davon fliegt und verloren geht, das Ungewitter zu meiner Geburt, Don Nicola und Commar'Elisa die nicht kommen, meine Mutter der die Milch ausgeht, Nonno Peppe den's auf den Boden zerschmettert, und die Räumung und meine Mama die ein böses Blut spuckt und dies und jenes, wo es mir jetzt auch peinlich ist, gar alles aufzuzählen, weil alles von sich preiszugeben ist auch nicht in Ordnung, wer weiß was die Leute denken, am Ende versteht dich eh keiner und du stehst noch mutterseelenalleiner und blöder da als du eh bist. Vielleicht wollte der Herrgott mir was zu verstehen geben, aber dann, mein lieber Herr Gott, bitte klar schiffen, dann bleibt auch nix im Ungewissen. Woher sollte ich ahnen, der ich kaum ein Dreikäsehoch war, dass ein Windstoß langte, mich hinwegzufegen, und wer weiß wo man mich dann wieder aufgelesen hätte, dass das ganze Leben ein starker Sturm ist, manchmal mehr und manchmal weniger, aber immer ein Wind, der dich hin und her beutelt. Jetzt weiß ich's wies läuft, und ich verstehe auch die Zeichen von damals, aber ich hab mitten durch den Sturm durch müssen, um zu kapieren, was Wasser und Wind heißt und was es heißt, wenn vom Schicksal die Rede ist, das schon geschrieben steht, aber um das lesen zu lernen braucht es ein ganzes Leben, und bis du's gelernt hast, ist es zu spät und du kannst ja nicht umkehren, von wegen, nur vorwärts gehts voran, mit den Augen am Boden entlang und die Füße tun dir weh. Ja, ab und zu darfst du dich auch umdrehen und einen flüchtigen Blick auf die Trümmer werfen, die um dich rum niedergegangen sind, aber nur so, spaßhalber. Wo steht denn geschrieben, dass man, um die Dinge auf Erden zu erkennen, in die Wolken gucken muss und schauen, ob sie in der Form von einem Hund daherkommen, als Pferd, als Vogel, wo die dann am Himmel im Nu die Farbe wechseln und schwarz werden, rot und violett, hoch oder tief stehen, dass du nicht mal mehr weißt, wo dir der Kopf steht. So ist mir dann diese anheimelige Spinnerei in den Sinn gekommen und auch ans Herz gewachsen, all das zu erzählen, was mir passiert ist, seit ich geboren bin bis jetzt wo ich über achtzig Jahre alt bin, freilich das, was ich mich erinnere zwischen der einen und der anderen Besinnung, weil ich kann mich ja nicht an alles erinnern, was passiert ist und sich zugetragen hat. Also hab ich ein Heft mit lauter geraden Linien besorgt, dass ich nicht krumm schreibe, und hab losgelegt mit einem schönen schwarzen Bic-Kuli, der gut schreibt hier auf dem marmornen Küchentisch. Der ist kalt, und ich weiß auch nicht warum dieser Marmor und diese Kälte, weil bei einem Tisch mit Marmor drauf muss ich an den Tod denken. Hie und da denke ich an den Tod, auch wenn ich nicht am Tisch sitze, du brauchst dich nur umzuschauen und siehst, dass jeden Tag einer den Löffel abgibt, weil auch wenn du ihn nicht kennst, hängen da die Todesanzeigen, die extra für die Toten gemacht sind, du siehst sie, du liest sie und jedes mal tun sie dir ein bisschen leid, auch wenn dir der abgedruckte Name fremd ist. Ich denke auch mal an meinen Tod, aber nur wenig, einen Vogelschiss, aber jetzt will ich nicht dran denken, weil vorher hab ich diese meine Geschichte als Knallkopf zu Ende zu schreiben, das braucht seine Zeit die es braucht, weil achtzig Jahre sind kein Pappenstiel, auch wenn sie wie ein geölter Blitz vergangen sind, ohne dass ich's gemerkt hab, und meine Hand ist halt auch wie sie ist. Deswegen schreib ich, schreib ich und schreib nochmal neu, so kann der Tod warten, auch wenn ich ihn manches Mal zu sehen meine, mit seiner schlohweißen Visage und den schwarz umrandeten Augen wie ein Herzkranker, und ich sag ihm, er soll noch ein paar Monate warten, wenigstens bis zur Weihnachtszeit, dann krieg ich wenigstens noch ein letztes Mal die Krippe zu sehen, die sie in der großen Kirche herrichten, und wenn mein Heft voll ist, melde ich mich dann bei ihm, ich geb ihm halt zu verstehen, dass ich bereit bin, denn so was kapiert der Tod im Flug, das brauchst du ihm nicht lang aufzubröseln. Er ist schließlich irgendwie auch ganz nett, er zeigt sich geduldig und nimmts dir ab und geht, und einmal, aber nur das eine mal, hat er sogar gelächelt, aber nur gerade angedeutet, halb verstohlen, hat gewunken mit seiner dürren Hand, und kaum hat er die Finger bewegt, um winke winke zu machen, haben sie mehrfach geknackt wie bei einem, dem die Arthrose in den Knochen sitzt und den es wetterwendisch überall sticht, wie die Stacheln einer Distel. Und wenn er dann gegangen ist, schnaufe ich erst einmal auf, zur Beruhigung, mach die Augen zu, um mich zu erinnern, an was ich mich erinnern soll, und schreibe weiter, aber langsam, weil wenn ich's langsam angehe, hält mein Leben noch ein Weilchen länger an, und das ist ja auch nicht so schlecht.

1927 … 1943

Erinnerungen: keine. Nur ein Säuseln,
die Stimme des Meeres ist Erinnerung geworden.
CESARE PAVESE, *MATTINO*, IN: *LAVORARE STANCA*

Als ich klein war, wollte meine Mutter mich in die Schule schicken, weil ich bin gern in die Schule gegangen, als ich klein war. Am allermeistens mochte ich die Wörter, die in den Gedichten standen, am allermeistens in denen, wo Tiere vorkamen, Schafe, Pferde, Ochsen, Füchse, Wölfe, und dann gefielen mir die Zahlen, alle Zahlen, die großen und die kleinen und die zwischendrin. Manche Gedichte hab ich mir bis heute gemerkt, wenn auch nicht mehr ganz genau, etwa das eine mit der komischen jungen Stute, die nicht zurückkommt, oder das andere mit den Schäfern, die im September zu den Schafen sagen, Los, es ist jetzt Zeit, an die Küste zu ziehen, ins Flachland, aber am meistens musste ich bei dem Gedicht lachen, wo einer einen Ochsen liebt, aber mit richtig viel Gefühl, nur weiß ich jetzt nicht mehr, wie diese Geschichte ausgegangen ist, die mir weniger wie eine Liebesgeschichte vorgekommen ist, sondern eher wie eine Verarschung, weil die Liebe ja schon für Christenmenschen eine komplizierte Sache ist, ganz zu schweigen für einen Ochsen. Die Zahlen allerdings brachten mich noch mehr zum träumen als die Wörter, und ich habe Stunden damit zugebracht, die allergrößte Zahl der Welt zu schreiben, ne Reihe von Ziffern, die nie aufhörte, sodass mich manchmal der Schlaf überkam, ich schlief ein und träumte, die größte Zahl der Welt erfunden zu haben. Manchmal bekam ich das Kribbeln in den Fingern, und dann musste ich aufhören und hab dann am nächsten Tag weitergemacht, weil ich bin gern in die Schule gegangen, als ich klein war. Auch wenn ich heute immer noch nicht weiß, welche Zahl die größte der Welt ist. Mein Lehrer hieß Romeo Cianfarra und er kam von weither, aus einer Stadt im oberen Italien. Aber wie es ihn in unsere Gegend verschlagen hatte, das wusste man nicht und hat es auch nie erfahren. Es gab Gerüchte von politischen Sachen, weil damals durfte man nicht so viel sagen, nur der Duce konnte sagen was er wollte, und auch noch ein paar andere Granden konnten sagen was sie wollten. Vielleicht war Lehrer Cianfarra kein Grande und durfte das nicht sagen, vielleicht war ihm was rausgerutscht und jetzt war er dort, wo er war. Manche sagten, um dort zu sein, wo er war, musste er wohl ein bisschen Komunist gewesen sein, vielleicht mehr als Nonno Peppe, der immer auf den König schimpfte, diesen Wicht von König Säbelchen, wie er ihn nannte, und auch auf den Duce, der eine glatte Birne hatte wie ein Provolone-Käse, auch so was sagte er, nur nicht zu laut, denn der Feind hört mit, seid still, sagte er, und verkugelte sich selber vor lauter Lachen. In der Klasse waren wir mehr als dreißig Schüler, aber mich mochte er mehr als die anderen, der Lehrer Romeo Cianfarra. Denn in der vierten Klasse Grundschule oder war es die fünfte Klasse, das war gerade vor der Osterzeit mit Feiern, Essen und allem Drum und Dran, hat mir der

Lehrer eines Tages das Buch *Cuore* geschenkt, das hatte einen schönen roten Einband aus harter Pappe, und auf der ersten Seite hatte er mit der Füllfeder, die wie Gold aussah, aber nicht aus Gold war, eine Widmung geschrieben, in der stand: Meinem Schüler Liborio Bonfiglio für sein künftiges Leben von Herzen, und drunter die Unterschrift Lehrer Romeo Cianfarra und das Datum 7. April 1936. Dieses Buch hab ich wie eine Reliquie gehegt und gepflegt und hundert Mal am Tag gelesen, so ungemein hat mir dieses Buch *Cuore* gefallen. Es kam mir vor, als wäre auch ich in der Klasse von Lehrer Perboni mit all den Jungens aus dem Buch. Am allermeistens gefiel mir Garrone, und Muratorino Hasenschnauze, Garoffi allerdings brachte mich zum lachen mit seinen Hosentaschen voller Krimskrams, aber Precossi und Nelli der Bucklige gingen mir aufs Gemüt, und auch Franti tat mir leid, weil der war ja nicht böse, er hatte nur Pech, vielleicht hatte ja auch er seine schwarzen Zeichen gehabt seit seiner Geburt. Manchmal kam mir der Gedanke, dass wenn der Lehrer Romeo Cianfarra nicht gewesen wäre, hätte auch ich wie Franti werden und dann in einer Besserungsanstalt landen können oder noch schlimmer auf einem Friedhof. Aber richtig unsympathisch, das weiß ich noch, waren mir die reichen Kinder wie Nobis und Derossi und auf den Keks ging mir auch dieser Bottini, Vater und Sohn, die sich Briefe schrieben, wo sie doch im selben Haus wohnten, und die waren zwei Arschgeigen, die suchten immer überall das Haar in der Suppe und gingen einem immer auf den Sack bei allem was geschah, bei jedem Wort, jedem blöden Umstand, immer den Rücken gerade und den Bauch rein, kam einem ja vor wie in einer Carabinieri-Kaserne bei den Bottini zu Hause, das macht man und das macht man nicht, ich meine, bei denen zu Hause waren die zehn Gebote bestimmt mehr als zehn. Aber dann waren da diese Geschichten, die man nie müde wurde zu lesen, die ich immer noch auswendig weiß wie *Der kleine lombardische Kundschafter*, *Der kleine florentinische Schreiberling* und *Ferruccio und der sardische Tamburin*, aber was mir das Herz zum hüpfen brachte war die Geschichte von dem Jungen aus Genua, der von Italien aus bis nach Argentinien fährt, um seine Mama wiederzufinden, und am Ende findet er sie auch, und mir fiel dann beim lesen mein Vater ein, der vielleicht auch dort unten in der Gegend war, und ich kam auf den Gedanken, die selbe Reise zu machen, um ihn wieder zu finden, wenigstens um zu sehen, ob es stimmte, dass er die selben Augen hatte wie ich oder ich wie er. Weil so sagte es mir meine Mama immer bis zum letzten Tag wo sie gestorben ist für immer. Und wie gern ich gelesen und mit Zahlen hantiert habe, in der Schule kam ich immer super gut voran, da mochten mich alle und meine Mama hat sich gefreut, und bei Feierlichkeiten musste ich die Fahne tragen oder in der ersten Reihe stehen oder ein Gedicht aufsagen, Bonfiglio Liborio, Hier!, in der Fünften war ich schon Balilla, nachdem ich bereits Figlio della lupa gewesen war, Wolfskind, Wölfchen, Lupetto. Libro e moschetto fascista perfetto, der Faschist gewinnt mit Lesebuch und Flint', ich halt immer in der ersten Reihe, schwarzes Hemd und blaues Halstuch, graugrüne Hose, schwarze Schleife und Fez. Wo ich mir dann dachte, weil irgendwie musste ich lachen bei all den großen Worten und dem kleinen Holzgewehr, und alle am Duce, Duce rufen, dass wenn ich mich an Nonno Peppe erinnerte, den hätte wohl der Schlag getroffen, wenn er mich in diesem Aufzug gesehen hätte, dann dachte ich mir, zum Glück ist er gestorben, auch wenn es mir, kaum hatte ich's gedacht, gleich leid getan hat, dass ich's dachte. Den Tag kann ich allerdings nicht vergessen, das war am 9. Mai 1936. Da brannte eine schöne Sonne auf den Platz herunter, der voller Leute war, der Platz. Alle schön in Reih und Glied, mit sauberen Gesichtern, die keine Miene verzogen, kein Mucks, da waren die Figli della lupa, die Balilla, die Piccole italiane, die Avanguardisti, daneben die Giovani italiane, bis hin zu den größeren und gedrillten wie den Jungens der Fasci giovanili di combattimento und den Mädchen der Giovani fasciste. Alle in den Uniformen ihrer Einheit bei Turnübungen, Schwüngen, beim exerzieren mit den Holzgewehren, bei Sprüngen durch den Feuerring, und keiner lachte, nicht einmal zum Spaß. Die Mädchen aber trugen weiße Blusen und schwarze Röcke, drehten sich im Kreis, schwenkten die Fahnen und die flinksten hüpften und liefen. Auf dem Balkon der Casa di Conversazione standen der Federale, stocksteif, und der Parteisekretär mit der Visage eines grimmigen Bulldocks, die Schuldirektorin, deren unübersehbar üppige Brust bei jedem Atemzug anschwoll, dass der Präfekt seinen notgeilen Blick nicht davon lassen konnte, denn auch der Präfekt stand auf dem Balkon, und dann der Monsignore mit einem großen roten Band um den dicken Bauch und ein paar Pfaffen im Geleit, der Podestà mit Signora, die sich aufplusterte, weil ihr Mann Podestà war, und dann all die anderen hohen Herren der Stadt, solche die einen Einspänner mit Pferd in ihren

Diensten hatten, manche sogar einen Kraftwagen, und die Gattinnen mit Perlenketten und Pelzmänteln, aber an dem Tag wars heiß und sie trugen nur die Perlen und die Armreife, und dann, um das Bild komplett zu machen, noch das eine oder andere eingeschlichene Weibsluder und haufenweise schwarze Männchen als Staffage, wo klar war, dass keiner ihnen Beachtung schenkte. Unten stand das gemeine Fußvolk, die weißen Taschentücher bereit zum schwenken, und wartete darauf, der tönenden Stimme des Duce zu lauschen. Zwei junge Kerle, die wie ausgewechselt waren im Sonntagsgewand, lachten und klopften sich gegenseitig auf die Schulter, und witzelten, dass nur noch Donn'Assunta fehlte, die Mätresse des Freudenhauses, wo ich dann später entdeckt habe, dass es Fickeleien für Geld bedeutete. Und auch die anderen lachten mit und zwinkerten sich zu. Ich kapierte zwar nichts, aber um nicht blöd dazustehen, lachte ich mit. An den vier Ecken der Piazza hatten die Arbeiter der Gemeinde vier große Lautsprecher aufgestellt, aus denen Musik und Lieder rieselten, damit die Zeit beim warten leichter verging, und derweil konnte man sich die große Fresse des Duce anschauen, die übergroß von der Vorderseite des Turms herunter hing, mit seinen schwarzen Augen, die jedem einzelnen ins Gesicht sahen, und den zusammengepressten Lippen, die nie lachten, obwohl doch Feiertag war. Aber die Musikkapelle war auch da, die konnte ja schließlich nicht fehlen, die spielte das Lied vom Piave, wo der Fremde nicht durchkommt zumm zumm, und dann *Giovinezza giovinezza primavera di bellezza, Sole che sorgi libero e giocondo, Vincere vincere vincere, e vinceremo*, wo die Leute dann dazu in die Hände klatschten, aber vor allem, um sich vor denen zu zeigen, die auf dem Balkon wie die Pfauen herumstolzierten, weniger weil ihnen danach gewesen wäre, in die Hände zu klatschen. Die Musikkapellanten waren auf zack, und auch der Kapellmeister hatte was drauf, weil ich hatte sie einmal gehört, Opernsachen zu spielen wie die *Traviata*, *Rigoletto*, die *Bohèm*, damals beim Fest der Muttergottes, das war schönere Musik, Sänger waren auch dabei, auch wenn man die Wörter nicht verstand, die sie sangen. Ich hatte an dem Tag jedenfalls das Lied von *Aspetta e spera faccetta nera* im Kopf behalten, ich hatte es auswendig gelernt, weil es mich so zum lachen brachte, und wenn es mir gelang, trötete ich mit dem Mund die Trompete nach und mit den Händen klatschte ich die Becken, ich versuchte praktisch, die Kapelle nachzuspielen, aber das gelang mir nicht immer, schließlich waren sie viele und ich war allein. Auf einmal kam dann plötzlich wie eine dunkle Wolke eine tiefe Stimme vom Himmel herunter, dass alle stumm wurden wie Kinder, die Angst kriegen von den Märchen mit Hexen, Unholden und Wäldern mit Wölfen drin. Auch ich bekam von der tiefen Stimme ein wenig das Knieschlottern, und um nicht zu viel Angst zu kriegen, summte ich mir im Geist *Faccetta nera* vor, aber ohne mit dem Mund die Trompete zu tröten, das wäre mir unpassend vorgekommen, wo unser Duce die Worte doch klar und deutlich skandierte, um dem Volk mitzuteilen, dass auch wir ein Kolonialreich hatten und nicht nur diese Armleuchter von Engländern, dass wir mit einem leuchtenden Schwert einen afrikanischen Sieg errungen hatten, der in die Geschichte des Vaterlandes eingehen sollte, dass dies der Traum der Legionäre war, von denen die überlebt und denen die ihr Leben gelassen hatten. Italien hat endlich sein Reich! An diesen Schrei kann ich mich noch genau erinnern, wie alles aufsprang wie ein Hosenknopf, und dann rief er noch einen Gruß dem König, und ich musste lachen, weil, war nicht meine Schuld, es fiel mir ein wie Nonno Peppe, Sozialist von Nennis Seite, immer gesagt hatte, Dieser Wicht von einem König, und auch, Der Duce hat eine glatte Birne wie ein Provolone-Käse, und ich dachte, dass vielleicht auch der Lehrer Romeo Cianfarra genauso dachte und wer weiß wie viele andere noch. Aber derweil spielte die Musikkapelle ihre Musik und mir reichte das, um mich wohlzufühlen und auch einmal froh zu sein, es genügte mir, mit dem Mund die Trompete zu tröten, und ich ängstigte mich nicht mehr wegen der zu vielen Erinnerungen, denn auch wenn ich erst zehn war, hatte ich schon meine Erinnerungen und die schwarzen Zeichen als wie ein Greis von über hundert Jahren. Außerdem war das mein letzter Festtag. Die Schule war bald zu Ende und ich hatte in dem Jahr noch die Prüfung der fünften Klasse und allemann sagten mir schon, dass ich ja nun ein großer Kerl bin, dass ich zu Hause mit anpacken sollte, was ja nur mich und meine Mama meinte, die schon mehr drüben als hüben war mit ihrem Husten, der einfach nicht aufhören wollte, nicht einmal mit der Medizin, auch nicht mit Gebeten an die Madonna, und den Flüchen auf alle Heiligen des Paradeises auch nicht. Einen Beruf sollte ich lernen, meinten sie, die Schule ist was für die reichen Leute. Aber mir gefiel es in der Schule und bei der Prüfung glänzte ich, ich verhaute keine einzige Frage und der Lehrer Romeo Cianfarra sagte es mir mit den Augen, dass er zufrieden und stolz war auf mich, ich Liborio Bonfiglio, Jahrgang 1926. Und ich kann mich noch richtig gut erinnern an diesen glorreichen Tag, es ist mir alles im Gedächtnis geblieben, der Aufsatz am ersten Tag, wo ich unter die Überschrift geschrieben habe Ausarbeitung, und die Überschrift war *Mit dem Schiff um die Welt*, ich hatte mir doch das ganze *Vom Apennin zu den Anden* reingezogen, also habe ich geschrieben, dass ich mit einem Schiff bis in das Land von Argentinien fahren wollte, um zu schauen, ob ich meinen Vater finden konnte, der vielleicht dort war, und um zu sehen, ob ich wirklich die gleichen Augen hatte wie er, wie es mir meine Mama immer sagte, und wenn sie es mir sagte, guckte sie so traurig drein wie ein Fisch, den man gerade aus dem Meer gefischt hat. Es wurde daraus wirklich ein schöner Aufsatz und der Lehrer Romeo Cianfarra streichelte mir sogar über den Kopf, um mir zu zeigen, dass es wirklich ein schöner Aufsatz geworden war. Und so habe ich auch in Erdkunde und in Geschichte einen guten Eindruck gemacht, vielleicht weil ich mit dem Dampfer nach Argentinien fahren wollte, und auch weil ich das Buch *Cuore* gelesen hatte, mit den Geschichten von den Soldaten drin, die den Krieg vom Risorgimento gewonnen hatten, wo dann Italien bei rauskam, und auch bei den Gedichten habe ich eine gute Figur gemacht, weil ich wusste die Geschichte von den kleinen Schwalben und der jungen Stute, die nicht zurückkam, auswendig. Bei den Zahlen dann war ich das beste Pferd im Stall gewesen, weil mir das Rechnen Spaß machte, das mal nehmen und das geteilt durch, und ich habe ihnen auch erzählt von meiner Suche nach der größten Zahl der

Welt, da lachten die Lehrer und ich verstand nicht warum sie lachten, und am Ende war ich sogar ein bisschen gekränkt. Am Ende habe ich mit guten Noten im Zeugnis bestanden, und meiner Mama ging es auch ein bisschen besser vor lauter Freude, und an dem Tag hat sie kein Blut ins Taschentuch gespuckt. Weil ich bin gern in die Schule gegangen, als ich klein war. Das war das letzte Mal, dass ich den Lehrer Romeo Cianfarra gesehen habe, ihm hat es ein wenig leid getan, dass die Schule für mich aus war, er hat dann mit meiner Mutter geredet und gesagt, ich soll noch weiter auf die Schule gehen, dass ich gut bin und schlau, und meine Mutter hat ihm zugehört ohne ein Wort zu sagen, mir kam vor, sie hat sich ein bisschen geschämt, sie hat nur zugehört und nichts gesagt. Zu Hause hat sie mir dann gesagt, auch wenn ich gut bin und schlau, muss ich trotzdem erst einmal arbeiten gehen und dass man Bücher nicht essen kann und dass sie schon mit Mastr'Antonio dem Seiler gesprochen hatte, der mich zum arbeiten bei sich einstellte und mir auch ein bisschen Geld gab für Brot. Mastr'Antonio, den die Leute mit Spitznamen Schnürchen nannten, weil er Schnüre und Seile machte und klein war und ganz mager wie ein Strich in der Landschaft, und je magerer er war desto böser war er und desto mehr rutschte ihm die Hand aus gegen die, die von morgens bis abends bei ihm schufteten, aber abgesehen von den Schlägen auf den Kopf gab er seinen Gehilfen immer auch ein paar Moneten. Seile machte man damals von Hand. Alle Gewerke brauchten Seile. Die Bauern und die Schäfer brauchten sie, das Vieh anzubinden, wenn es auf der Weide war, sie banden damit die Lasten auf den Eseln fest, sie verlängerten auch die

Zügel, wenn es nötig war, banden Holz zu Bündeln zusammen, und dann flochten sie damit die Zäune, um das Vieh über Nacht einzusperren, dass Viehdiebe und Wölfe nicht reinkonnten, auch wenn Diebe und Wölfe manchmal doch reinkamen, aber nicht alle auf einmal. Auch die Maurer brauchten Seile, um die Ziegelsteine für die Häuser von unten bis aufs Dach hochzuhieven, vielleicht war Nonno Peppe deswegen abgestürzt, beim Ziegel hochziehen, vielleicht weil das Seil nicht so gut war wie die von Mastr'Antonio Schnürchen. Wenn auf der Straße ein Karren oder mal ein Lastwagen vorbeifuhr, waren da immer Seile, um die aufgestapelte Ware auf dem Karren festzubinden und um die Klotzbremse zu bedienen, und einmal hat man mich mitgenommen ans Meer, da hab ich gesehen, dass auch die Boote Seile und Taue hatten, sonst hätte das Meer, wenn es wild wurde, die Boote mitgenommen und ganz zerschrammt wieder hergegeben. Der Beruf des Seilers war am Ende eine schöne und auch nützliche Sache, aber auch eine schmerzhafte, weil er einem die Hände zerschnitt und aufs Kreuz ging und an den Beinen zerrte und an allen Knochen, die man so hat. Gearbeitet wurde drinnen und draußen, weil man viel Platz brauchte, deswegen war die Werkstatt immer ziemlich lang und schmal und muffelte immer nach Moder, außerdem waren die Seile lang und es brauchte mindestens zwanzig Meter Abstand um ordentlich arbeiten zu können. Es gab ein großes doppelseitiges Rad und in der Mitte des Rads war eine Kurbel, man band das Werg aus Hanf an das drehende Rad, so wurde Garn um Garn miteinander verdrillt und es entstand ein Seil. Es brauchte jede Menge Garnrollen, die um das Rad zu wickeln waren, und es brauchte viel Kraft, um dieses beschissene Rad zu drehen, und am schlimmsten war es im Winter, wenn es kalt war, aber auch im Sommer, wenn es heiß war. Es war also immer schlimm, die Hände wurden rot, man kriegte Schwielen und die Schultern litten vor lauter Schmerz und Anstrengung, weil man konnte ja nicht anhalten, nicht einmal um einen Schluck Wasser zu trinken, bis das Seil nicht lang genug war, ganz zu schweigen von den dicken Tauen, für die man mehrere dünne Seile zu zweit zu dritt und zu viert verdrillen musste. Das Rad musste dauernd am drehen gehalten werden, es durfte nicht einen Augenblick stillstehen, sonst wurde das Seil nicht gut, und nass machen musste man es auch noch ständig, und kleine Schritte vor und zurück machen, und das ganze Gezerre hörte überhaupt nie auf. Weil man konnte ja nicht anhalten, sondern musste es bis zum Ende durchziehen, sonst kam Mastr'Antonio von hinten, spindeldürr wie ein Strich in der Landschaft und versetzte dir solchene Kopfnüsse und schrie dir ins Ohr Dreh dreh, zieh zieh du Hurensohn, du Schmarotzer, du Klopskind, schrie er dich an, dass einem das Herz wie verrückt in der Brust herumhüpfte und sich ganz weit weg verkroch von diesem unseligen Ort, dass einem zum heulen war, aber heulen durftest du nicht, sonst war es noch schlimmer und du kriegtest weitere Schläge ab. Wenn er rabiat war, schrie Mastr'Antonio auch Zum Teufel mit der Hebamme, dass sie dich nicht erwürgt hat bei der Geburt, und wenn er so redete, tat mir das bis in die Knochen weh, auch wenn die Hebamme Commar'Elisa nicht rechtzeitig gekommen war, als ich geboren bin, und Don Nicola auch nicht, eigentlich hatte ich alles alleine gemacht mit meiner Mama und Nonno Peppe, aber dieses ganze Drama konnte Mastr'Antonio ja nicht wissen. Was konnte er schon wissen von all den schwarzen Zeichen, die ich mit mir herumschleppte. Um nicht darüber nachzudenken, wie schlecht es mir ging, rechnete ich im Kopf Zahlen durch und versuchte, mir die größte Zahl der Welt auszudenken und ich zählte und zählte, aber gefunden hab ich sie nie. Wer weiß, ob es sie überhaupt gibt, sagte ich mir zwischen einer Kopfnuss und einem Tritt in den Hintern, denn die teilte er mit der Schuhspitze aus, damit es einem noch mehr weh tat, dieses Arschloch. Mastr'Antonio habe ich nie vergessen, nicht einmal nach all den vielen Jahren, aber echt vielen. Er fällt mir jedes mal wieder ein, wenn ich die Schwielen an den Händen spüre, oder wenn mir der Rücken weh tut oder ich meine Beine gar nicht mehr spüre, und ich erinnere mich an all die Tage, von früh bis spät bei Hitze und bei Kälte, im Schnee, der einem durch die löchrigen Schuhe die Zehen und die Seele abfror. Und wenn es ihn noch gäbe, und hätte ich Mastr'Antonio in die Finger gekriegt, hätte ich ihn mit seinen Scheißseilen am Klöppel des Kirchturms festgebunden. Zufriedenheit gab es nur, wenn ich meiner Mutter ein paar Kröten brachte und sie mich mit ihren traurigen Augen ansah, und vielleicht dachte ich, eigentlich wäre es besser gewesen, wenn ich in die Schule gegangen wäre, weil ich bin gern in die Schule gegangen, als ich klein war. Mehr als drei Jahre habe ich in der Hölle des Seilers zugebracht, ich bin dabei groß geworden und hab erfahren, was auf der Welt alles schief läuft, und auch meine Muskeln an den Armen sind dabei strammer geworden, und das hat mir gefallen so wie die ersten Haare an den Beinen und im Gesicht, da hab ich Lust gekriegt, Barbier zu werden, das war ein schöner Beruf, da gab es auch Parfüm im Laden und nicht wie dort, wo die Seile gemacht wurden, wo ein Gestank herrschte, dass man an dem ranzigen Mief krepieren konnte, und Mastr'Antonio stank selber nach diesem Mief, lief ständig in vergammelten und muffelnden Klamotten herum, weil alles in allem war er selber auch nur ein elender armer Schlucker. So waren die Tage alle gleich, und bei diesen Schmerzen konnte man nicht einmal Ostern und Weihnachten genießen, abgesehen von ein paar Lire mehr und dem einen oder anderen Torrone, von denen ich dann immer Zahnschmerzen bekam und nicht einmal dieser weiße Nougat versüßte mir das Leben. Aber eines Tages geschah es, dass alles schrie und alle liefen und sagten, man solle auf die Piazza kommen, es sei eine große Sache passiert, sie hatten Lautsprecher aufgestellt und alle Granden standen da und warteten darauf, die Stimme des Duce zu hören und wer weiß, was für einen Scheiß er zu sagen hatte. Ich dachte mir, wir haben noch ein weiteres Reich in Afrika erobert, auch wenn mir ein Reich in Argentinien besser gefallen hätte, weil dann hätte ich meinen Vater suchen gehen können. Auch Mastr'Antonio lief hin und schimpfte nicht einmal mit uns, die wir alles liegen und stehen ließen und ihm hinterherrannten, und er verpasste uns weder eine Kopfnuss noch einen Fußtritt in den Hintern mit der Schuhspitze, um uns mehr weh zu tun. Die Piazza war schon voller Leute wie jenes mal beim Reich in Afrika. Ich fing sofort an, den Balkon der Casa di Conversazione auszuspechten. Alles wie beim letzten Mal, auf dem Balkon stand der Federale, ganz Wissen-Sie-überhaupt-wen-Sie-vor-sich-haben und daneben der Parteisekretär mit einem halb blöden und halb fiesen Gesichtsausdruck, dann die Direktorin der Grundschule, eine neue, mit einem ordentlich feisten Hintern, dass der Präfekt seinen notgeilen Blick nicht davon lassen konnte, da fehlte keiner an der Balustrade, und dann auch noch der Monsignore mit seinem Wanst, den nur die rote Schärpe noch zusammenhielt, um ihn herum ein aufgeschreckter Haufen schwarzer Pfaffen, wie die Wiesel hier und da verstreut, an der Seite hatte sich der Podestà in die Brust geworfen mitsamt seiner Gemahlin, die sich noch mehr aufplusterte, weil ihr Mann immer noch Podestà war, und dann all die andern hohen Herren der Stadt, die edlen und reichen, mit den zum ersticken eng gebundenen Krawatten, in der ersten Reihe standen sie und waren mit Einspänner und Pferd gekommen, manche auch kommod und breitbeinig im Automobil, und da durften auch die fast durch die Bank gehörnten Gemahlinnen nicht fehlen, diese penetranten Personen, ohne Pelze toter Tiere um die molligen Schultern allerdings, denn es war heiß an dem Tag und sie trugen nur die Halsketten, Ringe und Armreife, schließlich, um das Bild komplett zu machen, genauso wie beim andern Mal zur Feier des Kolonialreichs, ein paar Schlampen auf der Durchreise und rund herum ein ganzer Schwarm faschierter Wichtigtuer, die gar nix zu sagen hatten, fand ich. Unten wartete ein allgemeiner Volksauflauf, die weißen Taschentücher griffbereit zum schwenken darauf, diesem Dampfplauderer von Duce zu lauschen, dem seine sonore Stimme aus den Lautsprechern heraus dröhnte. Mitten im Getümmel junge Leute, wie ausgewechselt im Sonntagsgewand, die waren auch dabei, lachten aber nicht und klopften sich auch nicht auf die Schultern, vielleicht weil diesmal auch Donn'Assunta dabei war, die Maitresse des Freudenhauses zusammen mit einem Schwarm Mädels, die sich alle die Lippen rot angemalt hatten und herumalberten und hüpften wie die Hennen, wie auch Donn'Assunta die Maitresse, die aber nicht lachte und ein hübsches grün leuchtendes Kleid trug, dass einem die Sonne in die Augen blitzte. Ich schaute sie mir gern an, da ich sie noch nie aus der Nähe gesehen hatte, und sie kam mir schön vor wie eine Madonna, vielleicht weil sie sich irgendwann umdrehte und mich anlachte, vielleicht weil ich damals fast vierzehn war und sie dachte, ich sei schon drauf und dran, die schmutzigen Sachen zu machen, die man im Freudenhaus so macht. Und die Kapelle war da, die spielte wie beim andern Mal das Lied vom Piave, wo der Fremde nicht durchkommt zumm zumm und dann *Giovinezza giovinezza primavera di bellezza*, und das von der freien und heiteren Sonne, Siegen oder Sterben, wo alle Leute in die Hände klatschten, aber mehr, um sich bei denen auf dem Balkon bemerkbar zu machen, als wirklich in die Hände zu klatschen für diesen ganzen verlogenen Zirkus. Die Musikkapellanten waren auf zack und auch der Kapellmeister hatte was drauf, ich hatte sie ja einmal die Kantaten der Opern spielen hören, etwa *Amami Alfredo*, *Di quella pira l'orrendo foco*, *Chiamatemi Mimì*, unter dem Pavillon für die Marienfeste, weil diese Musiken waren richtig schön, und Sänger waren auch dabei, auch wenn man die Wörter nicht verstand, die sie sangen. *Faccetta nera* haben sie nicht gespielt, dabei hatte ich das Lied *Aspetta e spera faccetta nera* im Kopf behalten, ich hatte es auswendig gelernt, weil es mich so zum lachen brachte, und wenn es mir gelang, trötete ich mit dem Mund die Trompete nach und mit den Händen klatschte ich die Becken, ich versuchte praktisch, die Kapelle nachzuspielen, aber das gelang mir nicht immer, schließlich waren sie viele und ich war immer ich allein. Dann kam auf einmal wie ein Donnergrollen diese tiefe Stimme vom Himmel, dass alle ganz stumm wurden wie Kinder, die Angst kriegen von den Märchen mit Hexen, Unholden und Wäldern mit Wölfen drin. Auch ich bekam von der tiefen Stimme ein wenig das Knieschlottern, und um nicht zu viel Angst zu kriegen, summte ich mir im Geist *Faccetta nera* vor, aber ohne mit dem Mund die Trompete zu tröten, das wäre mir unpassend vorgekommen, wo unser Duce die Worte doch klar und deutlich skandierte, um dem Volk mitzuteilen, Am Himmel des Vaterlands ist die Stunde des Schicksals aufgegangen und jetzt ist gegen England und Frankreich in den Krieg zu ziehen, und um den Sieg zu holen, kommt es auf alle Kämpfer zu Land, zu Wasser und in der Luft an. Darauf riefen alle, Duce Duce tu sei la luce, du Lichtgestalt, und auch ich rief um nicht aufzufallen Duce Duce tu sei la luce, während alle Hüte in die Luft flogen und die Frauen mit den weißen Taschentüchern winkten, und ich musste lachen, ich konnte ja nichts dafür, mir fiel Nonno Peppe ein, der immer sagte, Dieser Wicht, König Säbelchen, und er sagte auch Der Duce hat eine glatte Birne wie ein Provolone-Käse, wo ich dachte, dass vielleicht auch der Lehrer Romeo Cianfarra genauso dachte, er und wahrscheinlich viele andere auch, denn so ein Krieg das war ja kein Zuckerschlecken, das war ja nicht wie Räuber und

Schandarm spielen, der Krieg, sondern das war ne richtig schlimme Sache. Die Musikkapelle spielte inzwischen ihre Melodien und mir reichte das, mich ganz wohlzufühlen, wenigstens einmal, es reichte mir, mit dem Mund die Trompete zu tröten, und ich ängstigte mich nicht mehr wegen der vielen Erinnerungen, weil ich war erst vierzehn, hatte aber schon meine Erinnerungen und die vielen schwarzen Zeichen als wie ein Greis von hundert Jahren. Nur Donn'Assunta lachte nicht, sondern verzog das Gesicht, und ein komisches Gesicht zog auch Mastr'Antonio, der nur sagte, Leck mich am Arsch, aber nur ganz leise, denn der Feind hört mit, und dann ging er ganz krumm weg und sagte uns nicht einmal, wir sollten wieder an die Arbeit, ans Seilrad. Er ging einfach und basta. So war das für mich ein weiterer Festtag, ich dachte mir aber, eigentlich ist es keine schöne Sache, den Krieg zu feiern, ich fand es eine blöde Sache, und vielleicht war deswegen alles gleich wie beim andern Mal, weil alle Kriege sind gleich blöd, und wenn dem Volk zu sagen ist, Es geht in den Krieg, passieren immer die gleichen Sachen mit den gleichen Leuten, die immer das Gleiche sagen. Es dauerte aber auch nicht lange dieses Fest, weil ich bin schnell nach Hause gelaufen, um meiner Mutter zu erzählen, was auf der Piazza passiert war, und ich bin so schnell gerannt, dass ich schwer ins Schnaufen gekommen bin, die Gasse hoch, wo wir zu Hause waren und draußen vor der Tür standen ein paar Frauen aus dem Viertel, die wollten mich nicht hineinlassen und nahmen mich in ihre Arme. Ein paar weinten mit dem dreckigen Taschentuch in der Hand und ich kapierte überhaupt nicht, was los war, aber dann bin ich hinein und meine

Mutter lag auf dem Bett mit einem normalen Gesicht als würde sie schlafen, sie hat aber nicht geschlafen, wo ich dachte, das ist doch jetzt nicht die Zeit zum schlafen, und tatsächlich hat meine Mutter nicht geschlafen, das heißt geschlafen hat sie schon, aber für immer, weil sie gestorben war für immer. Alle sagten Armes Kind, und machten sich an irgendwas zu schaffen, es sei an das Begräbnis zu denken und ich soll mir keine Sorgen machen, da konnte sich auch die Gemeinde drum kümmern, weil wir das Glück hatten, so arm zu sein. Aber ich saß auf einem Strohstuhl und sagte nichts und musste nicht einmal weinen, ich fühlte mich noch älter als ich an Jahren war, ich sagte nichts und schaute mir dieses ganze Durcheinander an und dachte an nichts, ich strengte mich an, für alle sichtbar zu weinen, aber es wollten mir einfach keine Tränen kommen. Danach, als ich allein war, hab ich geheult wie ein verwaistes Kälbchen, saß auf dem Boden und schaute meinen Tränen nach, die die Fliesen im Zimmer benässten, wo meine Mutter aussah als würde sie schlafen und stattdessen war auch sie gestorben, genau an dem Tag, an dem der Krieg gegen England und Frankreich losgehen sollte, wo ich dachte, hätte es einen Krieg auch gegen Argentinien gegeben, hätte ich mich als Freiwilliger melden und zusehen können, ob es mir gelang, meinen Vater zu finden. Aber nicht so sehr wegen der Sache mit den gleichen Augen, sondern nur um ihm zu sagen, dass Mama für immer gestorben war, und dann eventuell, wenn ich schon mal da war, konnte ich auch die Sache mit den gleichen Augen ansprechen, aber erst am Ende, sonst wäre es nicht so passend gewesen. Danach bin ich für mich allein ein bisschen rausgegangen aus dem

Dorf, wo es voller Bäume war und Hecken, wo an manchen sogar Beeren wuchsen, aber in der Nacht konnte man die nicht sehen, aber Glühwürmchen hab ich gesehen die waren wie fliegendes Gold, und ich habe gedacht, die Glühwürmchen sind besser als die See-, Luft- und Landkriege, und ich wollte sie fangen, um das Licht in der Hand zu halten, aber ich schaffte es nicht, also hab ich wieder angefangen zu heulen, aber ich wusste nicht, ob ich wegen der Glühwürmchen heulte, die ich nicht einfangen konnte, oder wegen meiner Mama, die für immer gestorben war, und so bin auch ich für immer allein geblieben als wenn ich ein Glühwürmchen gewesen wär, das sich in den Wiesen verflogen hat. Manchmal lassen die schlimmen Dinge die passieren auch gute Dinge passieren, denn ein paar Tage, nachdem ich mich von dem Unglück erholt hatte, dass meine Mutter gestorben war, und mir keiner mehr etwas sagen konnte, bin ich beim Seiler vorbeigegangen und hab ihm gesagt, dass ich dort nicht mehr hingehen und den Sklaven geben wollte, und er hat nur geantwortet Gute Reise, und hat dann gleich die anderen Burschen angeschrien Dreh dreh das Rad, zieh zieh du Hurensohn, aber meiner Meinung nach hat es ihm auch ein bisschen leid getan, und zwar nicht nur, weil ich geschickt geworden war beim Seile machen, vielleicht wollte er mich als eine Art Sohn annehmen. Aber ein Vater, der mager war wie ein Strich in der Landschaft reizte mich nicht gerade, und auch seine ganzen Kopfnüsse reizten mich nicht, mal mit dem einen und mal mit dem andren Vorwand, selbst wenn ich nichts Schlechtes oder Falsches bei der Arbeit getan hatte, und schließlich hatte ich schon einen Vater irgendwo auf der

Welt, sogar mit denselben Augen wie ich, wie mir immer meine Mama Gotthabsieselig gesagt hatte. Aber wie dem auch sei, ich hatte die erste Entscheidung meines bisherigen und gegenwärtigen Lebens getroffen, nicht mehr zum Seiler zu gehen, und so fühlte ich mich in dieser Nacht ein klein wenig nervös und fickrig, und selbst das plötzliche Einnicken ließ mich nicht einschlafen weil ich die ganzen Schmerzen in den Knochen und im Rücken und in den Armen spürte, weil dieser letzte Tag als Seiler mich völlig fertig gemacht und ausgelaugt hatte bis in die Haarspitzen hinein. Danach ist auch noch ein starkes Bauchweh dazugekommen wegen irgendeines Mistzeugs, das ich gegessen hatte, aber in den tristen Zeiten damals war der Hunger groß, und ich war nicht gerade zimperlich gewesen was das Essen anbelangte, und so haute ich mir alles rein, was ich in die Finger kriegte, und da kam mir die Idee von dem bösen Streich, den der Seiler sich richtig verdiente für all die Prügel, die er den Jungs in der Werkstatt verpasste, denn für mich war das wie eine Todsünde und ich konnte ihm nicht vergeben bis in alle Ewigkeit. Es war eh Nacht und es hing noch dazu ein Schleier von Nebel in der Luft und alle lagen im Schlaf, während ich keinen fand, vielleicht weil ich nervös war und ich ja keine Ahnung hatte, wie die Geschichte ausgehen würde, weil wenn einer den alten Pfad für einen neuen verlässt, da weiß er nicht, was alles auf ihn zukommen kann, das Leben ist ja immer gemein, die schwarzen Zeichen standen jederzeit bereit, um von null auf nix über die armen Teufel herzufallen. Aber ich bin trotzdem aufgestanden und bin eiligst die Mauern entlang geschlichen bis zur Seilerwerkstatt, und je mehr ich gelaufen bin, desto mehr krampfte sich mein Bauch um die Eingeweide zusammen, aber der Gedanke an meine fürchterliche Rache war stärker als jeder Krampf. Während also der Klöppel des Kirchturms irgendwas nach Mitternacht schlug, habe ich mich vor dem Rolladen der Seilerei hingehockt und hab den schönsten Haufen meines Lebens gekackt, wo selbst mein Bauch erleichtert war von dieser Befreiung, und wo ich nun schon mal da war, hab ich mit einem Eisen ein paar Ballen Hanf aufgerissen und hab als totale Schmach reingepinkelt, am Ende hab ich auch noch eine ordentliche Ladung reingerotzt, Leck mich am Arsch, Mastr'Antonio Schnürchen. Das war vielleicht mein aufmüpfigster Streich bis dato, aber das hatte er sich verdient, der Seiler, für all seine Gemeinheiten, die tödlichen und die lässlichen Sünden, was die Arbeit betrifft. Als ich dann wieder nach Hause zurück bin, hat mich sofort ein erstklassiger Schlaf übermannt und beim einschlafen musste ich auch noch albern kichern beim Gedanken an das Gesicht, das der Seiler am nächsten Morgen ziehen würde, und vor lauter Lachen sind mir auch die ganzen Schmerzen in den Knochen, am Rücken und in den Armen vergangen, während ich dachte, hoffentlich träume ich heut Nacht die Augen meines Vaters. So konnte ich am nächsten Tag endlich als Barbiergehilfe bei Mastro Girolamo anfangen, mit dem ich schon gesprochen hatte, und da er meine ganze Geschichte kannte, hat er mich gleich genommen, in seinem Laden zu arbeiten, und einen sauberen weißen Staubwedel hat er mir auch gegeben. Der Barbiersalon von Mastro Girolamo De Angelis, den sie schon als jungen Mann Schnippelschere nannten, war ein richtig schöner Laden, der duftete voll nach Lavendel und hatte ein elegantes schönes Schaufenster voller Lichter und Farben, einen Kalender mit Fräuleins an der Wand, und er lag am Anfang der neuen Lauben von 1927. Feine Leute gingen da ein und aus, die gaben großzügige Trinkgelder und trugen dünne Krawatten, Westen und Strohhüte auf dem Kopf, eine Augenweide anzuschauen, wie sie den Schnösel gaben, und außerdem gefiel es mir, wenn ich Mastro Girolamo sagen hörte, Bürsten, Bursche! Dann lief ich sofort herbei und die besten Kunden sagten mir dann Na Liborio, und steckten mir ein paar Moneten Trinkgeld zu, die mir wie Gold vorkamen, auch wenn es nur ein Klacks war. Die besten Herrschaften gingen in diesem Laden ein und aus, und mit dem Krieg, der inzwischen weiterging, kamen auch die Deutschen, Offiziere, Leutenante, Hauptleute und Oberste, auch welche von den untersten, die ließen sich hinten richtig hoch schneiden, so sah der Nacken schön sauber aus, und das Gesicht ließen sie sich komplett rasieren, und dann noch Parfüm und Rasierwasser, weil am Abend hatten sie dann, jeweils zu vieren, zu den Häusern dort hochzugehen, voller Spiegel und rotem Samt, die extra dazu geschaffen schienen, so wie das Haus von Donn'Assunta, den Eindruck zu erwecken, dass das Leben sich kaum verändert hatte, und irgendwie musste man sich ja ohnehin durchschlagen, und am Ende, dachte ich mir, vor oder nach einem Schnellschuss mit den Fräuleins sprang bestimmt noch eine Runde Schampus raus. Freilich war da der Krieg und man spürte, dass Krieg war, aber für mich hatten sich die Dinge langsam mehr oder weniger eingeschliffen, im Laden ging es mir gut und alle hatten mich gern, durch

Zuhören und Zuschauen hatte ich von Mastro Girolamo auch gelernt zu rasieren und Haare zu schneiden, aber nur bei denen, die keine großen Anstalten machten, sonst waren sie imstande sich richtig aufzuregen, wenn ihnen der Hut nicht richtig saß und dann gaben sie dir nicht einmal eine Lira Trinkgeld und wechselten noch den Barbier und der Mastro war sauer auf dich, und dann standst du plötzlich auf der Straße und hattest die Arschkarte gezogen, und dann war wieder alles für die Katz. Dann hast du den Schaden und es hilft auch nichts mehr, Heiligen und Madonnen abzuschwören. Ich hatte bereits die siebzehn Jahre voll gemacht und ging auf die achtzehn zu, also verhielt ich mich ruhig und befolgte die Ratschläge, weil irgendwie erlernte ich immerhin einen Beruf, wo dann eines Tages mit ein bisschen Glück und wenn dieser Scheißkrieg zu Ende war, wer weiß, ob sich das Rad nicht doch nochmal auf meine unglückselige Seite drehen würde. Aber wenn halt die schwarzen Zeichen dazwischenfunken, die können ja immer kommen, auch ganz plötzlich, wie wenn einer ganz ruhig die Treppe runtergeht, auch wenn er mit dem Kopf ein wenig in den Wolken schwebt, einen Fuß falsch aufsetzt und runterpurzelt wie ein Tölpel und im Nu vom vergnügt sein ins Verzagen wechselt, vielleicht gar mit einem gebrochenen Bein und einer angerissenen Rippe. So ist es auch mit den schwarzen Zeichen, weil zuerst lief der Barbierladen immer schlechter, die Kunden blieben weg und die Deutschen zahlten nicht, sie wussten nur rumzuschreien Schnell da und Schnell dort, Raus Raus alle fünf Minuten, das machte mich scheu, wo ich doch gerade mal Italienisch konnte und jetzt musste ich auch noch

Deutsch lernen, um Ärger zu vermeiden, weil sie, die Deutschen, waren launisch, und du konntest ihnen nicht mal sagen, Was hast du schöne Augen im Gesicht. So nahm mich der Mastro eines Tages zur Seite, drückte mir ein bisschen Geld in die Hand und sagte, er kann mich nicht mehr halten. Mir hat es leid getan, weil ich hatte mich inzwischen gewöhnt an das schöne Leben, aber dann hab ich ihn angeguckt und gesehen, dass es auch ihm sehr leid getan hat, da hat es mir dann weniger leid getan, dass ich gehen musste. Der Krieg würde ja eh eines Tages aufhören, wenn nicht dies Jahr dann im nächsten oder in dem danach, der Tag musste aber erst noch kommen. Und dann standen auch bald die Septemberfeste an, die einen doch ein bisschen froh stimmten, auch wenn noch dieser blöde Krieg war, der mir auf die Nerven ging und allen Leuten auf der Welt. Die Feste waren in dem Jahr nicht so fröhlich, aber Feste waren sie doch, wenn auch ein bisschen komisch, weil sie erst nachts anfingen, und man feierte die Nacht durch und jeder feierte auf seine Art. Die feinen Herren Granden gingen wie üblich fein herausgeputzt zum Ball im Salon der Casa di Conversazione und schlugen sich den Bauch voll mit Auflauf, Grillfleisch, Süßspeisen und Schaumweinen und zeigten sich nicht einmal auf der Piazza, wo das einfache Volk im Kreis herumging wie auf einem Karussell, und sich mit ein wenig Pizza und Sellerie zufrieden geben musste, und wer Schwein hatte, roch den fetten Duft einer Kruste Schweinebraten, während die Kinder, denen das Wasser im Mund zusammenlief, in der Hoffnung auf ein kleines Eis oder ein paar Nüsse herbeieilten, und so liefen alle den Corso Nuovo rauf und runter sich die Beine zu vertreten und den Schlaf aus den Augen zu reiben, bis es endlich Zeit war fürs Feuerwerk, dass man wenigstens zum Himmel hinaufschauen konnte, um die künstlichen Sterne zu sehen und die farbigen Rosetten die ganz rund waren, wenn der Feuerwerker sie rund hinkriegte, und wenigstens zahlte man keinen Knopf dafür. Und gerade als ich dem höchsten Abschuss von allen in den Nachthimmel hinterherschaute und mich umdrehte, um den Funken und Lichtern der Drehkreisel nachzusehen, die pfiffen und im Kreis wirbelten wie durchgeknallte Sterne, da hab ich zum ersten Mal die Teresa erblickt, die eigentlich Teresa Giordani hieß, aber das habe ich erst ein paar Jahre später herausgefunden, aber wenn mir das schon einfällt, muss ich die Geschichte auch nach Strich und Faden erzählen, denn so sage ich der Reihe nach, wie die Dinge wirklich gelaufen sind. Also von allen Festen, die es gab und die es auch jetzt noch gibt, wo ich alt bin und mich nie keiner mit meim Nachnamen anspricht, vielleicht hab ich tatsächlich auch selber meinen Namen vergessen, aber man nennt mich nur Liborio, wenn man mich ruft, von all den Festen wie Weihnachten, Ostermontag, Sant'Antonio, Mariä Himmelfahrt, von all denen gefällt mir am allermeistens das Septemberfest, das von der Madonna del Ponte. Abgesehen von dem, wo man *Bella ciao ciao ciao* singt und dem, wo man *Su fratelli, su compagne, su, venite in fitta schiera* singt, aber diese Feste sind später gekommen und ich kann sie ja, wenn sich's ergibt, später erzählen, was mir in der Zeit danach noch passiert ist. Vorher ist es eine andere Geschichte, wo der Krieg noch nicht zu Ende war, und für mich gab es dann irgendwann nur noch die Teresa Giordani und sonst nix.

Bei den Septemberfesten gibt es aber eine Menge Zeugs, dass du nicht weißt, wo du zuerst hinschauen sollst. Die Stände mit den Süßigkeiten und den Karamellen, die Zuckerwatte, die lose Schokolade, die Tische mit den Spanferkeln, die mit den Stoffen in hundert Farben und die gestickte Wäsche für die Aussteuer der Bräute, die Stände, die Teller und Gläser verkauften mit Verzierungen, dass man sich schämen musste draus zu trinken, die Töpfer, die tönerne Glocken verkauften, die oft angebrochen waren und schepperten, die Bauern mit Weidenkörben und -körbchen, und dann die Stände mit Spielsachen aller Arten, wo die Kinder immer stehen blieben und heulten wie Kälber im Schlachthof, während die Mamas sie wegzerrten, dass sie ihnen fast den Arm auskugelten, und dann die lange lange Reihe von großen und kleinen Tischen mit Leuten, die da saßen und aßen und tranken was es alles zu essen und zu trinken gab in jenen Zeiten magerer Kühe. Aber zwei Dinge gefielen mir ganz besonders, der vor Lichtern strahlende Pavillon mit der Kapelle drunter und der Kapellmeister mit dem Taktstock der für mich wie ein Zauberstab war, und das andere war das Galopprennen der Pferde auf der Messebahn. Die Reiter waren ganz klein und mager, vielleicht mehr vor Hunger und Elend als um die Pferde nicht zu strapazieren. Das schönste Pferd war für mich Flor de Babù, weil es grau war und ich bis dahin dachte, es gibt gar keine grauen Pferde, sondern nur weiße oder schwarze oder braune. Die Rennen fanden an drei Tagen statt, nachmittags, und die Pferde wirbelten den Sand bis in den Himmel hoch auf und die Leute schrien und die, die wetteten, fluchten, und auch die Flüche und die Verleugnungen des armen

Herrn Jesus Christus reichten bis in den Himmel hoch. Vielleicht war das der Grund, dass oft mitten im Rennen ein Platzregen herunterprasselte. Ich hatte kein Geld für den Eintritt, also sprang ich hinten über den Zaun und manchmal schnitt ich mir bis auf die Knochen ins Fleisch, was mir aber nicht allzu weh tat und der Schmerz verging, wenn ich die Rennen ganz aus der Nähe sehen konnte, wo du den Atem der Pferde spüren und das hüa hüa der Reiter hören konntest. Die ganze Stadt lief da zusammen und ich sah dieses Aas von Seiler wieder und Mastro Girolamo, nur den Lehrer Romeo Cianfarra hab ich nie zu sehen gekriegt und ein bisschen hat es mir leid getan, ihn nicht zu sehen. Und nicht einmal die Teresa Giordani hab ich gesehen, vielleicht war ihre Familie eifersüchtig und ließ sie nicht alleine rausgehen. Also schaute ich mir nur die Pferde an und aß Lupinensamen mitsamt der Schale, die kosteten nicht viel und die verkaufte ein Kerl der Leonello hieß mit einem Wägelchen in Entenform, und ich hab nie verstanden, warum ausgerechnet in Entenform. Und die Kapelle. Die Kapelle war noch so eine Leidenschaft und ich hörte sie mir mit geschlossenen Augen an und versuchte die Wörter der Lieder zu verstehen, aber mir kam es so vor, dass die Tenöre und die Soprane die Wörter verschluckten, und dann verstand ich nur *Amami Alfredo*, *Figaro qua Figaro là*, *E muoio disperato* und *Di quella pira l'orrendo foco*, aber beim Scheiterhaufen wusste ich nicht so genau was das wirklich war. Wenn ich Wind bekam, dass die Kapelle spielen sollte, ging ich vorher hin, um einen Platz zu ergattern und ich landete immer unter den Alten und da gabs dann immer einen, der mir auf den Sack ging und sich auf meinen Platz setzen wollte, aber ich rührte mich nicht und der schrie mich an Flegel du unverschämter, aber ich rührte mich trotzdem nicht und zum Teufel auch mit den Alten. Am Ende der Musik gab es immer ein Fräulein, das dem Maestro einen Blumenstrauß hinhielt, es war fast immer die Tochter eines Notars oder eines Doktors oder irgendeines anderen feinen Herrn der in der Casa di Conversazione ein- und ausging. Einmal bin ich fast krepiert vor Lachen, da wollte ein Alter, aber ein netter, dem Maestro gratulieren, nachdem er die *Traviata* gespielt hatte, und der Maestro sagte ihm ein wenig verschämt, dass er eigentlich *Rigoletto* gespielt hatte, und der Alte gab ihm die Hand und sagte ohne mit der Wimper zu zuckern Noch besser! Ich wusste, dass es die *Traviata* war, weil die Sängerin, die einen schön großen scharfen Busen hatte, zwei- oder dreimal gesagt hatte *Amami Alfredo*, und das sagte nur die Kameliendame, die Kamelien waren eine Art Blumen, aber ich hatte noch nie welche aus der Nähe gesehen und gerochen. Wenn die Feste vorbei waren, blieb bei allen ein bitterer Nachgeschmack, aber bei den Jungen wie mir noch mehr, weil es hieß wieder ein ganzes Jahr zu warten, und es war Krieg, wer weiß wie das noch ausgehen konnte, wir konnten ja draufgehen und vielleicht hörte der Krieg überhaupt nicht auf. Um noch etwas anderes zu sagen zu dieser Sache mit der Kapelle, die Kapelle zog an diesen Festtagen ständig spielend durch die ganze Stadt und durch alle Straßen, wo die Frauen die guten Decken über die Balkone hängten aber auch die weniger guten, eher schäbigen Decken, dass wenn einer schnell im Gucken und im Überlegen war, konnte man anhand der Decken erkennen ob dort feine

Leute wohnten oder ob dort das Elend grassierte wie das Unkraut. Hinter der Kapelle, die vorbeizog, sammelte sich eine Menge Volk, viele Kinder, einige gar barfuß, eine Handvoll Dorfdeppen mit ein paar Einfaltspinseln als Begleitung und Hunde über Hunde ohne Ende, wer am Straßenrand stand klatschte in die Hände oder grüßte den einen oder anderen Bekannten unter den Kapellanten als wäre es ein König. Wenn die Kapelle die Terrassenstufen der alten Viertel hochstapfte, musste sie immer unter dem Haus von Mariona vorbeiziehen, wo die Mädels herauskamen und herumhüpften wie die Hennen und der eine oder andere Musikant zwinkerte ihnen auch zu und dann hatten sie noch mehr zu kichern. Natürlich bin auch ich hinter der Kapelle hergelaufen den ganzen Weg vom Anfang bis zum Ende, weil auf der Piazza ging es los und auf die Piazza ging es wieder zurück, dann hörte die Musik plötzlich mit einem Tusch der großen Trommel und der Becken auf, die Spieler gingen ein Gläschen heben, um sich die Kehle anzufeuchten, und ich schaute ihnen nach, wie sie nach hier und nach da auseinanderliefen, und so bin ich allein zurückgeblieben zwischen der Kathedrale und dem Kirchturm mit den Händen im Hosensack, kickte einen Stein vor mir her und dann noch einen und spähte nach den Tauben, die beim Kanonenschuss zu Mittag auch alle aufflogen, und es war als hätten sie auch auf mich geschossen, und so ohne die Kapelle fühlte ich mich wie tot und vielleicht bin ich manchmal wirklich gestorben und hab es nicht gemerkt. Vielleicht weil ich mal wieder an alle meine Toten dachte, während ich zurück zu meiner Bruchbude von Wohnung hinaufstieg und wo ich mittlerweile allein wohnte und ohne nicht einmal ein Foto in der Kredenz, wo auch das Glas schon kaputt war, ohne eine Stimme, die meinen Namen Liborio gerufen hätte, nicht einmal eine Träne, wo weinen inzwischen auch nichts mehr half, also blieb ich an der Tür auf einem Strohstuhl sitzen, wo das Stroh vor lauter alt schon ganz zerfressen war, und schaute den Leuten zu die vorbeigingen, aber die schauten mich nicht an und ich sah sie nicht, weil mein Kopf seine eigenen Wege ging und ich ließ ihn gewähren, auch das Nachdenken machte mich müde, da jeder Gedanke wie ein Messerstich zwischen die Rippen war. Nur ein Gedanke ließ mich nie los, und zwar der an meinen Vater, von dem ich mir so sehr wünschte, er wäre ein bisschen bei mir, dass ich mit ihm reden kann, dass er mir von Argentinien erzählt oder von irgendeinem anderen Scheißland wo er gewesen ist, dass ich ihn wenigstens anschauen und sehen kann ob es denn stimmt, dass wir Vater und Sohn sind, ich und er. Es war in einem dieser Momente weitschweifiger Träume mit offenen Augen, da war auf einmal ein Aufruhr, alles rannte rief und schrie, dass ich gar nichts kapierte, aber irgendetwas war passiert, also bin auch ich losgerannt einem Kerl hinterher, der in die Fenster hineinrief Jamme jamme, Auf auf Jungs, los. Und so bin auch ich gegangen und ohne zu wissen warum und weshalb, habe auch ich aus voller Kehle geschrien Jamme jamme, dabei wusste ich überhaupt nicht wohin, aber ich bin schon mal drauflos gerannt, als würde mich irgendwo eine Kapelle erwarten mit Musikanten und Sängern die sangen *All'alba vincerò, vincerò, vinceròòòòò!* Das war ja auch ein schönes Lied von dem man eine Gänsehaut wie ein Hühnerarsch bekam, und es war als würde einem das

Herz stehenbleiben. Inzwischen liefen alle Leute auf die Straße und alle schimpften auf die Deutschen die schon viel zu lange in der Stadt herumeierten mit diesem Krieg, der gar keine Anstalten machen wollte, mal aufzuhören. Zwei Tage lang bin ich herumgelaufen bis mir die Puste ausgegangen ist und im Laufen sind meine Augen hin und her gesprungen und ich bin gelaufen wie ein Fuchs, dem die Angst in den Knochen sitzt wegen einer Meute Hunde, die Hackfleisch aus ihm machen wollen. Und alles hab ich gesehen in diesen zwei Tagen wo der Sommer zu Ende ging zwischen einem Regenschauer und dem nächsten, und der Himmel war ganz grau geworden und es blies nicht das leiseste Lüftchen, um den Wolken den Garaus und den Himmel wieder blau zu machen, denn das ist die Farbe des Himmels. Ich habe Sachen gesehen die man nicht mehr vergisst, nicht einmal wenn man sich eine Kugel in den Kopf jagt, gewisse Szenen die du noch ins Grab mitnimmst, ich Liborio Bonfiglio, ein siebzehnjähriger Taugenichts, der nichts konnte und nichts kannte, mutterlos, opalos, um das Maß voll zu machen auch noch vaterlos, ein Vater wo kein Mensch wusste wo er war und ob er überhaupt noch lebte, während ich rannte und schaute und sah und nicht wusste, ob die Dinge vor meinen Augen wegen des Staubs verschwammen, der von den Trümmern aufstieg, oder wegen des Rauchs der Brände oder wegen des Nebels oder weil ich weinte, wo ich nicht einmal so viel geweint habe, als meine Leute gestorben sind. Nicht einmal heute, wenn ich so daran zurückdenke, weiß ich es genau, weil ich mich an das ganze Chaos erinnere und auch wieder nicht erinnere, alles war durcheinander, dass man die

Dinge nicht einmal aus Lust und Laune in eine Reihe bringen konnte, nicht einmal wenn ein tüchtiger Baumeister sich daran gemacht hätte, ach was Baumeister, nicht einmal wenn die Muttergottes und der heilige Josef die Sache selber in die Hand genommen hätten.

Oktober 1943

Einer nach dem andern sind alle gefallen,
genau wie die Blätter im Herbst,
so tragen viele Mütter nun Trauer
und ihre Söhne gehen ihnen nicht mehr
aus dem Sinn.

CAMILLO DI BENEDETTO, *FRONNE D'AUTUNNO*

Alte Erinnerungen kommen mir in den Sinn, aber ich muss die Augen schließen, um die Szenen wieder gut zu sehen, um die Stimmen zu hören, um mich ab und zu einer Stille zu erinnern, die keine gewöhnliche Stille war, eine frostige Stille, die ich später nie mehr gehört habe, nicht einmal nachts, wo ich allein war wie ein räudiger Hund. Vom frühen Morgen an breiteten sich ganze Karowanen von Last- und Kübelwagen und Motorräder und Soldaten zu Fuß in schwarzen Stiefeln aus, die mit ihren Absätzen aufs Pflaster schlugen und die Scheiben in den Häusern klirren ließen, alle wieder und wieder den Corso Nuovo rauf und runter und durch die Straßen des Piano della Fiera, die Augen weit aufgerissen, Ausschau zu halten ob da einer war, den sie sich schnappen konnten wie man es mit Hunden macht, um ihn sonst wohin zu verfrachten, nachdem sie ihn verprügelt hatten wie man es mit Hunden macht. Alles stob auseinander, die brüllten in einem komischen Sprech, die reden ja in einer arg krassen Sprache, dass man selbst wenn sie Guten Tag und Guten Abend sagen meint, sie schnauzen dich an. Auf der Piazza delle Verdure stand noch ein Karussel mit den Holzpferdchen, das sich von allein drehte, ohne ein einzigstes Kind drauf, und die Pferdchen mit den vom Rost verkrusteten Eisen quietschten nur so, dass man meinen konnte, selbst sie beklagten sich über all die traurigen Gestalten, die da herumliefen. Ein paar Meter weiter war der Zirkus von Borzacchino, der so hieß weil der Besitzer immer Stiefeletten bis zur halben Wade trug, nicht weil ihm der Schuh besser gefiel als andere, sondern weil er immer abgebrannt war und keine anderen Schuhe nicht hatte. Es war ein völlig heruntergekommener Zirkus, zwei schäbig verfilzte Affen mit rotem Arsch, drei Pferde mit spärlichem Fell wo man gar nicht mehr erkennen konnte, welche Farbe sie hatten, dann gab es noch die Clauns, die mussten aber auch die Tiere füttern, Hunde gab es auch, ein paar Katzen und einen Esel als Mädchen für alles, und Jongleure, einen Feuerschlucker, zwei Tänzerinnen, die eine war auch noch halb lahm, und ein paar Trompeter und Beckenspieler. Ein wild zusammengewürfelter Haufen, aber zur damaligen Zeit ging auch dieses Sammelsurium von Hungerleidern und klapprigen Viechern durch, die einen mehr mit ihrem miserablen Elend zum lachen brachten als mit den Kunststücken, die sie unter dem Zelt aufführten, das selber auch nur notleidig zusammengeflickt war. Die Hölle kam am Nachmittag, wie aus heiterem Himmel, es schien als wären alle Teufel aus der Unterwelt heraufgestiegen mit ihren Hörnern und Mistgabeln und den roten Augen. Auf der Hauptstraße zündeten die Deutschen die Läden an und klauten die Sachen, warfen die Schaufenster ein und traten jedem in den Hintern. Auch der Barbierladen von Mastro Girolamo wurde in Schutt und Asche gelegt und sie nahmen die Parfüms, die Kämme und die Rasiermesser mit, die guten Leinenhandtücher, und mir, der ich da gearbeitet hatte, tat diese Schmach noch mehr weh. Aus den Läden schossen Stichflammen heraus wie die bösen Arme von Luzifers Teufeln, die dich packen und unter die Erde schleifen wollen in die Hölle, die so wie die Dinge an dem Tag liefen, nicht sehr weit weg sein konnte. Auch viele Depots und ein paar Fabriken im Messeviertel überfielen die Soldaten, schlugen vieles kurz und klein und die Arbeiter weinten, weil sie auch noch das bisschen Arbeit verloren das es noch gab. Darauf regten sich die Leute heftigst auf und liefen auf die Piazza, machten Radau und schlugen Krach, weil der Podestà nichts tat, um dieses Gemetzel an Leuten und Sachen, an Steinstaub und Herzen zu stoppen, die vor Schmerz und Angst zerbrachen. Auch der Himmel hatte sich verdunkelt, die niedrig hängenden Wolken sahen aus wie längliche Auberschienen, da hoffte man auf einen ordentlichen Regenguss dass sich wenigstens die Brände löschen und die Plünderungen stoppen ließen, und der Himmel war leer, die Schwalben waren wegen der Hitze schon abgezogen und die Spatzen, die weniger komplizierte Vögel sind, hatten sich in ihre Nester verkrochen und kamen nicht mal raus, um nach einem Wurm oder ein paar Krumen zum fressen zu suchen, denen war vielleicht auch der Schreck in die Knöchelchen gefahren. Mit dem Einbruch der Dunkelheit beruhigte sich die Lage ein wenig, aber alle wussten, dass es damit nicht getan war, was zu viel war war zu viel. In der Nacht nämlich, oder war es die Nacht danach, wer weiß das schon noch, gab es merkwürdige Bewegungen und man sah Schatten die Mauern entlang und über die Dächer schleichen, und sie kamen aus den Kasernen der Miliz, der Carabinieri und der Finanzpolizei mit Gewehren, Karabinern und Handgranaten, weil irgendwie musste der Geschichte doch ein Ende gesetzt werden. Und manch einer sagt sich, die Wachen hatten ein Auge zugedrückt oder auch beide, die Deutschen gingen allen auf die Eier, und die waren schon derart aufgeblasen, dass all diese Schweinereien und die Gewalt, die vor niemand und nichts halt machten einfach nicht mehr auszuhalten waren, dass diese schlimme Geschichte endlich ein Ende finden musste, wo sich schon keiner mehr erinnern konnte, wie sie eigentlich angefangen hatte, aber wenn ein Krieg ausbricht, ist ja nie so klar, wo er anfängt und wann er aufhört.

Tatsächlich gärte es am nächsten Morgen allerorten, in einem Wirrwarr liefen die Leute durcheinander, man raunte sich zu, dahin und dorthin zu gehen, man konnte nicht einfach nur zugucken und musste etwas tun, wie es die Partisanen tatsächlich taten, hier und jetzt musste man handeln, ohne Zeit zu verlieren und in die Berge abzuhauen. Die Jungs kamen aus den Randvierteln herunter, trafen sich und sagten ockey ockey als Parole, um sich zu erkennen und weil ockey ockey auch die Amerikaner immer sagten, die die Deutschen ja auch nicht so leiden konnten. Am Ende des Tages gab es einen wichtigen Vorfall wo klar wurde, dass das kein Spiel war wie wenn Kinder Krieg spielen, wie ich mich aus einem Buch erinnere das mir mein Lehrer Romeo Cianfarra zu lesen gegeben hatte, wo Geschichten von einem Krieg erzählt wurden, der aus Jux in einem fernen Land geführt wurde, in einer Straße, die Paulstraße hieß, wo dann am Ende ein Junge in echt stirbt, da war mir fast zum heulen, so erinner ich mich, weil er mich mochte mein Lehrer Romeo Cianfarra. Abends an einem abgelegenen Ort, wo eine große Kurve unter der Altstadt durchführte, hat man einen Lastwagen und weitere Autos der Deutschen in Brand gesteckt, und es gab auch Verletzte, und da war wirklich die Hölle los, das war kein Räuber und Schandarm mehr diese ganze Geschichte, und da fingen die Razzien an, und wer da reingeriet geriet da rein und keiner konnte sich mehr raushalten, es wurde richtig ernst, das Chaos konnte kein Mensch mehr aufhalten. Die ganze Nacht war ich unterwegs und versuchte durchzublicken, auch wenn ich überhaupt nichts kriegsmäßiges getan habe, ich hatte ja kein Gewehr oder eine Handgranate in der Hand, nicht einmal einen Stein oder eine Schleuder, eine gute, mit denen man auf Vogelnester oder Vögel schießen konnte, die Armen. Nichts hatte ich mit. Aber ich schaute mir alles an, ich schaute und mein Herz klopfte wie ein Trecker der durchs Feld pflügt, ich hatte nur die Augen, von denen meine Mutter einmal sagte, sie sind gleich wie die von meinem Vater. Niemand schlief in dieser Nacht, die einen gingen auf die Straße und schauten ob es etwas zu tun gab, und die anderen schauten hinter den Jalousien auf die Straße heraus ob die draußen etwas taten. Wie hätte man da schlafen sollen bei all dem Durcheinander, vielleicht schlief nicht einmal der Podestà oder der Bischof, trotz ihren bequemen Betten und dem warmen Wasser sich zu waschen und der Milch und dem

Weißbrot zum Frühstück. Weil wenn Krieg ist ist der Krieg ja nicht für alle gleich. Wer schon in der Scheiße steckt dem reicht sie bald bis zum Hals, und wer nicht drin steckt kriegt höchstens den Gestank mit. Ich weiß noch wie ich die ganze Nacht bis zum ersten Dämmerlicht vor meinem Haus gesessen hab und ab und zu den Kopf rausstreckte um die Lage zu erkunden, ich hörte auf das Geräusch der Schritte, so ließen sich die guten Schritte von den bösen unterscheiden, und wenn niemand vorbeikam lauschte ich der Stille. Aber es war bewölkt und die Sterne konnte man nicht sehen, der Mond war auch nicht da, manchmal versank ich in die Betrachtung der Sterne und des Mondes, aber vielleicht waren sie in jener Nacht einfach nicht da, weil die Angst bis zu den Wolken hochstieg, und vielleicht hatten nur die Engel keine Angst, sie hatten ja Flügel, und wenn es schlecht ausging konnten sie wegfliegen wie und wann sie wollten. Die Nacht ging inzwischen vorüber und man hörte ein Aufmischen von Geräuschen wie wenn ein Topf voller Bohnen stundenlang kocht mit dem Deckel drauf der dann am Ende mit großem Krach in die Luft fliegt, dass das ganze Haus aufwacht. Und in die Häuser kamen die Soldaten aus Deutschland rein und zerschlugen und stahlen und zündeten die Möbel an, dass einer die paar Sachen die er in der Wohnung hatte, die Kredenz, den Tisch, ein paar Stühle, auf einmal nicht mehr hatte. Das war ja nicht gerecht all diese Böshaftigkeit die mit dem eigentlichen Krieg nicht mal im Fehl zu tun hatte, den richtigen Krieg führt man ja nicht gegen Möbel und Kinder und weinende Frauen. Also rechnet einer zwei und zwei zusammen und wenn eh nichts mehr zu retten ist, holt auch er sich ein Gewehr und dann wird man ja sehen wie es ausgeht, wenn eh nichts mehr zu retten ist, sterben muss man sowieso und dann werden wir schon sehen wer am Ende recht behält. Und so verging eine weitere Nacht mit Überlegungen und Abwägungen, um zu schauen was sich machen ließ, weil irgendetwas musste man ja machen, und man musste sehen, wer es am Ende machen sollte. Man konnte ja nicht einfach so tun als ob nichts wäre, bei all dem Krawall.

Dabei war es am nächsten Tag noch schlimmer, weil was geschehen war war geschehen, nach einer Nacht der Verfolgungen und Gefangennahmen und Folterungen von denen, die die deutschen Soldaten gefasst hatten, in einer Gasse, vor einem Haustor, auf den Treppen zum oberen Teil der Stadt, wo die schönste und älteste Kirche stand, dort konnte man sich beim Besuch der Messe am Sonntag ein schönes Stück Paradeis einhandeln, so schön und antik war die Kirche. Aber nun hatten die Puppen zu tanzen angefangen und also fing man an zu tanzen, aber es war kein Fest, es war keine schöne Musik anzuhören wie die Musik der Musikkapelle wenn das Fest ein richtiges Fest war, wo man Spaß hatte und nicht an die Dinge zu denken brauchte, die schief liefen in der Welt und im Leben. An dem Tag war es echt eine üble Sache weil es ist nicht, wie wenn du siehst wie Scheiben eingeschlagen und Läden oder Möbel in Brand gesteckt werden, wie wenn du einen drohenden Ton anschlägst, weil du ein Maschinengewehr oder eine Pistole hast, es ist was anderes wenn du ein paar arme Kerle hernimmst und sie ohne Gnade dahinmetzelst, wo du nicht einmal mit dem Vieh oder einem Hund so bestialisch umgehst, dass auf allen Straßen und an allen Mauern das Menschenblut klebt, dass die Zeichen bleiben und nicht einmal ein Gewitter von der starken Sorte die wieder wegmacht. Und wenn einer ganz ganz jung ist, ist es auch noch ein übler Tod so jung zu sterben, weil den Tod gibts immer, der gehört zum Spiel, wenn einer das Spiel beherrscht, aber der üble Tod nicht, der ist wie wenn einer dir das Leben raubt, und das Leben darf man keinem rauben, nicht einmal, wenn einem die schwarzen Zeichen bis zum Hals stehen seit er klein war und sich nicht wehren konnte gegen die schlimmen Sachen. Auf alle Fälle schlichen sich an dem Tag früh eine Menge junge Leute und Jungs wie ich überall ein wie die Ameisen, rannten und sprangen, und wenn sie sich begegneten sagten sie zueinander, um sich zu erkennen dass sie auf der selben Seite standen, ockey ockey als wären wir alle Amerikaner gewesen. Auch ich sagte ockey ockey, aber ich sagte es zu mir selber, um Mut zu fassen, weil ich nie keinem begegnete, dem ich hätte ockey ockey sagen können, und außerdem kapierte ich nicht was eigentlich wirklich gerade passierte. Ich wusste nicht einmal dass diese Ameisen wie die Partisanen waren, erst nachher hab ich das entdeckt, aber da war es zu spät, um selber das eine oder andere zu tun. Jedenfalls formten sich im Nu Gruppen und Grüppchen oder auch allein gab es ein Wirrwarr von Leuten mit der Waffe über der Schulter, den Waffen die sie in der Nacht zuvor den Carabinieri und der Miliz gemopst hatten. Rund um die Stadttore wo eine lange Allee voller Bäume endete, auf dem Platz vor einer Kirche, durch die engen Gassen der Altstadt war es eine einzige Barrikade von Säcken, Matratzen, Stühlen, einzelnen Truhen, die Frauen brachten Wasser und auch Munition, die war bald alle, vor allem wenn einfach ins Blaue drauflos geballert wurde. Wenn einer nicht gescheit schießen kann schießt er immer lausig, so wie der Jäger der drauflosschießt und hofft, der Schuss wird schon auf den Hasen treffen, wenn er ihn trifft, trifft er, und sonst halt nicht, Amen. Aber tüchtig waren sie, die Kerle, und Courage hatten sie auch, sie kamen mir wirklich vor wie die Jungen von jener Paulstraße, wo ich nicht genau weiß wo sie liegt. Ich rannte so schnell und überallhin, dass mir vorkam wie wenn eine ganze Reihe Liborio Bonfiglio über die Stadt verteilt waren, ab und zu einen spitzen Schrei ausstoßend, dann mal wieder eine Nachricht oder eine Warnung überbringend von einer Sache die zu tun oder die zu unterlassen war. Am Anfang konnte man standhalten, ein Treffer für uns und einer für die anderen, aber am Nachmittag schwoll die Luft abgesehen von Staub und Rauch und Klagen auch vom Rasseln und Quietschen der Panzerketten an, der Lastwagen, Kübelwagen und Motorräder mit einer Art Kiste für Mitfahrer an der Seite, die Seitkarre hieß, die Soldaten schienen auch aus Deutschland zu kommen, derart viele waren es und in die Stadt kamen sie vom Meer her und von den Hügeln und vielleicht sogar vom Himmel der inzwischen noch dunkler geworden war. Und was willst du dann noch Widerstand leisten, ich wollte es den Jungen zurufen die fast alle waren wie ich, abzuhauen, ich fühlte sie kommen, die schlimme Zeit des üblen Todes, was getan war war getan, mehr ließ sich vorerst eh nicht machen. So fing die Hölle wieder an, die noch trister war als die davor, weil es lag noch mehr Wut in der Luft, auch die Deutschen zählten ihre Toten und legten nun Läden und Häuser in Schutt und Asche, Bäume und Einfahrten, und schossen auf alles was sich bewegte, auf Hunde, Vögel, Menschen und selbst auf die Fahnen, in die die ersten Windstöße des Oktober hineinfuhren, und sie versuchten, die Aufständler mit den Waffen in der Hand zu erwischen. Während ich herumrannte wie eine fiebrige Katze, ein Spinner der herumlief und guckte, der guckte und nicht immer kapierte, ob diese ganze Geschichte wirklich war, guckte und sah. Ich hab ihn gesehen, den an den Baum gebundenen Mann an der Kreuzung der beiden Alleen, ich hab seine toten Augen gesehen, die nichts mehr sehen konnten, die gefesselten Hände und das getrocknete Blut im Gesicht, den offenen Mund, als hätte er um Wasser gebeten oder gebetet, ich hab sein stillstehendes Herz gesehen und die Leute, die guckten und schnell nach Hause liefen. Ich hab sie gesehen, auch die zu Hause erschossenen Leute, die überhaupt nichts schlechtes getan hatten, die mit dem Krieg ganz und gar nichts am Hut hatten wenn sie was zu essen anrichteten für die Kinder, wie die Frau die das Fenster schließen wollte, um in Ruhe zu essen und den Lärm vom Krieg draußen nicht mitzukriegen, die da stehend sich ans Fensterbrett klammerte und während sie ihr Leben aushauchte eine Vase mit einer roten Geranie ansah, wo vielleicht auch die Geranie die so rot war wie ihr Blut sie ansah wie sie dahinstarb, aber still vor lauter Überraschung über einen solchen Tod. Ich hab ihn gesehen, den jungen Matrosen, ganz in weiß mit der Mütze und der Aufschrift Regia Marina, Königliche Marine, weiß war auch das Gesicht und dann die ganzen roten Flecken die aussahen wie diese Blüten die im Frühling auf manchen Hecken aufgehen, der hatte in den Augen vielleicht noch das Blau des Meeres, während seine Seele ihn nach und nach verließ. Ich hab sie gesehen, die beiden Jungs die sogar ein bisschen jünger waren als ich, wo der eine gut war in der Schule auch wenn er nicht den Romeo Cianfarra als Lehrer hatte, ich hab gesehen, wie sie mit ihren braven Gesichtern Munition und Handgranaten zu den größeren brachten, nachher haben sie auch selber angefangen zu schießen, aber was willst du ausrichten gegen richtige Soldaten, wie Schilfrohr haben sie sie geknickt, dabei waren sie jünger als ich, der ich herumlief und guckte und sah. Ich hab sie gesehen, die neben dem Karussell und dem Zirkus von Borzacchino gestorben sind, sich im Sterben umarmend, dabei kannten sie sich vielleicht nicht einmal und haben das Blut von beiden miteinander vermischt und der selbe Engel hat sie in den Himmel hochgebracht, aber vorher werden sie sich als Kinder wiedergesehen haben vor den Pferdchen des Karussels, ein letztes Mal die Zirkusclauns gesehen haben die herumsprangen und Grimassen schnitten, und da hab ich gedacht, vielleicht haben sie sich beim sterben kaputtgelacht wie die Lachkegel. Ich hab ihn gesehen, den jungen Kerl der vor der Mauer der Tabakfabrik ausgestreckt lag mit einem Blutrinnsal das ihm vom Kopf bis zum Kinn hinunterlief und Tropfen um Tropfen in den Staub fiel, ich hab ihn gesehen wie er noch die brennende Zigarette zwischen den Lippen hielt und ein leichter Rauchschwaden daraus aufstieg und sich dann in Luft auflöste. Ich hab ihn gesehen, an die Mauer gelehnt, ein Schuss hatte ihm das Herz zerfetzt, diesem aufständischen Jungen den ich übrigens gut kannte, hatte ja mit mir im

Barbierladen von Mastro Girolamo gearbeitet, er konnte zauberhaft mit der Schere umgehen und bekam den Fassonschnitt wunderbar hin, er lachte viel, und oft war er es der zu mir sagte Bürsten Bursche! und er sagte es sehr gekonnt und lachte dabei. Und einen anderen hab ich gesehen der allein auf einen Haufen Deutscher zugelaufen ist, und die anderen haben ihm nachgerufen Lass das! Wo willst du hin?, aber er hörte nicht auf sie, er lief und schoss aus einem tumben Karabiner mit dem er nicht mal eine Fliege erledigte und im Laufen jagte er sie alle zum Teufel, dann blieb er plötzlich stehen, wie ein Stein und das wars. Ich hab alle und alles gesehen, weil ich wie ein Hase herumlief, vor lauter Angst konnte ich nicht stehen bleiben und habe weder Hunger noch Durst gespürt. Ich hab sie gesehen, diese Mutter, die ihren Sohn nach Hause brachte, wie die Madonna sah sie aus, die ihren Jesus vom Kreuz genommen hat, die Leute ließen sie durch wie bei der Karfreitagsprozession und bekreuzigten sich und die Männer nahmen den Hut ab wie vor einem Heiligen, und sie hab ich auch gesehen, die eine Frau, die auf den Knien mit einem Schwamm in der Hand einem Jungen das Gesicht abwischte und die von Erde und Blut verschmierten Hände, mit einem Eimer daneben, und ihm die Augen schloss, wenn sie noch auf waren, und dann auf die Suche nach dem nächsten Toten ging, der zu waschen war, weil im Paradeis hat man ordentlich anzutreten, sonst hätte zu den Zeiten damals ein mürrischer Kerl am Eingang ihn vielleicht nicht eingelassen. Von weitem sah diese Frau beinahe aus wie meine Mutter, aber es war nicht meine Mama, aber der Gedanke gefiel mir, vielleicht war es ja meine Mutter, die zu einem Engel geworden war, mir gefiel der Gedanke während ich sie betrachtete, und ich hätt mich auch nicht gewundert wenn sie mir gesagt hätte, dass ich die gleichen Augen habe wie mein Vater. All das hab ich gesehen bis zur letzten Sekunde, da der Abend sich über die Stadt legte und eine Stille eintrat die bedeutete, dass alles vorbei war. Am Ende hab ich den langen Blutfleck gesehen, der auf den großen Platten der Piazza trocknete, der Körper war schon weggeschafft, ich hab gesehen, wie jemand das Blut wegwischen wollte, aber der Fleck blieb, er ließ sich nicht wegmachen, wie eine Erinnerung die sich nicht löschen lässt. Tags darauf kam ein starkes Ungewitter, aber wieder nichts, der Fleck war immer noch da, ein wenig heller, aber er wollte nicht verschwinden, er war hart geworden wie Stein und unterschied sich von den anderen Steinen die nur grau waren während dieser blutige Stein gerötet war wie ein verbrannter Ziegelstein. Am nächsten Tag war alles vorbei, im Himmel und auf Erden lag nur die Asche der Flammen und der ausgebrannten Läden, ein übler Gestank, der einem die Luft aus den Lungen zog und in den Augen brannte, man wusste nicht mehr ob es wegen des Rauchs war oder wegen der Tränen dass einem zum heulen war wegen des Gemetzels das geschehen war. Da hab ich mich wieder vor meine Haustür gesetzt, meine Augen schauten nicht mehr und wollten auch nichts mehr sehen, als wollten sie ausruhen. Nur die Lippen bewegten sich kaum wahrnehmbar, das war mir vorher noch nie passiert, nicht mal als Nonno Peppe auf dem Bau gestorben war oder meine Mutter mit einem letzten Schwall kranken Bluts. Meine Lippen bewegten sich von selber und ich hörte eine

Stimme, tonlos wie eine Art Raunen, es war mir nicht mal ganz klar ob es wirklich meine Stimme war, aber ich hörte sie ohne dass es störte sagen Vater unser der du bist im Himmel, und mir kam vor es ging mir dann ein bisschen besser, dass es nicht mehr nötig war zu laufen zu gucken zu sehen. Wie wenn man eine Kerze löscht die herunter gebrannt ist und dich im Dunkeln lässt, aber du hast keine Angst weil der üble Tod vorüber war und nun woanders wütete. Rund herum war da nur diese Stimme die sagte Vater unser der du bist im Himmel, und später habe ich das nie wieder gehört. Inzwischen kam mir, weiß nicht warum, die Teresa Giordani wieder in den Sinn und ich hoffte dass ihr in all dem Durcheinander nichts Schlimmes passiert war, weil mir fing sie an zu gefallen, diese Teresa Giordani. Nach ein paar Tagen auf der Piazza konnte man manche sagen hören, aber leise, damit es nicht in die falschen Ohren kam, dass viele junge Leute, um nicht für die Deutschen zu arbeiten, abgehauen waren und sich in die nahen Berge verzogen hatten, dort organisierten sie die Brigaden der Partisanen und sie nannten sich Maiella, genau wie der Berg, den man vom Wachturm aus sehen konnte. So sagten sie, ich hörte mit und hielt mich zurück und dachte mir, hätt ich's vorher gewusst hätt vielleicht auch ich mit ihnen in die Berge ziehen können, in diesen Tagen von Feuer und Flammen hatte ich nichts besonderes getan, ich war nicht mal zum Schein gestorben, ich war nur rauf und runter gerannt wie ein Irrer, ohne je Luft zu holen, und guckte und sah wie die Welt in Brüche ging, mehr noch, dass sie regelrecht vor die Hunde ging. Ockey ockey.

1944 … 1946

> Ich bin raus, bin der Geschichte auf ihrem
> Gelände begegnet,
> und bin zurückgekommen, euch zu berichten,
> was ich sah.
>
> CHARLES UPTON, *PANIC GRASS*

So war das Jahr 1943. Dann kam plötzlich der Winter und dann noch ein Winter mit einem Schnee wie man ihn bei uns noch nie gesehen hatte, und einer Kälte die einem in die Knochen und unter die Haut fuhr und einen auch drin mit Schnee bedeckte und bis zum Herz hochkam. Wobei, auch wenn nicht Winter war, spürte man immer die Kälte und dabei war es egal ob die Sonne schien oder die Nacht sternenklar war, weil der Scheißkrieg einfach nicht aufhörte als solle er das ganze Leben dauern um auch die zu Tode zu bringen, die noch am Leben waren. Zuweilen schaute ich in die Wolken und dachte mir, wetten dass es jetzt nochmal schneit, auch wenn die Kornmahd anstand, auch wenn die Schwalben im Land waren und die Kinder kurze Hosen trugen, wobei die armen Kinder auch im Winter kurze Hosen trugen, selbst wenn richtiger Winter war mit Schnee und eisigem Wind, dass die Beine vor Kälte lila anliefen, und ab und zu, weil die Hosen waren ganz kurz, guckte ihnen auch eins der Eierchen raus. Der Himmel war immer weiß, aber ein

Weiß, das ich vorher so noch nie gesehen hatte, und ich glaubte der Himmel sei wie eine Art großer Spiegel, wenn das Meer darunter lag, war er blau, wenn aber darunter Schnee lag, war er zwangsläufig weiß, aber ein kräftiges Weiß. Weihnachten kam trotzdem, aber es war nicht das Weihnachten von früher, wobei, was ging mich das schon an, Geschenke bekam eh keiner von mir und mir schenkte auch niemand nichts, von meiner Familie war ja keiner mehr übrig und selbst die echten Freunde, höchstens ein Buongiorno und Buonasera, jeder ging seines Weges und wer Gottes Beistand will muss schon selber beten. Aber es lief nicht alles schlecht für mich, ich hatte wieder angefangen im Barbierladen zu arbeiten und ich verdiente ein paar Kröten um was zu beißen zu haben. Mastro Girolamo war allein geblieben und brauchte einen Gehilfen, also hatte ich wieder angefangen, aber es gab keinen mehr der nach mir rief Bürsten Bursche!, und das fand ich ziemlich schade, aber nicht etwa wegen der Trinkgelder. Die Dinge schleppten sich so dahin ohne große Wendungen, abgesehen von dem einen Mal als gleich nach Ostern wieder die Bomben kamen, das war am späten Vormittag und die Piazza und der Corso muteten an wie ein Vulkan, alles erdbebete und vom Barbierladen aus hab ich alles gesehen zusammen mit dem Mastro, erst danach haben wir gemerkt, dass wir uns an der Hand hielten vor lauter Angst, als wären wir in dem Augenblick wie Vater und Sohn gewesen. Es war ein richtiges Massaker und es ging auch die nächsten Tage weiter, diese Scheißdeutschen waren dabei den Krieg zu verlieren und wollten uns noch eine hübsche Erinnerung hinterlassen und aus dem Umland bombardierten sie uns aus großen Kanonen oder kamen mit den Fliegern, ein Gemetzel aus Menschenfleisch anzurichten, aber auch die Amerikaner kamen mit den Fliegern und warfen Bomben ab als hätten sie sich verabredet. Das war unnütz, das Schicksal hatte eh schon gesprochen, und es sprach auch jener Fleck trockenen Bluts, der auf der Steinplatte auf der Piazza geblieben war und den weder der Schnee noch die Bomben gelöscht hatten. Der Fleck blieb da wie ein Erinnerungsmal und Mütter brachten zuweilen ihre Kinder hin und erklärten, was alles geschehen war und auch was noch geschehen konnte. Dann passierte lange nichts, die Tage verliefen alle gleich, und nach und nach nahm das Leben wieder seinen Lauf, mal unter Tränen, mal mit Wut und Flüchen auf alle Heiligen. Aber im April des Jahres 1945 passierte eine große und wirklich schöne Sache, die war wie ein Fest aus früheren Zeiten und sogar die Musikkapelle spielte wieder auf dem Corso und mitten auf der Piazza, sie spielte aber nicht *Traviaten* und *Rigoletti*, sie spielte *Fratelli d'Italia* und ein neues Lied das hieß *Bella ciao ciao ciao*, ich hörte mir ganz aufmerksam die Wörter an und lernte es auswendig, weil es ein richtig schönes Lied war, da war die Rede von der Blume vom Partisanen der für die Freiheit stirbt. Man sah viele junge Leute wieder die wir tot geglaubt hatten, sie kamen aus den Bergen herunter mit offenem Hemd und einem roten Tuch um den Hals und mit Gewehr, einige mit dem Hut und der Feder auf einer Seite wie die Alpini, es gab auch eine Gruppe Bersaglieri mit Federhut, wo ich allerdings grinsen musste weil sie mir vorkamen wie eine Menge Truthähne die hinter einer Trompete herliefen, alle lachten und zeigten wie glücklich sie waren, weil der ganze Krieg endlich vorbei war. Die Frauen sprangen herum wie beim Tanz einer Tarantella und viele weinten statt zu lachen, aber sie weinten eigentlich vor Lachen. Alle umarmten wir uns, ich umarmte sogar den Seiler und im Geist umarmte ich meine Mutter, den Nonno, den Lehrer Romeo Cianfarra und meinen Vater auch, von dem meine Mutter sagte, er habe die gleichen Augen wie ich. Mitten in dem ganzen Tumult stand auf einmal die Teresa Giordani vor mir, die hatte einen bunten Rock an mit Blumen drauf und ein gestreiftes Trikot und einen Pferdeschwanz, weil sie lange Haare hatte, die waren teils schwarz und teils braun und die Augen waren dunkel und sahen aus wie voller Brunnenwasser und sie hatte eine starke Lache. Da kam mir vor, dass an diesem Festtag alles erlaubt war, und so nahm ich sie an den Händen und drückte Teresa an meine Brust und sie sagte nichts und lachte, wie eine Welle des Meeres waren ihre Zähne, da weiß ich nicht was mich gepackt hat und ich hab sie auf die Stirn geküsst und dann auf den Mund und sie war immer noch am lachen. Mir quoll das Herz über und ich hörte die Glocken läuten, nebenbei läuteten sie wirklich, aber ich hörte sie auch noch, als sie nicht mehr läuteten. Und dann hab ich es zu Mastro Girolamo gesagt Ich glaub ich bin verlobt, hab ich ihm in einem Atemzug gesagt, ich hatte nämlich Angst das zu sagen, haarklein hab ich ihm diesen zauberhaften Moment erzählt und er hat angefangen zu lachen und hat mir gesagt Du Gimpel, aber nur er lachte, weil für mich war das eine ernste Sache, die Teresa Giordani gefiel mir sehr, aber total. So dachte ich bei mir, jetzt fängt für mich ein neues Leben an und die schwarzen Zeichen sind nicht mehr da, alle weg wie der

Schnee. Zum ersten Mal jetzt, wo ich beinah zwanzig war, fühlte ich mich mit einem zufriedenen Gesicht, die Beine und die Arme bewegten sich schwungvoller als tausend Ameisen und die Glocken läuteten immer, sogar nachts, wenn ich mit aufgerissenen Augen an die feuchte Decke starrte und nicht das leiseste Geräusch zu hören war, draußen auf der Straße ging kein Mensch vorüber, kein Schwein, und die Spatzen schliefen auf den Bäumen und niemand war draußen, nur der Mond, aber der zählte nicht. Ich werde ihn nie vergessen diesen Tag im April gleich nach Ostern, wo mir vorkam die Musikkapelle spielte nur für mich und für die Teresa Giordani, meine Braut, auch wenn Mastro Girolamo mich jedes mal anschaute und lachte und mir sagte Du Gimpel, nur er allerdings, mir war diese schöne Liebesgeschichte in die Knochen gefahren, wie man so sagt. Seitdem zähle ich zusammen mit den Septemberfesten, dem von Sant'Antonio und den anderen auch das vom 25. April dazu, mag sein wegen der Kapelle, wegen der Farben und der Fahnen, mag sein wegen dem Kuss für die Teresa Giordani, aber seitdem bleibt der Tag der Befreiung für mich etwas unvergessiges, einfach ein schönes Fest. Nach einer ganzen Menge Jahre wollte ein Bürgermeister das Fest abschaffen, keine Ahnung warum, vielleicht war er ein bisschen Faschist und ein bisschen dumm, und er hat es nicht geschafft, die Leute haben sich gewehrt und so hat er ganz Italien zum lachen gebracht, und ich war froh, dass er es nicht geschafft hat und auch dass ganz Italien ihn ausgelacht hat, diesen Bürgermeister. Dieser Sommer war ein schöner Sommer, immer schien die Sonne und man konnte ans Meer zum baden und Seeigel sammeln, außerdem war ich jetzt Vollzeit im Barbierladen, da mochten mich alle und ich hab den Beruf gut gelernt, auch wenn da keiner mehr war der sagte Bürsten Bursche! Und außerdem traf ich mich manchmal mit der Teresa Giordani, heimlich und nur kurz, weil ihre Eltern waren dagegen diese Treffen, die dachten wer weiß was da passieren kann, aber es passierte gar nichts. Wir drückten uns die Hände, ich sagte ich will sie mir heiraten, ich kann als Barbier arbeiten zum leben und auch als Seiler, auch wenn mir der Barbier besser gefiel, und die Teresa Giordani lachte oder sie blieb still, und so kapierte ich nicht so recht und die Zeit verging und es verging der Sommer und auch das Leben verging, aber das merkte man nicht so sehr, weil mit zwanzig meint man es bleibt alles gleich, es geht nicht vorbei, aber das stimmt nicht, und wenn du es schnallst ist es zu spät und dann kannst du ja nicht zurück und alles auf eine andere Art machen, vor allem wenn da die schwarzen Zeichen waren. Und auch die Septemberfeste gefielen mir dies eine Mal ein bisschen weniger, die Kapelle hab ich nur ein Stückweit gehört und das war kein gutes Zeichen, ebenso störten mich die Leute wegen dem Krach den sie schlugen, und wenn ich richtig genervt war, fing ich an, Steine nach den Hunden zu werfen, was ich vorher noch nie getan hatte, und die Hunde waren enttäuscht, ein bisschen kannten sie mich ja und wussten, dass ich nicht böse war wie die, die Steine auf Hunde werfen. Und Teresa tauchte auf und tauchte ab und sagte weder ja noch nein und nicht einmal boh, und hatte immer zu tun, mal hier einen Dienst und mal nen anderen, und ich glaubte ihr wie ein Kriegstrottel und sagte es auch noch Mastro Girolamo dem Barbier von dieser völlig verpeilten Sache, und der lachte mich immer aus als wusste er was, was ich nicht wusste, er lachte und sagte mir nichts, nur Du Gimpel sagte er zu mir. Ich war damals einfach völlig neben der Spur wie einer der nicht weiß ob er schläft oder ob er wach ist, aber im November wurde ich richtig wachgerüttelt, der Briefträger brachte mir eine Postkarte mit meinem Namen drauf, Liborio Bonfiglio, ich sollte zum Militärdienst an einem Ort im oberen Italien, stand da, daran hatte ich überhaupt nicht gedacht an diese Sache, ich dachte doch, der Krieg ist vorbei und man braucht jetzt nicht mehr Soldat zu werden, wozu hatten wir sonst gefeiert mit der Musikkapelle, den Fahnen und der Teresa Giordani der ich einen Kuss gegeben hatte, eben weil kein Krieg mehr war. Am Anfang dachte ich das ist ein Witz, aber dann hat Mastro Girolamo die Postkarte auch gesehen und mir gesagt, das ist eine ernste Sache, ich musste wirklich hinfahren, ich der nicht einmal einen Deut von einem Koffer hatte. Den Koffer kriegst du von mir, sagte er, und dabei lachte er nicht mehr, weil es tat auch ihm leid, dass ich abfahren musste zum Militärdienst, und zwar nicht nur wegen der Barbiererei, sondern vielleicht weil das ein weiteres schwarzes Zeichen war das mich kalt erwischte, und es für mich wohl nie Ruhe gab. Also hab ich mich ergeben und hab angefangen den Koffer zu packen, der nie voll wurde, ich hatte nicht viel da reinzutun, alles was ich hatte trug ich am Leib, und bei jeder Sache die ich in den Koffer tat verfluchte ich die Welt, ich nahm einen Pullover und Leck mich am Arsch, eine Unterhose und Leck mich am Arsch, ein paar Socken und Leck mich am Arsch, eine halbe Krawatte und Leck mich am Arsch, ein

Hemd dem auch noch ein Knopf fehlte und Leck mich am Arsch, ich nahm sie und heulte und dachte nach jedem Leck mich am Arsch an die Teresa Giordani und auch sie Leck mich am Arsch, als ich ihr gesagt habe dass ich weg muss zum Militärdienst hat sie gelacht, ich hätte gewollt dass sie weint, wenigstens ein bisschen, stattdessen hat es ihr kein bisschen leid getan, da bin ich weggegangen mit dem Herz voller Tränen, mit hängendem Kopf, und ich hab mich nicht einmal umgedreht, ihr ein letztes Mal ade zu sagen. Aber ja, auch die Teresa Giordani sollte mich am Arsch lecken. Am nächsten Morgen ganz früh stand ich schon am Bahnhof, völlig allein wie ein Hund wie ich es immer schon gewesen war. Der kleine Zug war blau, und diesmal, diesmal war mir wirklich zum heulen.

1947 ... 1956

Hätt ich die Wahl,
noch mal aufzubrechen zu dieser Reise,
ich würd es tun.
NAZIM HIKMET, *ÜBER EINE REISE*

An jenem Morgen um sechs Uhr, der November ging dem Ende zu, überall schwebte dieser Tau, aber ein Tau der alles nass machte, die Dächer, die Bäume, die Plätze, die Bänke, die Haare und die Schienen, und einem unter die Haut kroch bis in die Knochen, dass einem kalt war, dabei war es gar nicht besonders kalt. Aber vielleicht hatte ich die Kälte mehr in mir drin. Für lange Reisen, wie ich ja noch nie eine gemacht hatte vor jenem Tag im November mit diesem Tau, musste man von meinem Ort zum Bahnhof runter der am Meer lag, die Gleise liefen dort Kilometer um Kilometer am Meer lang, eine ganze Weile zumindest, aber man konnte sich schon mal das Meer ansehen, und es war eine schöne Sache für einen, der es noch nie gesehen hatte, und mit dieser Postkarte als Soldat brauchte man die Fahrt gar nicht zu bezahlen, und auch das war eine gute Sache. Zusammen mit mir gab es noch weitere junge Kerle die zum Militär mussten, und wir waren alle in der dritten Klasse mit den Holzbänken, das Rattern des Zuges spürte man haarfein den Rücken rauf, aber wenn man aufs Meer schaute, spürte man es weniger und diese eisernen Räder auf den eisernen Schienen taten weniger weh. Der Zug hielt an jedem Bahnhof, an den großen, die immer voller Leute waren, die schrien, gut gekleidete Damen, die aussahen wie nervöse Gänse und nach dem Gepäckträger riefen, ein Durcheinander von rennenden Leuten, Dampfwölkchen, Schnell schnell er fährt gleich ab, Wann kommt er denn an, Scheiße man hat mir den Koffer geklaut, aber auch an den kleinen Bahnhöfen hielt er, aber nur kurz, und dort hatten die Leute geplagtere Gesichter, keiner rief nach dem Gepäckträger und keiner klaute keinem was, an jedem Bahnhof stiegen junge Kerle zu, man sah ihnen an, dass auch sie zum Militärdienst eingezogen wurden, auch wenn der Krieg schon vorbei war und kein Mensch kapierte wozu es noch Soldaten brauchte, wenn der Krieg schon vorbei war, und den hatten wir halb gewonnen und halb verloren, wie gewohnt. Das schönste am Zug, abgesehen davon, dass man sich das Meer anschauen kann bis zu einem bestimmten Punkt und dann wird alles Land und Felder, ist der Tunnel, da ist es auf einmal zappenduster und man wird wieder zum Kind vor lauter Angst, dann ist plötzlich wieder Licht und man muss lachen wegen der Angst von vorhin, manche Tunnel sind so lang, dass man meint es ist Nacht, bei den kurzen siehst du gleich schon das Ende mit dem Licht, kaum bist du drin, bist du beruhigt und kannst dich lässig zeigen. Schön ist auch, dass du essen kannst, musst du dir aber mitnehmen, das Essen, der Zug ist ja keine Schenke, und wenn einer anfängt, fangen alle an zu essen, und ab und zu schaut dabei noch ein Viertel Wein raus und es wird gesungen. Ich hatte mir ein schön großes Brot mitgenommen mit Pfannkuchen und Erdäpfeln, Pfannkuchen machen konnte ich gut, und dann hatte ich noch ein Kilo flache Äpfel, das sind die, die mir am bestens schmecken, weil sie außerdem auch den Durst stillen. Als ich gegessen hatte, bin ich eingepennt und hab ein Nickerchen gemacht, muss aber ordentlich weggeratzt sein und es war ein langes Nickerchen, als ich wieder aufgewacht bin, war es fast finster und der Zug stand, und aus dem Fenster hab ich den Namen des Bahnhofs gelesen UDINE, lesen konnte ich gut und gesegnet sei der Lehrer Romeo Cianfarra der mirs gelernt hatte, und dann brüllte eine laute Stimme, wer zum Militärdienst musste, sollte sofort aussteigen, und wie wir da mehr tot als lebendig ausstiegen deckte die brüllende Stimme uns auch noch mit Schimpfwörtern ein. Und kaum war ich angekommen, hopp hopp, alle auf einen klapprigen und nach Diesel stinkenden Lastwagen, der ab und zu anhielt und die völlig verschlafenen Leute aussteigen ließ und wie ein Postpaket die einen ins eine Dorf und die anderen ins andere schickte, und dort wo sie ausstiegen sah es von außen aus wie ein Knast, mir ist dann irgendwie bang geworden, und schließlich war ich zusammen mit zwei anderen armen Kerlen der letzte am aussteigen und wusste gar nicht wo ich war, es war schon Nacht, aber das war mir völlig egal, ich fühlte mich komplett erledigt im Kopf wie in den Knochen, und als man mir einen Platz zum schlafen gegeben hat, hab ich angefangen zu schnarchen bevor ich noch eingeschlafen bin, und mein Hirn war vollkommen leer, nicht mal an die Teresa Giordani dachte ich, und das Letzte was ich mich erinnere gesagt zu haben war Leck mich am Arsch das Alles und du auch Teresa Giordani, weil wenigstens einen Kuss hättest du mir geben können bevor ich abgefahren bin, Leck mich am Arsch, du halbes Flittchen. Am nächsten Morgen hat mich eine Scheißtrompete aus der Pritsche gerissen und im Laufschritt los, ein wenig Wasser ins Gesicht gespritzt und noch so ein Schreihals der einem auf den Sack ging, ein ständiges dalli dalli bis zum großen Exerzierplatz, dort stand noch so ein Wichtigtuer der rumbrüllte und wir ganz still und hörten zu was er uns sagte, und so hab ich erfahren, dass man mich in Tauriano di Spilimbergo abgestellt hatte, was wird das sein, sagte ich mir, ich war ja gerannt und hatte geguckt und gesehen wie der Krieg wirklich war, mit den Bomben, den brennenden Läden und den Häusern und den Leuten, die wie die Fliegen starben, wenn die Jahreszeit zu Ende ist, und die Fliegen die noch leben sich überall niederlassen. So hab ich meine Karriere als Soldat angefangen, und das war wie eine Art blöde Arbeit, wo man immer die selben Sachen machte, aufwachen beim ersten Morgenlicht mit den Augen noch voller Schlaf, kaltes Wasser, kalten Gerstenkaffee und ein Stück ebenso kaltes Brot, dann alle zum Appell, die kleinen Uniformen trugen die größeren von uns und die weiter geschnittenen die magereren, es sah mehr nach Fasching aus als nach einem Batallion, ganz zu schweigen von den Stiefeln, wo keiner die richtige Größe hatte, abgesehen von ein paar Glückspilzen, die den flinksten Fuß und die Protektion hatten. Die Vormittage verliefen immer gleich, Achtung und rührt euch, marschieren, Gleichschritt und Kadenz, die Fußsohlen taten einem verdammt weh und sofort bekamst du eine Menge Blasen, eins zwei eins zwei, wobei alle uns anbrüllten, den einen Tag und den andern auch, Stöpsel, Spund, alle brüllten rum, Feldwebel, Hauptgefreite, und die ganze Bagaasch. Mag ja sein, dass kein Krieg mehr war, aber mir gaben sie nie ein echtes Gewehr oder eine Handgranate, nur die Attrappen, die waren wie kleine Tomatendosen, sie schickten mich immer in die Küche zum Kartoffel schälen, dabei schlitzte ich mir immer, Tollpatsch der ich war, den Daumen auf, und zum Gemüse schälen oder die Lebensmittel zu verladen oder schlimmer noch, ganze Tage lang die Stehklos zu putzen, mit Salzsäure, wo ich nachher ganz brennende und rote Augen hatte, und du musstest die ganze Zeit flennen ohne einen Schmerz, der dich zum heulen brachte. Weil in der Kaserne gab es eine Menge Soldaten, Kanonen und auch Panzer, die aber immer nur standen, vielleicht fehlte der Sprit oder keiner wusste sie richtig zu fahren. Manches Mal dachte ich, vielleicht wäre ab und zu ein bisschen Krieg nicht schlecht, auch ohne Tote, weil nur zwischen den Küchen und den Klos hin- und herzuspringen, und das waren auch noch Stehklos, zum kacken war es ein Drama, jedes mal wenn man kacken musste. Nach Hause fuhr ich nie, ich hatte mich dran gewöhnt und was sollte ich zu Hause, und welches Zuhause, um wen zu sehen, ich hatte überhaupt keine Sehnsucht danach, ab und zu fiel mir die Teresa Giordani ein, aber dann dachte ich an das Gelächter von Mastro Girolamo und es verging mir schnell wieder. Die Kaserne war groß, es gab einen Laden, Tischfußball, abends, wenn einer nicht Stubenarrest hatte, konnte man raus und mit den anderen Soldaten ein Gläschen trinken und ein bisschen ablachen. Die Rekluten kamen von überall her, es gab welche aus Napoli, aus Sizilien, Sardinen, die meisten waren aus Apuglien, die waren mir auch am sympathischsten und kumpeliger, es gab welche aus Lukanien, die Gegenden kannte ich ja, weil der Lehrer Romeo Cianfarra hatte mir die Erdkunde gut beigebracht, und ich wusste auch dass Lukanien auch Basilicata war. Aber sie suchten nicht gerade meine Nähe, und ich war auch ein bisschen grantig mit den andern, ich hatte schließlich gewisse schwarze Zeichen, das konnten sich die andern gar nicht vorstellen. Der Ort hieß Tauriano mit Vorname und Spilimbergo mit Nachname, er war sehr klein, und wenn es Ausgang gab, waren mehr Soldaten rum als Einwohner, und die zogen sich manchmal in ihre Häuser zurück als hätten sie Angst vor einer Invasion gehabt, auch wenn kein Krieg mehr war, außerdem, wenn wir mit den Einheimischen redeten verstanden wir uns nicht, es war als wären wir in einem fremden Land. Da blieb ich lieber in der Kaserne drin und schob Nachtwache, weil das wollte sonst keiner, Nachtwache schieben. Aber mir gefiel es, vor allem im Sommer stellte ich mich auf die Altane mit dem Gewehr und der Feldflasche mit Grappa drin und lernte die Losung gut, für den Fall dass einer kam und rein wollte, halt stehnbleiben, wer ist da, stehnbleiben oder ich schieße, aber ich hab nie geschossen, von unten riefen sie immer Bonfiglio geh mir nicht auf den Sack, und ich blieb still wie ein Halbtrottel der auch noch stumm war. Im Himmel glitzerten ein Haufen Sterne die einem Angst machten und den Atem nahmen, ich starrte mit offenem Mund hinauf und fing an sie einen nach dem anderen zu zählen, da fiel mir wieder ein wie ich als Kind in der Schule war und die größte Zahl der Welt finden wollte und meinen sympathischen Lehrer

Romeo Cianfarra zum lächeln brachte. Das war mein Krieg, mit den Sternen und dem Mond, wenn der Mond zu sehen war. Viele andere Sachen sind mir noch passiert. Der Tag der Angelobung zum Beispiel wo ich eine riesige Portion Pasta mit Fleischsoße gegessen habe und das beste Hähnchen der Welt mit Kartoffeln und hinterher auch noch ein Stück Kuchen. Die andern Soldaten hatten alle ihre Verwandten in die Kaserne gebracht als Gäste des Heeres, es ging überall hoch her und alle sagten, wie gut man hier isst, dabei war das nur an dem einen Tag, an den andern Tagen war das Essen der letzte Fraß. Und während ich allein in einer Ecke stand und eine halbe Kippe rauchte, weil ich ja weder in der Kaserne noch zu Hause Verwandte hatte, lernte ich Ermes Venturi aus Bagnacavallo kennen, diesen Ortsnamen hielt ich ja für einen Witz, aber es gab ihn wirklich und er lag in der Emilia und in der Romagna. Dieser Ermes war ein recht umgänglicher Kerl, immer ein fröhliches Gesicht und ein unverrückbares Lächeln mit seinen weißen Zähnen, aber derart was von weiß, als hätt er sie jeden Tag mit Natronlauge geputzt, und ständig redete er über Weiber, zu Hause an seinem Ort stellte er wohl alles Mögliche an und heckte tausend Sachen aus, aber von mir aus schwadronierte er wie ein Kürbiskopf. Er trug einen dünnen Schnauzbart, den er jeden Tag hegte und pflegte, schlief immer mit einem Haarnetz, schmierte sich eine glänzende Brillantine in die Haare, so dass er einen ganz gelackten Schopf trug, aber das war keine Markenware, weil da kannte ich mich aus, ich sagte ihm, das Zeug stinkt, aber er war ein sympathischer Stinker. Warum er es an dem Tag ausgerechnet auf mich abgesehen hatte, weiß ich nicht, vielleicht war er selber auch allein, und so kam es, zwischen einem Schwätzchen hier und einem da und einer Tre-Stelle-Zigarette, die wir uns teilten, dass ich mich eines Abends in Pordenone vor dem Tor der Pension Irma wiederfand, und als ich dann rein bin, war mir gleich klar, auch wenn ich noch nie an einem solchen Ort gewesen war, das war ein Haus oder ein Salon wie der von der Mariona in meiner Stadt. Dabei war ich überhaupt noch nie drin gewesen, zu schauen wies ist, es gab dort Sessel und Sofas, Vorhänge aus rotem Samt und große Spiegel, Blumenvasen und viele Frauen mit den komischsten Namen die ich vorher noch nie gehört hatte, Zaira, Iride, Noemi, Nicla, Otero und sogar eine mit roten und wilden Haaren, die Barbara hieß, vor lauter Titten und Hinterbacken fielen mir die Augen raus und ich wusste gar nicht, wo ich zuerst hingucken sollte. Aber ich konnte nur gucken, weil es kostete fünfzig Lire, in eins der Zimmer hochzugehen, und wer hatte schon fünfzig Lire, also tat ich nur zum Schein als würde ich mich umsehen, hing allerdings nur rum, ging auf und ab, setzte mich, stand wieder auf, wartete auf Ermes, der immer fünfzig Lire dabeihatte, ich wartete dass die Zeit verging und er seine schnelle Nummer machte. Die Maitresse schaute mich schief an, sagte aber nichts, weil man mir ansah dass ich das erste Mal da war, und sie hatte gemerkt, dass ich noch nicht entjungfert war, also drückte sie ein Auge zu und schüttelte den Kopf und musste auch grinsen, weil ich nichts konsumierte aber dennoch da blieb, auch wenn es mich nervte so eine blöde Figur abzugeben. Ein ander Mal aber kratzte ich das Geld zusammen und bin, mit zitternden Knien zwar, ins Zimmer hoch gegangen, wobei dieser Muschijäger von Ermes Venturi aus Bagnacavallo mir auf der einen Seite Mut machte und mich auf der anderen voll verarschte. Wie das Mädchen hieß wusste ich nicht, aber ich hab mich mit ihr ordentlich gerappelt und nachher hatte ich ein ganz anderes Gesicht, meinte Ermes, und so haben wir zusammen gelacht bis wir zurück sind in die Kaserne nach Tauriano. Es hatte richtig gut getan, die Fickelei, die Säfte zu erneuern und auch um ein wenig Ruhe zu finden bei all den Gedanken, die mir im Kopf herumschwirrten, weil im Kopf hatte ich immer noch den Namen der Teresa Giordani, die größte Liebe meines vorherigen, damaligen und späteren Lebens. Jedenfalls bin ich nur dieses eine Mal in die Pension Irma gegangen, die Not war groß, und so lebte ich nur von der Erinnerung, auch wenn ich den anderen Soldaten gegenüber lässig tat, als wäre ich tausend mal in diesen Puff gegangen, diese Bügelanstalt, in der man auch ohne Wäsche auskam. Außerdem hatte Ermes Venturi seinen Dienst abgeleistet, und ich allein oder mit einem anderen hätte mich in Grund und Boden geschämt, so verkroch ich mich in der Kaserne und tat alles was man mir sagte, Klos putzen, Kartoffeln schälen, Wache schieben und Sterne zählen bis mir nicht die Augen zufielen und der Tag anbrach, und alle sagten Liborio Bonfiglio ist ein braver Soldat, auch wenn ich den Krieg, den richtigen wo man in echt stirbt, nie mitgemacht hatte. Und ab und zu holte ich mir auch einen runter, um nicht aus der Übung zu kommen und die Erinnerung zu vernachlässigen. Fast siebzehn oder achtzehn Monate bin ich dort geblieben, bis ich wieder den Zug nach Hause genommen habe. Der Zug hatte keine großen Fortschritte gemacht, die gleichen alten Holzbänke, die stinkenden Waggons, das Rattern des Eisens auf den eisernen Schienen, und immer noch blieb er an jedem Bahnhof stehen, an den großen wie an den kleinen, und kam einfach nie an. Die Rückfahrt war sterbenslangweilig, sie kam mir viel länger vor als die Hinfahrt, als hätte jemand das Land auseinandergezogen und keiner hatte mir was gesagt, nur das Meer war gleich und ich schaute hinaus, aber mit ein bisschen wässrigen Augen, weil ich nicht wusste was ich machen sollte wenn ich wieder zu Hause war, weil kein Schwein auf mich wartete, und die die ich wiederfinden wollte, wusste ich schon dass auch sie nicht auf mich wartete, sonst hätte sie mir einen Kuss gegeben bei meiner Abfahrt. Als ich am Bahnhof meiner Stadt angekommen bin, war es spät und schon dunkel, es war niemand unterwegs, so bin ich wie ein Schatten den Corso entlanggelaufen und hab mich auf der Piazza hingesetzt, bevor ich in mein Viertel hinaufgestiegen bin in der Altstadt. Stellenweise fand ich mich gar nicht zurecht, ich war wie benommen, wie nach einem Zapfen von Wein in der Schenke, ich ging langsam und torkelte auch ein wenig, als wäre ich wirklich besoffen gewesen oder vom Fieber schwach. Und kein Schwein das sagte Liborio ist vom Militär zurück, nicht einmal ein Hund der dir hinterherlief, eine Stille war, dass mir vorkam einen Friedhof zu betreten, wo der einzige Tote ich selber war. Die Haustür war nicht von der Stelle gewichen, sie war nur noch etwas schäbiger als vorher, nach der ganzen Zeit, ich schaute sie an als wär sie ein Mensch gewesen der auf mich gewartet hatte, ich hätte gern gehabt, dass drin meine Mutter gewesen wäre oder Nonno Peppe, von mir aus auch jemand anders, auch wenn ich ihn gar nicht kannte, ein Mensch mit einer Stimme, der dir die Hand gab und einen Teller Suppe, der dir erzählte was inzwischen passiert war und ob dieses Mädchen mit dem Pferdeschwanz noch in der Gegend war, die Teresa Giordani hieß. Während ich all diesen Phantasien nachhing suchte ich den Schlüssel für die Tür und suchte und suchte bis ich merkte, dass ich ihn verloren hatte, na schön, ein Unglück kommt selten allein, wie man so sagt, aber das hat mich nicht groß bekümmert, ich hab mich auf die Stufe gesetzt und in die Dunkelheit geguckt, ohne viel zu sagen oder zu tun, wie das eine Mal, wo die Leute vor mir herliefen und riefen Jamme jamme, dann überkam mich der Schlaf und ich hab bis in den Tag hinein geschlafen, als der Bäcker vorbeikam der mich mit einem vom Rauch angereicherten OOOHHH geweckt hat, und nicht einmal er hat gesagt Liborio ist vom Militär zurück, nicht einmal ein Wort des Grußes oder des Trosts. Als ich abfuhr, hatte es keiner gemerkt, als ich wiedergekommen bin hat es genauso keiner gemerkt, wieder einmal passten die schwarzen Zeichen alle zusammen! Amen! Zum Glück hat mir Claudio der Schlosser der um die Ecke wohnte am nächsten Morgen die Tür aufgemacht und mit zwei Hammerschlägen auch das Schloss wieder in Ordnung gebracht, so konnte ich das normale Leben wieder aufnehmen und bin sofort zum Barbierladen, wo ich Mastro Girolamo umarmt habe, der hat mir, um zu zeigen, dass er sich freute mich zu sehen gleich gesagt Bürsten Bursche! und hat mir einen hellblauen Barbiersschurz gegeben, hat mich aber auch gescholten, dass ich nicht einmal eine Postkarte geschrieben hatte, und ich hab gelogen und gesagt, ich hätte ihm zwei geschrieben, dass sie aber vielleicht verloren gegangen waren wegen der Post, aber ich denke er hat mir das nicht abgenommen. Außerdem kam es ihm zu pass, dass ich zurück war, denn er war auf einen Schlag alt geworden, so war es auch tatsächlich, man sah es ihm sofort an, er zitterte stark an Händen und Beinen und brauchte deshalb einen Gehilfen im Barbierladen, auch wenn es nach dem Krieg nicht mehr so besonders lief, aber immer noch besser als nichts oder zum Seiler zurückzukehren, der mit der Zeit noch garstiger geworden war. Erst am vierten Tag dass ich da war Haare zu schneiden und zu rasieren hab ich ihn nach der Teresa Giordani gefragt, und er hat nicht gelacht, wie ich erwartet hatte, sondern hat mir ganz ernst und in einem Schwung erzählt, sonst wäre es ihm noch mehr zu Herzen gegangen als mir, die Teresa Giordani hatte ein paar Monate vorher einen Kerl geheiratet, der ein schönes Stoffgeschäft am Corso della Bandiera hatte, der hatte einen Nachnamen, der ein bisschen zum lachen war, Maccarone hieß er, und der Braut war schon anzusehen, dass sie ein Bäuchlein hatte. Die Hochzeit hatte ordentlich was hergemacht, der Krämer hatte eine Menge Kies, auch wenn er anzuschauen nur mittelprächtig war, ein halber Zwerg, er hatte eine eigene Wohnung und zwei weitere vermietete er, und ein paar Hektar Land mit Olivenhainen hatte er auch, die Familie der Braut war zufrieden und glücklich über soviel vom Himmel gefallenes Massel, ganz anders als Liborio Bonfiglio, der weder Geld noch Gabe hatte und nicht einmal Mutter oder Vater, wie stand Liborio denn auch da, mit all seinem Elend das sich um ihn herumrankte wie der Efeu um die Eiche. Ach was, wie denn auch! Mich brachte nicht einmal dieser Nachname zum lachen, sind doch alle Namen und Nachnamen gleich, der Unterschied zwischen den Menschen und den Dingen die ihnen geschehen hängt ja nicht vom Namen ab, sondern von den schwarzen Zeichen, aber diese Geschichte konnte Mastro Girolamo weder wissen noch verstehen. So hab ich mir die Ausrede einfallen lassen, mir ist nicht gut, und bin an dem Tag eiligst zurück nach Hause gelaufen durch die verwinkeltsten Gassen, aus Angst dieser Teresa Giordani Maccarone zu begegnen, zum Teufel auch mit ihr und mit all den Gütern dieses Hornochsen, weil wenn er nur soso lala war, wuchsen ihm bestimmt früher oder später ein paar schöne Hörner auf der Stirn wie dem Hirsch sein Geweih, zum Teufel auch mit dir, Maccarone, dass wenn ihm der Laden abbrannte, war es von Gottes Hand, da konnte er sein ganzes Geld für Medizinen verbraten. Zu Hause starrte ich ein paar Stunden lang die Decke an mit den feuchten Flecken, dann hab ich zuerst geflucht und dann geheult, das nötige Maß, danach hab ich meinen saubersten Anzug angezogen und bin raus, und die ganze Stadt war voller Plakate und Spruchbänder in allen Farben mit der Aufschrift WÄHLE den da und WÄHLE den dort und ich hab sie alle gelesen und überall gärte es und alle redeten von Dingen die zu tun waren, von Kundgebungen, und ich hörte Namen, die ich noch nie gehört hatte, und ich hab nachgezählt und es war das Jahr 1948, es gab Wahlen, auch die Frauen wählten, wir hatten jetzt die Republik und nicht mehr den schwächlichen König von vorher, und während ich ging und guckte und las kam mir die Lust und die Kraft, dass auch ich, Liborio Bonfiglio, endlich etwas tun sollte, ich konnte mich schließlich nicht an der Teresa Giordani und Maccarone dem Stoffeler zermürben, also hab ich nochmal nachgerechnet, und da schon Frühling war hab ich beschlossen ich werde Komunist. Ehrlich gesagt war ich anfangs ein wenig zögerlich, ich hätte ja auch Sozialist werden können, von Nennis Seite wie der Nonno, aber bei all der Wut, die ich im Bauch hatte, kam mir Sozialist zu wenig vor, und alles in allem hatten Komunisten und Sozialisten das gleiche Gesicht von Giuseppe Garibaldi das sich Volksfront nannte, daher schien mir Komunist die stärkere Sache um den Signor Maccarone samt Signora zu ärgern, die waren bei dem ganzen Geld, das sie hatten, bestimmt bei der Partei mit dem Kreuz. So bin ich geladen und entsichert kurz entschlossen in den Ortsverband an der Piazza eingetreten, so konnten alle mich sehen, und ich war stolz, vielleicht der erste komunistische Barbier am Ort zu sein, und die Lieder gefielen mir über alles, ich fing sofort an, die der Komunisten zu lernen, *Bandiera Rossa*, die *Internationale*, noch eins, das ich mich jetzt nicht mehr erinnere, und wenn ich allein war, sang ich sie nochmal nach, um sie nicht zu vergessen, und weil es nichts kostete stellte ich mir vor, während ich sang, dass auch die Kapelle spielte wie bei den Festen im September. Und dann gab es auch noch Wahlen im April und es gab viel zu tun nach der Arbeit, die Versammlungen, die Parteiausweise, Plakate kleben, Fahnen und Spruchbänder vorbereiten und Schilder mit der Aufschrift BROT UND ARBEIT, und dann war rauf und runter zu fahren mit dem Auto und dem Lautsprecher drauf für die Kundgebungen und dabei war immer auf der Hut zu sein, weil es konnte jederzeit wieder ein Krieg ausbrechen bei all den Hitzköpfen, den hohen Herren und den Geistlichen und einem Überbleibsel von Faschisten und Monarchisten die es noch gab, wie denn auch nicht? Die Wendigeren wechselten schnell Hemd und Partei, die Dümmeren schrien immer noch Duce Duce und schrieben W IL RE, Hoch lebe der König an die Hauswände, so hielten sie sich noch für lebendig. Und auch 1948 war eine schöne Zeit, so kam einem am Ende vor, etwas mehr von der Welt und vom Leben zu verstehen, und wenn man drüber nachdenkt, fühlt man sich auch reifer, eher Mensch, erst recht wenn man wie ich Soldat gewesen war in diesem Ort, der mit Vorname Tauriano und mit Nachname Spilimbergo hieß. Der Ortsverband hieß nach Antonio Gramsci und der Ortsvorsteher war Nicolino Stella, ein eher kleiner Typ, einen Meter und einen Fingerhut groß, ein drahtiges Kerlchen, der redete ständig und wie er gut reden konnte, mir kam vor, er sagte die richtigen und guten Sachen und sagte uns auch, wir sollten die Zeitung lesen und ein paar Bücher, ich hab einmal vor allen gesagt, dass der Lehrer Romeo Cianfarra mir das Buch *Cuore* zu lesen gegeben hatte, und alle fingen an zu lachen, und das hat mich schon irgendwie gestört aber ich blieb still, außerdem war es das was ich gelesen hatte, ich hatte es auch noch und ab und zu las ich daraus, mit all den schönen Geschichten drin, und fast hätte ich's denen gesagt, hab ich dann aber nicht, sonst wären sie, die Genossen, imstand gewesen sich kaputtzulachen, und womöglich hätten wir dann wegen meiner Schuld die Wahlen verloren und auch das Buch *Cuore* wäre zu einer Art schwarzem Zeichen geworden. Tagsüber, wenn es eine Kundgebung gab, fuhren wir mit dem Auto und dem Lautsprecher durch die Stadt und wiesen die Einwohner darauf hin, dass am Abend der Genosse soundso reden würde, wenn es dann dunkel war nach dem Abendessen hieß es Plakate kleben mit Weizenkleister, da musste man zu mehreren sein, sonst konnte es zu unschönen Begegnungen kommen, weil auch die anderen klebten Plakate, und zuweilen kam es zu Handgemengen und Schlägereien, mich nahmen sie immer mit, weil ich schön kräftig und Soldat gewesen war, auch wenn es mir nicht sonderlich passte, mich zu prügeln, aber am 18. April waren Wahlen, da konnte einer der Komunist war wie ich nicht kneifen vor den Schlägereien, wenigstens ein bisschen musste man mithalten. Zu den Wahlkundgebungen ging ich immer, weil am Anfang wurde Musik gespielt, und mir gaben sie immer eine große und rote Fahne in die Hand und ich stellte mich in die erste Reihe, ab und zu schaute ich auf die Carabinieri, die uns nicht so besonders leiden mochten, fand ich, aber mit dieser Scheißfahne konnte ich nie richtig in die Hände klatschen. Und wieviele Leute da zu den Kundgebungen kamen, sich die Reden anzuhören und die Nachrichten zu erfahren die aus Rom kamen und aus Italien und sogar aus der Welt. Da war vom Russenland die Rede und von Amerika, und jeder glaubte, die eigene Partei würde die Wahlen gewinnen und nicht die andern, sogar während der Messe am Sonntag sagten die Pfarrer in der Predigt, dass man sein Kreuz bei der Partei mit dem Kreuz zu machen hatte, und manche Lügenbolde verbreiteten das Gerücht, dass die Komunisten klammheimlich Kinder fressen und dass man Frauen und Kinder in Sicherheit bringen sollte, aber ich hab diese Geschichte, dass die Komunisten Kinder fressen, nie wirklich geglaubt, auch wenn der Hunger groß war nach dem Krieg, außerdem sah ich ja in der Schenke wie die Komunisten, aber die andern auch, nur Bohnen mit Speckschwarte aßen, und wenn das Geld reichte, Schweinefleisch mit Paprika. Bei der Abschlusskundgebung war die Piazza dann so proppenvoll, dass kein Körnchen Salz mehr reingepasst hätte, und nachher blieb man noch bis spät und redete und sprach sich Mut zu, alle glaubten, dass sie die Wahl gewinnen würden, vor allem die von der Kreuzpartei, und die die Giuseppe Garibaldi wählten, so fing alles wieder von vorn an und das Karussell drehte sich munter weiter. Tagsüber ging ich immer in den Barbierladen und redete mit Mastro Girolamo über Politik, aber der zitterte nur noch und er hörte mir nicht richtig zu, fand ich, er lachte auch nicht mehr und seufzte als wär er verliebt, dabei war er einfach nur müde von seiner Zitterkrankheit. Die Wahlen waren ein Desaster, die anderen haben gewonnen und die Genossen sagten das ganze Schlamassel mit dem Krieg, dem König der sich verkrümelt hatte, hatte alles nichts genutzt, manche sagten gar, die Frauen sind schuld und die Pfaffen auch und der Papst. Als wäre es meine Schuld gewesen hat einer mir ganz angefressen gesagt Libbò wir haben verloren, als hätt ich es nicht schon gewusst, aber man kann ja nicht immer verlieren, hab ich mir gedacht, mir hat es auch für Garibaldi leid getan, und nach ein paar Monaten hat ein halber Idiot auch noch den Palmiro Togliatti angeschossen der zum Glück nicht abgekratzt ist, aber da kam es fast zu einem schlimmen Krieg, weil man konnte ja nicht einfach so die Leute abknallen, und ausgerechnet den Palmiro Togliatti, und auch diesmal haben sie mir gesagt Libbò wir haben wieder verloren, dafür hat Bartali gewonnen, aber was ging mich das an, wenn bei dem ganzen Chaos Bartali gewonnen hatte, wo ich doch den Fausto Coppi toll fand, nicht den Gino Bartali. Derweil vergingen die Tage und ich war immer ein bisschen verstimmt, da alle Hoffnungen in einem schwarzen Loch ohne Boden versunken waren, und nach Weihnachten war mein Barbiermeister Mastro Girolamo gestorben, der Barbierladen war zu, ich konnte ihn nicht halten, da brauchte es ein bisschen Geld und das war nichts für mich, so kehrte ich wieder zu Mastro Antonio dem Seiler zurück, mir die Leber zerfetzen zu lassen, um mir Brot und Mortadella und eine Tasse Rotwein leisten zu können. Aber jetzt wo er selber alt geworden war, schrie auch er weniger rum und zahlte pünktlich, wenigstens das. Es war nichts übrig geblieben von der ganzen Begeisterung wo es aussah als wär man drauf und dran ein neues Leben anzufangen, manchmal wars als wär ich gar nicht in meiner Stadt gewesen, keine Sau die dich kannte oder zumindest so tat, wie den einen Nachmittag wo ich zufällig der Teresa Giordani begegnet bin mit einem Säugling im Arm, sie ist einfach an mir vorbeistolziert, aber ich wusste, dass sie nur so getan hat, als hätte sie mich nicht erkannt, aber ich hab mich trotzdem keck gemacht und hab sie angeguckt wie um zu sagen Schau, da bist du wohl auf Abwege gekommen, aber am Ende bin ich still geblieben und hab nicht mal einen Pieps von mir gegeben. Auch die Politik hatte inzwischen nachgelassen und ins Verbandsbüro ging man eher um Dampf abzulassen und sich die Geschichten zu erzählen von damals als wir glaubten wir sind die stärkeren und nur noch einen Pfifferling vom Sieg entfernt. Ja, es gab ein halbes Erwachen im Jahr 1953, da musste man kämpfen, damit das betrügerische Wahlgesetz nicht durchkam, das wäre nämlich gewesen wie wenn einer zum Beispiel Lansquenet spielt und zehn Lire setzt und gewinnt, aber dann nicht zwanzig Lire gewinnt, sondern vierzig oder fünfzig Lire. Alle Parteien der Herrenklasse hatten sich zusammengetan für dieses Schwindelgesetz und die anderen hatten sich verbündet, damit sie nicht so einfach damit durchkamen, also auch in diesen Tagen wieder Plakate, Kleister, Kundgebungen und ein paar auf die Fresse, und die Leute waren noch mehr enttäuscht, weil wer in die Berge gegangen war, fühlte sich bei der Rückkehr verarscht, weil sich nie nichts änderte wie es hatte anders werden sollen. Und diesmal wurde gefeiert, weil das Schwindelgesetz nicht durchgegangen war, aber es war wie der Dampf von warmem Brot das sich sofort abkühlt und in der Luft bleibt nur die Erinnerung, aber für solche wie Liborio ging das Leben immer gleich weiter, und wenn man drauf und dran war, den Vogel zu schnappen, entschlüpfte er wieder und du hast ihn nicht mehr gesehen und die Falle blieb leer, zwischen Augen und Hand, wie in einer Nacht ohne Träume. Ich ging so langsam auf die dreißig zu und schaute mich um und sah nur Elend, Staub und leere Straßen, all diese Hoffnungen, die um mich rum erstarben, reichten mir nicht mehr, viele die ich kannte hatten sich in den Norden aufgemacht, dort ließ sich die eine oder die andere Arbeit ergattern, das war bestimmt besser, als auf der Piazza rumzuhocken oder zwischen den Tischen einer schmutzigen Schenke und rauszuschauen ohne irgendeine Aussicht, außerdem füllte sich die Stadt nach und nach mit Erinnerungen und Fehlschlägen an, wenn einer noch jung war, konnte er sich doch nicht mit der tristen Arbeit eines Seilers abfinden, außerdem gab es auch die Teresa Giordani nicht mehr die mich hätte zurückhalten können, im Gegenteil, das war ein Grund mehr, sich auf und davon zu machen, am besten ganz weit weg, und komplett neu anzufangen, als wär ich wieder ein Junge von vor dem Krieg geworden. Aber so einfach war das nicht, es brauchte einen Anschub, einen starken Mutmacher, eine Stimme die hinter dir rief Was machst du denn immer noch hier und lässt dir die Eier schleifen, geh schon, geh, und dreh dich gar nicht erst um, es gibt nichts zu sehen an diesem miesen Ort, wo einer geht und geht und dann erst merkt, dass er immer auf der Stelle tritt. Eben, genau so was brauchte es. Und schon ging das Jahr 1956 dem Ende zu, der Herbst war vor seiner Zeit gekommen und es war außer der Saison arschkalt geworden, man brauchte schon den Wintermantel, wenn einer einen hatte. Man ging in den Ortsverband, da gab es einen Holzofen, die eine oder andere Zigarette konnte man immer schnorren, und man plauderte bei ein paar Kastanien und Wein, wenn einer dran dachte, Wein mitzubringen. Eines Abends wars, als wär einer gestorben, düstere Gesichter, keiner machte den Mund auf, während Nicolino Stella uns von dem Chaos erzählte, das gerade in Ungarn los war, Panzer gegen Studenten und Arbeiter, aber die Panzer waren die der russischen Genossen und Brüder, dabei waren die Ungarn doch gerade noch Genossen gewesen, was war da also los, und dann sagte der Genosse Nicolino Stella, man musste aufpassen, die Partei rief dazu auf, jede

Minute wachsam zu sein, auch bei uns konnte alles mögliche passieren, die Kräfte der Reaktion, die Bürgerlichen, die Faschisten, der Vatikan, die Pfaffen, die die in der Casa di Conversazione Rommé spielen gingen, die … die … die … aber was wollten all diese Sachen von mir, jetzt lag mir auch noch Ungarn auf dem Buckel, so ganz klar war mir das nicht, diese Geschichte mit den Komunisten, die auf andere Komunisten schossen, vielleicht waren die Komunisten doch nicht alle so gleich, sondern wie die andern Leute, es gibt sone und solche, aber dort ging alles drunter und drüber, und das bisschen, was mir in all den schwierigen Jahren klar geworden war, war mir nun nicht mehr so klar, und so fühlte ich mich noch dümmer als ich war, dabei war ich, als ich klein war und in die Schule ging, unter den besten gewesen, und der Lehrer Romeo Cianfarra hatte das meiner Mutter immer gesagt und meine Mutter hatte sich gefreut, und sie hatte mir auch immer gesagt, ich habe die gleichen Augen wie mein Vater, aber ich wusste nicht, was für Augen mein Vater hatte, und jetzt wusste ich überhaupt nichts mehr, ich wusste nur noch, dass ich irgendwohin wollte, wo es keine Russen und keine Ungarn gab und auch keine Teresa Giordani, abhauen wie ein Dieb, um irgendwo was anzufangen, vielleicht hatte auch mein Vater das so vorgehabt, und dann war es gelaufen wie es gelaufen war, wie genau weiß man nicht, aber etwas musste geschehen, um nicht durchzudrehen, wo der Kopf eh schon seine eigenen Wege ging wie ein Karussell ohne Bremse. So lagen die Dinge, Punkt aus. Am nächsten Morgen packte ich meine Sachen, ein paar Klamotten, nochmal frisches Wasser getrunken und flott den Abhang runter, auch wenn ich mir unterwegs nicht mehr sicher war, ob ich die Haustür abgeschlossen hatte, aber zurück bin ich nicht mehr, zu stehlen gab es eh nichts, und den Schlüssel würde ich sowieso verlieren, und wenn ich zurückkam, falls ich zurückkam, gab es ja Claudio den Schlosser, der mit zwei Hammerschlägen alles richtete. Auf einmal kam eine Stimme, immer die selbe, Libbò wir haben schon wieder verloren, und Bartali und Coppi gibt es auch nicht mehr. Leck mich am Arsch, Bartali und Coppi und auch Togliatti, gab ich zur Antwort, ohne mich umzudrehen, zu sehen gab es eh nichts, nur die Tauben die vom Kirchturm aus die Piazza vollkackten, und am Ende hätten sie mich auch noch erwischt. Das hätte gerade noch gefehlt! Dass mich auch die Tauben der Piazza vollkackten, diese Tauben die zu nichts anderem imstand sind als den Leuten auf den Kopf zu kacken, und je mehr einer ein Pechvogel war, desto mehr kackten ihn die Tauben zu, und wenn einer ein frisches Hemd angezogen hatte, kackten sie es erst recht voll. So wie wenn einer Gnade sucht und Unrecht findet, wie wenn sozusagen ein Hund immer den letzten beißt, den Pechvogel, und der war ich, der Pechvogel nicht der Hund, weil der Hund zu sein wäre schon was besseres gewesen, ein schöner Hund allerdings, nicht der Straßenköter der ich schon war.

1956 ... 1963

Zuhause ist da, wo man losläuft.
Wenn wir älter werden,
wird die Welt uns fremder, das Muster
vertrackter aus tot und lebendig.
T. S. ELIOT, *VIER QUARTETTE*

Eigentlich hatte ich schon zu lange gewartet, dem ganzen Kram den Rücken zu kehren. So nahm ich den selben Weg wie als ich zum Militär gegangen war, wo ich mir inzwischen dachte, vielleicht wäre es besser gewesen, ich wär beim Militär geblieben, nach ein paar Jahren hätt ich es vielleicht zum Gefreiten gebracht, dann hätte es wenigstens ein bisschen Sold und Kommisbrot gegeben, und Kriege gab es eh keine mehr und ich brauchte nur zu den neuen Soldaten zu sagen Habt acht und Rührt euch. Aber was geschehen ist ist geschehen und auch das nicht Geschehene und die ganze Vergangenheit sollte lieber in einer Ecke bleiben und Staub ansetzen, die Zeit ist wie ein Dachboden, wo du die Sachen hinbringst die du nicht mehr brauchst oder mit denen du nichts mehr anzufangen weißt, also hab ich alles im Dachboden verstaut: die Toten, die nicht mehr da waren, den Lehrer Romeo Cianfarra, den Seiler und den Barbiermeister, die jungen Leute, die ockey ockey sagten und danach gestorben waren, Ermes Venturi und die Pension Irma, Nicolino Stella und die Genossen und die Wahlen, Bartali und Coppi und diese Arschgeige, die immer zu mir sagte Libbò wir haben verloren, als ob ich nicht gewusst hätte dass wir verloren haben, Maccarone der Stoffeler und schließlich auch die Teresa Giordani, gleich und gleich gesellt sich gern, alles auf den Dachboden zum Staub ansetzen, hätten alles die Mäuse fressen sollen, mitsamt den Sachen, an die ich mich gar nicht mehr erinnerte. In der Tasche hatte ich ein halbes Kilo flache Äpfel, einen halben Laib Brot, ne halbe Form Käse, alles so halb wie mein Leben, eine weitere halbe Geschichte, und einen Liter Wasser in einer Feldflasche, die hatte ich mir beim Militär abgestaubt, weil wenn einer eine Reise tut, macht einem nicht so sehr der Hunger zu schaffen, sondern der Durst, da ist das Wasser dann wirklich was geweihtes, oft sogar mehr als der Wein. Und dann habe ich noch das Buch *Cuore* mitgenommen, wenn ich das las, war es als würde ich die Stimme meiner Mutter hören bevor sie gestorben ist an der schlimmen Krankheit die ich nicht weiß wie sie heißt. Denn das war immer noch einer der drei Schmerzen, die nie weggingen, selbst wenn Christus auf die Erde gekommen wäre. Der zweite Schmerz, der meinen Schritten den Takt gab und nie verging, war die Geschichte von Teresa Giordani, der, wie ich's auch drehte und wendete, immer noch mein Herz gehörte, und der dritte, dass ich nicht wusste, wie die Augen meines Vaters waren, schon, gleich wie die meinen, hieß es, aber wie genau, fragte ich mich selber, und wer soll dir das beantworten, wenn die Toten nichts mehr verlauten lassen, wenn nur du zu ihnen reden kannst, sie hören dich, aber antworten können sie dir nicht, die Toten hören dir nur zu, aber sie reden nicht einmal wenn du ihnen jeden Tag Blumen auf den Friedhof bringst. Vielleicht war es sogar der selbe Zug, die Holzbänke, der Mief von Füßen und Schweiß der armen Schlucker wie mir, das mit Bindfaden zusammengehaltene Gepäck aus Kartons und das Rattern des eisernen Waggons auf den eisernen Schienen und an der Seite bis zu einem gewissen Punkt das Meer, das war bestimmt auch das selbe wie bei der ersten Reise, sie können ja kaum das Wasser des Meeres austauschen, das Meer ist schließlich das selbe. Zwischen den Fingern hielt und las ich immer wieder einen Zeitungsausschnitt, da stand, bei der Borletti in Mailand werden Arbeiter gesucht, und wer sucht der findet, hab ich mir gesagt, mit einem Funken Hoffnung. In Mailand bin ich noch am selben Abend angekommen und schon war übern Daumen gepeilt zu sehen, dass Weihnachten vor der Tür stand, das war aber nicht wie bei uns, hier waren alle Straßen und Plätze mit Lichtern geschmückt, auch die Schaufenster der Geschäfte, die Kirchtürme und sogar die Bäume waren voller Lichter, da schaust du dir das an und es ist wie eine Kaskade von Sternen auf den Ästen und Zweigen. Jeder eilte irgendwohin und die sich kannten grüßten sich in einem komischen Sprech, wo du nichts kapierst auch wenn du genau hingehört hast, und das war ein Problem, weil wenn du die ein bisschen schräge Spreche nicht kapierst, ists wie wenn du taub und stumm bist, auch wenn du redest und hörst. Bei mir waren noch zwei weitere, die mit der selben Hoffnung gekommen waren, eine Arbeit bei der Borletti zu finden oder sonst irgendwo. Einer war aus Campomarino, er hieß Franco Spetta, der wusste alles, der hatte einen halben Cousin in Mailand, der war vielleicht auch so ein Mops wie er, und dieser andere Schlaubergmeier von seinem Cousin konnte uns helfen, einen Platz zum schlafen zu finden, er tat lässig, aber in Mailand war er noch nie gewesen, und manchmal sah es so aus, als würde er schon mailänderisch sprechen, dieser Provinzler aus Campomarino, ich wusste ja, dass in seinem Dorf nur Wassermelonen auf die Welt kommen und sonst nichts. Der andere war von der wortkargen Sorte, er sagte nur, dass er Tito Spera hieß und aus Brienza kam, das war ein Ort in der Basilicata, man konnte genauso gut Lukanien sagen, das war wie er sagte ein mageres Land von armen Schluckern und Briganten, die selber auch nur arme Schlucker waren, mit Wäldern und Bergen und auch einem Zipfel Meer, und da dachte ich mir, wenn das so war, konnten dort wohl kaum Wassermelonen wachsen. Wir waren gleich alt und gleich abgebrannt und hatten vielleicht auch die gleichen schwarzen Zeichen auf dem Buckel, wie in dem Lied waren wir drei Esel und drei Briganten, und zu dritt standen wir dann da um diese Uhrzeit auf dem Platz vor dem Bahnhof. Mit fragen und suchen kriegten wir schließlich eine Straße heraus, wo wir hin sollten, aber das war außerhalb vom Zentrum, das sah schon nicht mehr nach Weihnachten aus, nur ein paar Straßenlaternen mit spärlichem gelbem Licht, das selbst einem Blinden leid tun konnte, die Straße war nicht mal asfaltiert und wenn es regnete war es bestimmt eine wässrige Schlammpfütze wie an einem Flussufer, dabei wusste man nicht mal genau wie sie hießen, diese Straßen, wenn sie überhaupt einen Namen hatten. Hinter den Navigli, hatte uns ein Nachtwächter gesagt, wo ich gleich dachte, da gibt es Schiffe, und schau mal die Madonna, dachte ich, in Mailand gibt es das Meer und der Lehrer Romeo Cianfarra, der alles wusste, hat es mir nie gesagt, und ausgerechnet mir nicht, der ich doch sein bester Schüler war. Von wegen Meer, nur Müll, Schlamm, Schlaglöcher mit Wasser drin und ohne Wasser drin, Schimmel und Feuchtigkeit, dass Pilze drin wachsen konnten, und bei dem Hunger, der damals Mode war, konnte man die auch essen. La Ringhiera hieß diese Art von Behausung, völlig grau und verkommen, dass der Putz in großen Brocken herunterfiel, mit einem Innenhof, in dem nachts keine Fliege zu hören war, aber tags war es ein Höllenkrach von Stimmen, von Schreien, von Streit, ein Durcheinander von tausend Sprachen, wo keine zur anderen passte, und am Ende gab es auch noch den einen oder anderen Schlag in die Fresse. Es ging eine Treppe hoch, dann gab es einen langen Balkon und einen Gang, wo man in die Wohnungen kam mit ihren zwei engen Zimmern. In diesen Wohnungen gab es aber kein Klo, das war draußen, eines für alle, um zu kacken und zu pissen musstest du auch noch anstehen, und wenn du schnell musstest, tja wenn du dringend musstest warst du wirklich am Arsch, und all diese üblen Gerüche vermischten sich miteinander, Klos, Müll, Schimmel, gekochter Kohl, ein Gestank in einem Nebel, der nichts raus ließ, da musstest du dir diese Gerüche einen nach dem andern reinziehen, ein wenig nahmen sie einem auch den Hunger, und zum Glück, weil jeden Tag was zu essen zu haben war dort schon ein frommer Wunsch, weil es herrschte überhaupt das schwarze Elend unter blauem Himmel. An diesen Ort, der mir wie ein Gefängnis im Freien vorkam, hatte uns dieser Typ aus Campomarino gebracht, dieser ebenso großmäulige Melonenbauer, wenn man ihm und seinem halben Cousin zuhörte, hatten sie uns in den Königspalast von Caserta gebracht, diese beiden Landgurken. Aber das wars nun mal. Das einzig Gute an diesem Scheißort, abgesehen davon dass es auch nette Leute gab, die uns halfen, wenns nötig war, und ein paar hübsche Mädels gabs auch zu beschauen ab und an, aber verlieben wollte ich mich nicht mehr nach dieser Geschichte mit der Teresa Giordani die mich immer noch wurmte, Leck mich am Arsch nochmal, wo ich doch hätte so gut in meiner Stadt bleiben können, als Barbier zu arbeiten, oder meinetwegen auch als Seiler oder Maurer, und stattdessen waren alle, die ich hätte brauchen können gestorben und Amen, so, das einzige Glück war, dass die Fabriken alle ziemlich nahe waren, dass man mit flottem Schritt grad mal eine halbe Stunde hin brauchte. F.lli BORLETTI stand am Eingang des Werks, ein bunter Bau mit großen Fenstern, wo man immer Licht hatte, tags und nachts auch, bei Vollmond, mir gefiel dieses Gebäude sehr in dem das Werk war, weil bis dahin hatte ich mir eine Fabrik hässlich und grau vorgestellt mit rauchschwarzen und bröckelnden Mauern, dabei war die Borletti ganz was anderes, und sie stand auch nicht einsam irgendwo mitten in der Landschaft, rundherum waren lauter Alleen voller Bäume, ein hübscher breiter Platz und auch noch ein Park mit vielen weiteren Bäumen und einer Art See, aber ich weiß nicht, ob es in dem Teich Fische gab wie mitten im Meer, vielleicht auch nur ein paar stumme Enten. Sie stellten einen Haufen Leute ein, das war damals nicht wie heute, es gab ja damals das Wirtschaftswunder und Arbeit gab es überall zu Hauf, in den Autofabriken, in den Traktorenfabriken, in denen wo man Reifen machte, auf den Baustellen, wo die Häuser wie die Pilze aus dem Boden schossen wie nach einem starken Regen, und wenn man ein Empfehlungsschreiben vom Abgeordneten hatte, auch bei der Post und bei der Eisenbahn, und wenn einer Straßenfeger werden wollte war es noch einfacher, Mailand ging der Müll nie aus. Bei der Borletti wurde vieles hergestellt, lauter Präzisionszeug, Uhren, Kilometerzähler, Tachometer und die berühmten Borletti-Nähmaschinen: der perfekte Stich. In manchen Abteilungen war kein Pieps zu hören. Es war so still, man hätte meinen können man ist in einer Winternacht unter einer Decke und durch den Schnee hörst du nicht einmal die Schritte der Hunde, alle waren mit kleinen Schraubenziehern und Klammern und einer Unruh über winzige Teilchen gebeugt, in anderen Abteilungen aber ratterte es als wäre man auf einer Reise im Zug mit Holzbänken und eisernen Waggons die auf eisernen Schienen laufen, ganz eine andere Musik, ohne Kapelle allerdings, es war mehr eine moderne Musik, ein Klopfen und Schlagen von Geräuschen und Quietschen und ein Schreien und Schimpfen ohne einen Moment Pause, außer wenn man essen ging, weil bei der Borletti aß man drin im Werk oder draußen auf dem Hof, aber dann musstest du dir das Essen selber mitbringen, ich aß manchmal in der Kantine und manchmal draußen, aber mehr draußen als in der Kantine, so blieben mir ein paar Moneten mehr auf die Seite zu legen. Am Ende haben sie diesen Glücksvogel aus Campomarino ins Lager gesteckt, den anderen aus der Basilicata zum putzen nach Betriebsschluss eingeteilt, ein ruhiger Posten mit wenig Gesellschaft und keinem der dir auf den

Sack ging, den Staub konntest du auch irgendwo verstecken, außerdem waren sie immer zusammen, bei der Arbeit und außerhalb, gleich und gleich gesellt sich gern, und wenn man sie sah, fingen alle an zu lachen und sagten Spetta e Spera, da kannst du lange warten, und dazu sangen sie noch die Melodie von *Faccetta nera*, und alle lachten und sie selber auch, der Tito Spera etwas weniger weil mit *Faccetta nera* war er gar nicht einverstanden, und dann wurde er ganz finster im Gesicht weil ihm das gar nicht passte. Mich aber, Liborio Bonfiglio, Träger von Elend und volle Kanne schwarzen Zeichen, mich haben sie gleich in die Abteilung für Nähmaschinen geschickt und nicht zur Endbearbeitung, was viel ruhiger war, sondern dorthin wo es am meistens dröhnte und wo man den Hauptteil der Maschine baute, genau dort wo es einem am meistens auf den Keks und auf die Eier ging. Aber ich freute mich wie ein Schneekönig und sprang ganz alleine rum wie ein kleiner Junge hinter der Musikkapelle bei einem Fest, endlich hatte ich eine richtige Arbeit mit einem Lohn am Ende der vierzehn Tage oder des Monats, ich konnte mir eine Unterkunft ganz für mich allein suchen und fing so wieder ein normales Leben an, vielleicht waren die schwarzen Zeichen ein für allemal vorbei und saßen mir nicht mehr im Nacken, und mit ein wenig Glück, wer weiß, konnte ich vielleicht sogar eine Teresa Giordani aus Mailand kennen lernen, und dann war es geschafft, also alles in allem kam es mir so vor, ich hatte mir schon ein halbes Schwein gesichert am Haken meines Lebens. Im ersten Jahr fühlte ich mich wie ein Papst, viel Gesellschaft hatte ich nicht, aber das war in Ordnung, lieber allein als in schlechter Gesellschaft, außerdem war

Mailand, so weit ich es kapierte, ein zweischneidiges Schwert, eine Art Rasiermesser, das dir den Bart schert oder dir im schönsten Moment die Kehle aufschlitzt und dann gute Nacht und das wars dann, es ist immer das selbe Rasiermesser aber es ist nicht das gleiche. So streunte ich sonntags herum, ohne Eile und ohne Fisimatenten im Kopf, ein bisschen Geld in der Tasche für einen Espresso und die Nazionali, und wenn das auch noch drin war ein Filmchen im Kino, und beim Film gucken knabberte ich Kürbiskerne. Filme haben mir immer gefallen, auch als ich klein war, und ab und zu ging ich ins Kino meiner Stadt, das war nur klein und hieß deswegen Pidocchietto, Läuschen, ich schaute mir Westenfilme an mit Indianern und Kaubois oder solche mit Tarzan, der Krokodilen eins aufs Maul gab, dass am Ende alle in die Hände klatschten und genauso brüllten wie er. In Mailand war das Kino so groß wie eine Piazza, von wegen Läuschen, und wenn ich vor lauter Traurigkeit auf dem Zahnfleisch ging, schaute ich mir die Filme mit Totò und Peppino an oder die Filme wo der Titel immer gleich war Liebe, Brot und noch was, die Filme die mir am meistens gefielen waren allerdings die alten wie von dem einen, der immer Fahrräder klaute und sein Junge dann weinte, wobei der Bub mich an mich selber denken ließ zur Zeit der ersten schwarzen Zeichen, aber am meistens hatte ich Lust auf *Das Wunder von Mailand*, wo am Ende all die armen Schlucker zu Engeln werden die auf Besen in den Himmel reiten und dabei auch noch glücklich sind, und das war als wären die von den Häusern der Ringhiera in den Himmel geflogen und zur Hölle mit diesen Scheißhäusern ohne Scheißhaus in der Wohnung. Aber Liebesfilme hab ich nie angeschaut, weil sonst kam mir die Teresa Giordani in den Sinn und dann ging es mir den ganzen Abend schlecht und den nächsten Tag auch noch. Inzwischen hatte ich mir für den Weg zur Arbeit einen Drahtesel zugelegt aus zweiter Hand, und nachdem ich *Fahrraddiebe* gesehen hatte hielt ich immer die Augen auf, weil wenn Hunger herrscht nehmen die Diebe zu wie das Unkraut. Wenn ich ein paar Kröten übrig hatte, lief ich sofort ins Varieté, da gab es zusammen mit dem Film auch Sänger und Komiker, wobei die mich aber nicht die Bohne zum lachen brachten, und die Tänzerinnen mit den nackten Beinen, die am Ende über den Laufsteg gingen, und ich stellte mich immer in die erste Reihe und schaute mir jede einzeln an, auch wenn sie nicht gerade wie Wanda Osiris aussahen oder La Bella Otéro, aber mit diesen Netzstrümpfen machten sie einem das Werkzeug in der Unterhose ziemlich scharf, abends zu Hause konnte sich dann eine hübsche Handarbeit ergeben, zweihändig, um den Tag mit einem abschließenden Seufzer zu beenden, der einen erholsamen Schlummer bescherte. So sah meine Welt damals aus, im Werk kam ich auch mit den Kollegen gut klar, an einen kann ich mich erinnern, der hatte einen normalen Namen wie Giorgio und einen komischen Nachnamen, der gar nicht italienisch klang, so was wie Scebanko, Scerbinko, Scerbanenko, der kam aus dem Russenland und hatte viele Jobs angefangen, um über die Runden zu kommen, und in dieser Zeit landete er bei der Borletti, wo auch ich war, ich war ihm sympathisch, und er erzählte mir eine Menge Geschichten von Schandarmen und Verbrechern, wo es fast immer einen Toten gab, ein verwobenes Geflecht, wo ich mich drin verirrte, aber ich hörte ihm bis zum Ende zu, ich wollte sehen wie es ausging, und manchmal kriegte ich Lust ihm zu sagen, wie ich eine Geschichte schreiben würde, wenn ich hätte schreiben können, aber dann genierte ich mich und ich behielts für mich. Eines Tages hab ich ihn nicht mehr gesehen, und nach einer ganzen Weile hab ich in einem Schaufenster ein Buch gesehen mit seinem Namen vorne drauf und der Titel hieß *La ragazza dell'addio*, ich erinnere mich noch dran, denn kaum hatte ich ihn gesehen, musste ich sofort an diese dumme Kuh von Teresa Giordani denken, die mir nicht mal einen Kuss gegeben hatte, als ich zum Militär musste, die mir das Leben zerstört hatte, mich hatte sie zerstört, diese Kuh. Jedenfalls freute es mich, dass Giorgio es zu mehr Ruhm gebracht hatte als ich und dass ich ihn in der Nähmaschinenabteilung der Borletti kennen gelernt hatte, ich hab es auch allen gesagt, dass er ein Freund von mir war, aber niemand hat es mir geglaubt, weil sie neidisch waren dass ich ihn kannte, den Giorgio Scebanko, Scerbinko, Scerbanenko, so einen Namen halt oder wie auch immer er tatsächlich geheißen hat, und ich dachte, wenn einer aus dem Ausland in ein anderes Land kommt, sollte er sich praktischerweise den Namen ändern, also er zum Beispiel konnte sich Scerbino nennen. Und so vergingen die Tage, ein Schwätzchen hier ein Schwätzchen da, manche Tage waren gar nicht schön, schon gar nicht wenn es Nebel gab und die Taunässe sich einem nach kurzer Zeit in die Knochen und ins Hirn einfraß, weil Mailand war einfach so, man konnte es ja nicht mit dem Zauberstab verwandeln, dort geht es immer im Trab, du darfst dich nicht umdrehen, sonst ist dir zum heulen, du kriegst einen Kloß im Hals, schwermütig denkst du daran, nach Hause zu fahren, dort scheint öfter die Sonne und es gibt weniger Taunässe, aber dafür sicher mehr schwarzes Elend. Mailand, das hatte ich nach ein paar Jahren kapiert, ist eine Stadt, die zu groß ist für irgendeinen Liborio, ein Ort mit zu vielen Sachen für einen Liborio wie mich, all diese Straßen, die Plätze, die Schlösser, die Fabriken, die Kirchen größer als Schiffe, die Straßenbahnen die dich anbimmeln wenn du nicht ausweichst, und wenn du dann nicht ausweichst dich zerquetschen, die Frauen gepudert, die Geschäfte mit den beleuchteten Schaufenstern, dem Panettone und der Cotoletta und dem Risotto, wer hatte so was je schon zu essen gekriegt, auch wenn ich nicht mehr so völlig bitterarm war wie früher mal wo ich ein elender Hungerleider war. All diese Dinge war Mailand und noch einige mehr, die lohnt es aber nicht zu sagen, Mailand bietet dir was und nimmt dir dafür was anderes, es verspricht dir was und nimmt es dir im dichten Nebel wieder weg, manchmal macht es dich vor lauter Krach ganz duselig und andre Male herrscht eine Stille dass du meinst, eine Art großer Tod ist gekommen. Mailand ist wie ein Käfig mit Tigern und Löwen die dich im Nu in Stücke reißen und dich mitten auf dem Gehsteig wieder ausspucken wie einen Landstreicher, der den Leuten den Hut hinhält die vorbeigehen und nicht stehenbleiben, selbst wenn es anständige Leute sind, die am Ende auch noch in die Kirche gehen. Das hatte ich nach und nach ganz gut geschnallt. Mailand tut dir eine Menge Sachen an, gute und schlechte oder beides zusammen, und wer es kapieren will kapierts, und wenn er's nicht kapiert ists auch egal. Was ich mir nicht erklären konnte, nachdem schon vier oder fünf Jahre vorbei waren von diesem Leben das auf der einen Seite gut war und auf der anderen lausig, ist warum der Schädel und der Körper auf einmal nicht mehr mitmachen wollten, als ob sie sich gegen etwas auflehnen wollten, als hätten sie nicht einen Schmerz gespürt, sondern einen Überdruss wegen eines ganzen Knäuels von Umständen, lauter alltägliche Sachen übrigens, nichts Neues was dich unversehens auf den Kopf trifft. Es fing ganz plötzlich an, ohne Vorzeichen, ohne schwarzes Zeichen, ohne Warnung, also zum Beispiel weiß nicht, einen Krampf im Magen, ein Schwindel, Nasenbluten, nein, nichts, nicht einmal ein Obacht Junge, gleich gibts eins auf die Rübe, ach was, nix dergleichen. Im Gegenteil, ich hatte an jenen Tagen sogar gute Laune, die Dinge hatten sich gut angelassen und es fehlte mir nur eine Teresa Giordani aus Mailand, um das große Los zu ziehen und die Bank komplett zu räumen. Mag sein, dass nur eine Handvoll Minuten zur Feierabendsirene fehlten, da schepperte es in meinem Schädel wie ein Orchester vom Wind zugeschlagener Eisentüren, ein lautes Pfeifen von Dampflokomotiven, ein Trommelwirbel mit Beckenschlagen, aber so, dass die Ohren dieses Durcheinander verstimmter Missklänge einfach nicht aushalten konnten. In der Nacht bin ich dann wie in einem bösen Traum ganz verschwitzt und tattrig aufgeschreckt, zitterte wie Espenlaub, und im Schädel wie schon vorher dieses ganze Gescheppere, ein bistanclaque bistanclaque bistanclaque, ein tata tatan tatatan, ein tutum tutum, tututum, dass mir die Angst in die Knochen gefahren ist, und was willst du dann noch schlafen um diese Zeit, wo es noch mitten in der Nacht war und man am

Fenster wegen des ganzen Nebels nicht einmal die Nacht sehen konnte, wo ich mir sagte, gemach, das ist mal wieder so ein schwarzes Zeichen, inzwischen traute ich mich kaum Luft zu holen, der Schreck saß tief und ich hatte sogar Angst, meine Stimme zu hören, die sagte, das ist noch so ein schwarzes Zeichen nach der ganzen Zeit, wo die schwarzen Zeichen meines Lebens sich weder blicken noch hören hatten lassen, ich spürte das Wasser in den Augen und konnte es niemand sagen, weil ich ja immer wie ein Eremit war, tags und nachts immer allein, ich erinnere mich noch an diese Nacht, ich nenne sie die Nacht des Schreckens und des Weinens, weil ich Angst hatte und weinte, und je mehr ich weinte, desto mehr hatte ich Angst. Seit jener Nacht hörte der Krach in meinem Schädel nicht mehr auf und weiß Gott was ich alles dafür gegeben hätte, manchmal war er weniger, manchmal war es zum verrückt werden, wie unter einem Flächenbombardement im Krieg, der gewesen war mit all den Toten und den ausgebrannten Häusern und Läden und den Bäumen auch, die es gegeben hatte. So schickten mich die Borletti-Brüder, weil es wollte einfach nicht vergehen, zum Werksarzt, dort war ja alles organisiert und es blieb nichts verborgen. Der Arzt war ein ellenlanger Kerl mit spindeldürren Beinen, er sah aus als würde er auf Stelzen daherkommen, wie es sie im Zirkus von Borzacchino gab, er hatte eine Hakennase und zwei ganz eng stehende Äuglein, dass er mir vorkam wie ein Truthahn, die Brille auf seiner Nase bestand aus zwei kleinen runden Gläsern, dick wie ein Flaschenboden, auf seinem weißen Kittel der Schatten eines Kaffeeflecks, und er redete mit einem feinen Stimmchen, das kaum zu hören war, aber er war ziemlich freundlich, stellte mir eine Menge Fragen, hörte mir die Brust ab, steckte mir einen Löffel in den Hals, um sich meine Mandeln anzuschauen, am Ende zog er mir noch Blut raus, dass ich fast ohnmächtig geworden wäre, so hat mich das beeindruckt, mein eigenes Blut in der Spritze zu sehen, wer weiß was diese Gelehrten damit anstellten, Komm in sieben Tagen wieder, sagte er zu mir, und auch Auf Wiedersehen und Schönen Tag noch, soviel Freundlichkeit hatte ich nicht erwartet, und vielleicht war dieser Arzt nicht wie Don Nicola, der lieber Tressette und Briscola spielte als den Arzt zu geben. Das freute mich und ich fühlte mich auch schon ein wenig besser, aber nur ein wenig, der Krach war immer noch da wie die leeren Dosen die den Abhang runterkollern beim Spiel mit dem Kiesel. Sieben Tage dauerten wie sieben Jahre, um zu erfahren, ob ich irgendeine Krankheit hatte, vorher war ich noch nie beim Arzt gewesen, und er hat mich richtig runtergezogen, als er mir sagte, abgesehen von ein paar Kleinigkeiten ist meine Gesundheit in Ordnung, diese Geräusche, die ich hörte, bistanclaque bistanclaque bistanclaque, tata tatan tatatan, tutum tutum, tututum, die waren nur was psikologisches, also sollte ich ein bisschen ruhiger treten, viel spazierengehen und an die Seen fahren zum Beispiel, den Nervenanfall zu beruhigen, der mich die Geräusche im Kopf hören ließ, und dann fragte er mich noch ob ich irgendwie eine Frau habe, da bin ich rot angelaufen im Gesicht wie eine Paprika und ein wenig traurig bin ich auch geworden, weil die Teresa Giordani ja nun ein komplettes Fiasko war. Es hängt also alles von meiner inneren Kraft ab, meinte er, aber ich wusste nicht ob ich diese Kraft hatte und wo ich sie hernehmen sollte, vielleicht brauchte es diesen mit Brillantine gesalbten Ermes Venturi, der hatte die innere Kraft bestimmt, wo ich bei mir drin nur die Spuren schwarzer Zeichen spürte, wie Reifenspuren auf dem Asfalt nach einer Notbremsung und basta. Die Abteilung in der ich arbeitete war nun mal die, ich konnte mir ja keine neue aus den Fingern saugen, acht bis zehn Stunden bei der Montage des Fußantriebs, der bei einer Nähmaschine so wichtig ist wie das Gaspedal beim Auto, was weiß ich, einem Sechshunderter oder Elfhunderter, da brauchte es eine ordentliche Schmierung und die richtige Einspannung, von da aus wurde dann mit einer Schnur die Bewegung übertragen, die die ganze Maschine zum laufen brachte, und sie wogen immer schwerer wenn du sie schon stundenlang gewuchtet und montiert hattest, gewuchtet und montiert, sie waren ja aus Guss, und Guss ist bekanntlich nicht aus Zucker, vom Gewicht her. Die Arme und der Rücken waren eine einzige Plage, weil noch eins und noch eins auch der Zwiefel wird zum Knoblauch, weil das Schönste sollte ja noch kommen, das ganze Werk füllte sich immer mehr mit diesem Lärm von Maschinen und Geräten, da fing es dann bei mir an mit der Ausrasterei, irgendwer sagte mir, ich soll mir Korken in die Ohren stecken als ob ich eine Flasche wär, als hätt ich da nicht dran gedacht? Dieser Krach ließ auch die Korken fliegen und mein Hirn ging seine eigenen Wege bei diesem verstimmten Tonsalat wie von einer Kapelle von Falschspielern, die nur so tun als würden sie spielen und aus den Instrumenten nur Quietsch- und Misslaute rausholen und sonst nix, und die quälten dich dann bis in die Wurzeln des Fleischs. Vielleicht hat mein Schädel da angefangen, auszufransen, ohne dass ich es merkte, nach und nach wie ein schinesischer Tropfen, aber das konnte ich damals nicht wissen, ich hatte ja nicht einmal die rechte Zeit darüber nachzudenken über diese Sache mit dem schinesischen Tropfen und die Geräusche in der Birne, bei der Borletti legte man ja nicht die Hände in den Schoß, da gab es nicht viel Zeit zum nachdenken, Ranklotzen ranklotzen ranklotzen, das war alles was wir von den Borletti-Brüdern zu hören bekamen. Aber wegen dieser psikologischen Sache musste man ja was tun, weil die Arbeit war die Arbeit, und ich konnte nicht leichten Herzens darauf verzichten, aber auch tag und nacht, morgens und abends diesen ganzen Krach mit sich herumzuschleppen konnte nicht lange gut gehen, sonst konnte man am Ende wirklich noch den Verstand verlieren, außerdem kam ja nicht nur ich wegen des ganzen Krachs ins Schwimmen, auch die anderen Arbeiter, und man redete in den Pausen immer drüber, nicht einmal das Stück Brot schmeckte einem noch, selbst das Brot schmeckte nach Krach und nach Quietschen, nach Wutschnauberei und Fluchursachen. So kam ich grübelnd und grübelnd nach ein paar Monaten zu einem Entschluss, genau genommen zu zweien. Zum einen bin ich Mitglied in der Gewerkschaft der Metaller geworden, aber nicht der von den Arschkriechern, die gab es auch, sondern der zäheren von Giuseppe Di Vittorio, und den Ausweis steckte ich schön sichtbar und gebügelt in mein Poppmoné, Ausweis Nr. 2238 der CGIL-Fiom, und zu den Versammlungen bin ich auch gegangen, zu schauen ob sich was machen ließ gegen diese Scheißgeräusche, die einem unter die Haut gingen. Die von der Gewerkschaft hörten zu, sie waren auch ganz manierlich, dann sagten sie es gibt die persönlichen Sachen und die für alle gelten, und ich hätte so was wie eine schwere Form von Entfremdelung, aber an dieser Entfremdelung war die Ungerechtigkeit des entfesselten wilden Kapitelismus schuld, und das war für die Arbeiter eine schlimme Sache, und dann erklärten sie mir, erst wenn man die Probleme von allen zusammen richtete, konnte die Entfremdelung in meinem Schädel vergehen, der mich den Krach hören ließ, aber das war nur mein persönlicher Krach, ich nickte dazu, damit die nicht meinten ich bin schwer von kapé, aber das tutum tututum blieb mir erhalten und ging nie weg, und wenn die anderen es nicht so hörten wie ich, war es mein Bier und ich steckte ganz schön in der Brettulie, da musste ich ja warten, dass zuerst die Probleme aller zusammen gelöst wurden und erst dann kam ich, nachdem diese böse Sache mit dem wilden Kapitelismus und der Ausbeutung zugrunde gerichtet war, und für mich waren das die Borletti-Brüder, aber das konnte ich nicht sagen, weil die Gewerkschaft konnte sich nicht um die persönlichen Dinge kümmern, und so fing der Kreislauf wieder von vorne an und ich kam darin einfach nicht vor, in dem Scheißkreislauf, um mir diese starke Entfremdelung die ich hatte aus dem Schädel zu schlagen. Nicht dass ich allzu viel verstanden hätte von all dem Gerede des Funktionärs von der Gewerkschaft, bei mir hatte das nicht so gut funktioniert, der war bestimmt ein guter Mann, aber wenn er redete kapierte er sich nur selber, ein paar andere noch und Jesus Christus, er wusste immer zu allem was zu sagen, er gab mir auch Borschüren, also Hefte, in denen standen die richtigen Parolen um diese

Geschichte mit den Problemen aller zusammen zu kapieren, und ich hab sie gelesen diese Borschüren, danach hab ich sie verloren, und vielleicht war es deswegen, dass die Geräusche nie weggegangen sind. Heute noch erinnere ich mich auswendig an diese schön geschliffenen Sätze, der Reihe nach standen sie da, ich mogelte damals und gab allen recht, ich schämte mich zu sagen dass ich sie nur zum Teil kapierte, dass die Sache für mich nur in diesem tututum bestand das nie weggehen wollte, dass es mir abgesehen davon gut ging und ich mich wohl fühlte wie eine Kichererbse im Öl, auch wenn der schmutzige und böse Kapitelismus nicht aufhauste, im Gegenteil, ich war drauf und dran ihm zu sagen, dass ich das Buch *Cuore* mehrmals gelesen hatte, aber dann wusste ich nicht so genau, ob das passte, vielleicht war das eine persönliche Sache und so blieb ich still, zu Hause las ich es dann eh nochmal selber dieses Stück, wo Vater Bottini den Sohn ausschimpft, der im Buss um sich nicht schmutzig zu machen von einem Arbeiter weggerückt ist, der über und über mit Kalkstaub eingepudert war nach seiner Arbeit, dann war er allerdings ein Maurer und kein Arbeiter, finde ich, und dann dachte ich nach, ob dieser Arbeiter im Schädel auch denselben Krach hörte wie ich ihn hörte, und bevor ich in den Schlaf sank, schickte ich Bottini Vater und Bottini Sohn zum Teufel. Und das war eins. Das zweite was ich getan habe, war, wieder regelmäßig zu Nutten zu gehen, eine strategisch geplante Sache, wo ich mir genau überlegte wie ich es angehen sollte, wie viel Geld ich brauchte und wie ich es einfädeln sollte und wie ich sie länger halten konnte, die Lust, sonst war es rausgeschmissenes Geld. Freilich war es nicht so einfach wie damals als ich in der Pension Irma verkehrte, mit Ermes Venturi, dem ausgewiesenen Hurenbock aus Bagnacavallo in der Emilia und der Romagna, nicht etwa weil ich ein unverbesserlicher Hasenfuß gewesen wäre, nur dass seit ein paar Jahren ein blödes Gesetz rausgekommen war für einen wie mich, mit dem die Frauen nicht gehen, mit diesem Gesetz hatten alle Freudenhäuser auf einen Schlag dicht gemacht. Genau genommen, wenn man sich bei den richtigen Leuten erkundigte, waren manche noch in Betrieb wie davor, ab und zu kam die Polizei ihnen auf die Schliche und schloss den Laden, aber dann machten sie woanders wieder auf, es sprach sich herum und alles war wieder wie vorher, es war ein bisschen wie wenn Kinder Räuber und Schandarm spielen. Eine gute Adresse war das Albergo Primavera, das war nicht der Name der Jahreszeit wo die Schwalben zurückkommen und die Blumen wieder blühen, sondern der Chef des Hotels hieß so wie wenn die Schwalben zurückkommen und die Blumen wieder blühen, und der kam, schau mal an, aus einem Dorf in meiner Gegend. Zu den hübschen Fräuleins ging ich samstags, jeden zweiten Samstag, es kostete tausend oder tausendfünfhundert Lire, aber es war was Schlichtes, mit dem hatte man sich zufriedenzugeben und ich gab mich zufrieden. Ich legte jeden Tag hundert Lire weg und so konnte ich alle vierzehn Tage hingehen und die Säfte erneuern, wie man so sagt, das ergab dann in einem Jahr an die dreißig gelungene Spritztouren. Manchmal ging ich nur hin, um mich umzusehen, aber sie kannten mich ja und sagten mir nichts und guckten mich nicht einmal allzu schief an. Das Mädchen, das mir am bestens gefiel, hieß Nerina, zwischen uns hatte sich eine gewisse Vertrautheit eingestellt, so brachte ich ihr ab und zu ein kleines Geschenk mit, was weiß ich, ein kleines Parfüm für wenig Geld, eine Packung Butterkekse oder eine Nummer von *Grand Hotel*, das war eine Zeitschrift mit Liebesgeschichten drin, die Nerina so mochte, sie sagte, diese Geschichten ließen sie von einem anderen Leben träumen, einem schönen Leben voller wahrer Liebe, ohne Hurereien, Nerina hatte diesen Traum, einen Buchhalter zu heiraten oder, in zweiter Wahl, einen Carabinieri. Bei warmem Wetter hingegen schlenderte ich die Alleen runter, auch dort gab es leichte Mädchen, die aber manchmal nicht wenig auf die Waage brachten, und dann kam ich hinter einer Hecke klar oder mitten in einem Acker auf einer Decke, so kam man auch ans Ziel, nachher fühlte ich mich erleichtert und konnte durchschlafen ohne den ganzen Krach und das Gequietsche im Schädel. Außerdem unterhielt ich mich gern mit diesen Damen, wenn sie frei waren und wenig Verkehr war und ich nicht allzu sehr störte, die Zuhälter waren immer zugegen und hielten die Lage im Blick, weil, wie man so sagt, Zeit ist Geld. Mich interessierte wo sie herkamen, ob sie Kinder oder Familie hatten, also ihr Leben vorher, und sie quatschten auch gern mit mir, sie luden ein wenig vom Schmerz ihres trostlosen Lebens ab. Manchmal erzählte ich ihnen von mir, von den Dingen in meiner Stadt, vom Barbierladen und dem Seiler, von den jungen Toten im Oktober und dem Lehrer Romeo Cianfarra und der größten Zahl der Welt, zuweilen lachten wir auch miteinander, und wenn wir einen Kicheranfall hatten, konnten wir gar nicht mehr damit aufhören und wir lachten auch ohne Grund. Von der Teresa Giordani hab ich nie was gesagt, es schien mir nicht das passende Ambiente, und außerdem gab ich dabei keine gute Figur ab, hatte ich sie mir doch durch die Finger gleiten lassen an diesen Stoffeler von Maccarone, der ja schon vom Namen her ein ganzes Programm war. Am Ende rauchten wir zusammen eine amerikanische Kippe mit Filter und dann jeder seines Wegs, ich drehte mich jedes mal um zum grüßen und sie grüßten mich auch und schickten mir ein Küsschen auf der Hand hinterher, aber das war gratis. Ein Mal habe ich Nerina sogar erzählt, meine Mutter sagte mir ich habe die gleichen Augen wie mein Vater, dass ich aber nicht wusste wo mein Vater war, und ich deshalb nicht genau wusste, diese Sache mit den gleichen Augen. Also alles in allem, bei den Versammlungen in der Gewerkschaft mit den anderen Arbeitern, wo wir den Gedanken und der Zunge freien Lauf ließen und den schönen Abenden mit den Nutteleien wo ich die Anspannung aus dem Werk ablassen konnte, lief es ein bisschen besser, der Krach im Schädel ging zwar nicht ganz weg, war aber weniger stark, als wär mein Hirn in Watte gepackt, so wurde mir alles erheblich weicher und weniger stachelig. Vielleicht hatte der lange Lulatsch von Doktor ja recht, dass alles nur ein psikologischer Faktor war und nicht eine fleischige Krankheit. Aber die schwarzen Zeichen lagen immer auf der Lauer, und gerade als die Tage und die Dinge mal einigermaßen ins Lot kamen, weil schließlich hatte ich auch mal ein bisschen Ruhe verdient, nach den ganzen Schindereien von klein auf, mein Leben war ja ohne Flachs ein Abenteuer gewesen und nicht mal kein besonders schönes, und war auch noch gar nicht zu Ende und man wusste ja nicht, wie es noch ausgehen sollte. Im Fernseher, ich hatte ja keinen und schaute in der Bar, und in den Zeitungen, ich kaufte ja keine, aber ab und an las ich sie an der Pinnwand meiner Partei, der Partei von Togliatti, hieß es das Wirtschaftswunder ist ein Auslaufmodell, Italien kann in der Wirtschaft nicht richtig mithalten oder es war alles futsch wie es den Glücklosen beim Lansquenet-Spiel ergeht. Auch im Werk gab es komische Gerüchte, die den Verstand verstörten, es gab Konkurrenz von anderen Fabriken wie Necchi, Singer, Bernina, da hieß es dann, wir hätten zu viele Arbeiter, es brauche einen Stellenabbau, und die Löhne sind zu hoch, da hatte ich aber ganz einen anderen Eindruck, bei dem was man kriegte kam man gerade so zurecht, ohne große Fisimatenten und mit kleinen fleischigen Vergnügungen, aber die brauchte es ja auch, der Mensch ist ja nicht aus Holz oder aus Gusseisen. Jedenfalls ging es abwärts, wenn für die großen Herren das Geschäft gut läuft ist alles in Butter, dann sind sie alle demokratischer und auch netter, du kriegst zu Weihnachten einen Panettone und einen Spumante und sie klopfen dir auf die Schulter, aber kaum läuft es nicht so rund, heißt es gleich, wir stecken in der Krise, wir müssen jetzt den Gürtel enger schnallen, damit es nach und nach wieder besser wird, und jetzt bloß keinen Aufruhr veranstalten, und beim geringsten Protest holen sie die Carabinieri und sagen dir Du hast keine Ahnung, du kapierst nix vom Wirtschaftswunder, der Buum läuft jetzt aus, und streiken gefährdet die Wirtschaft im Land, wenn die Arbeiter mehr Lohn wollen, sind sie eh Goisten. Ein wenig Stellenabbau würde die Sache wieder ins Lot bringen und natürlich wurde Liborio Bonfiglio sofort ein wenig gekündigt. Aber das konnte man ja nicht einfach so hinnehmen, ohne auch nur aufzuschreien, jemandem einen Stein an die Birne oder ein Schaufenster einzuwerfen, wozu hatten wir sonst die verdammte Gewerkschaft? Von wegen Abstandsgeld, das sie uns geben wollten, damit wir aufgeben, wir wollten Einstandsgeld sonst Aufstand, so kam es zur Nacht der Spruchbänder und der Plakate. Den ganzen Abend vorher und die ganze Nacht, wie am Fließband, Männer Frauen und Kinder, alle ohne eine Sekunde Pause, alle nacheinander Stoffe schneiden für die Spruchbänder, alle mit Hammer und Nägeln Plakate zimmern, und sobald sie fertig waren, schrieben die anderen Arbeiter der Borletti mit Farbe drauf, zum Beispiel FABRIK BESETZT, KÜNDIGUNGEN STOPPEN, ARBEIT UND BROT, EINHEITLICHER TARIFVERTRAG FÜR ALLE, HAMMER UND SICHEL DIE HERREN UNTERN STICHEL, am nächsten Morgen standen wir alle vor der Fabrik, ich hatte mir ein Plakat ganz für mich gemacht, auf dem stand SCHANDE, so konnte ich es wieder verwenden bei den anderen Streiks, SCHANDE ging damals für alles gut, und ich denke mal, es passt heute noch, auch wenn ich jetzt keine Streiks mehr mache und keinen Protest. Aber nach einem Monat Protest, Märsche und Demos und der einen oder anderen Rangelei ging uns langsam die Puste aus und es packte uns eine Verzweiflung die so groß war wie ein schwarzes Zeichen das uns alle erfasste wie bei einem Ringelreihen mit hinfallen. Und wenn einem der Boden unter den Füßen wegfiel, fiel auch die Welt in sich zusammen, da stand ich wieder allein da wie ein blindes Haar, solange gestreikt wurde und wir in der Fabrik schliefen, weil sie besetzt war, kam es mir vor, als hätt ich eine Familie gefunden, und manchmal schaute ich den anderen Kollegen in die Augen um zu schauen ob sie gleich wie die meinen waren, die gleich waren wie die von meinem Vater, so sagte meine Mutter mir immer, als ich klein war. Libbò wir haben wieder verloren, dieser Satz fiel mir damals ein, den sagte mir immer dieser Unglücksbote aus meiner Stadt, der fiel mir ein, als ich mit gesenktem Kopf in die Fabrik zurückging, Abteilung Fußtrittmontage, und er fiel mir wieder ein, als ich für immer aus der Fabrik ging, Abteilung Fußtrittmontage, immer noch mit gesenktem Kopf, weil der Buum ausgebuumt hatte und ich es nicht rechtzeitig gemerkt hatte, wobei ich es nicht einmal rechtzeitig gemerkt hatte, als er angefangen hatte, der beschissene Buum, all der Reichtum hatte mich nicht einmal am Rand gestreift, und wo es mit dem Buum vorbei war konnte ich nicht einmal mehr ins Kino gehen oder alle vierzehn Tage zu den Nutten, und auch das machte mir ein wenig das Herz und das Leben schwer. So zog ich eine Weile rum und fand ab und zu einen kleinen Job, ich konnte ja mehr oder weniger alles machen, einen Tag hier auf einer Baustelle, den andern Tag da die Schienen der Obusse polieren, und als Gepäckträger in der Stazione Centrale, mal auf einem Markt Obst und Gemüse abladen, einmal wär ich auch fast in Gaunerkreise geraten, aber zum Glück haben sie mich nicht genommen, weil ich ein Trottel war, und das hat man mir auch angesehen, und so bin ich drum rum gekommen, in den Herrenhäusern auf Raubfang zu gehen. Es ging aber voran, auch wenn ich nicht mehr in die Fabrik ging, ich schaute höchstens mal am Tor vorbei, um den einen oder anderen zu grüßen, Scerbanenko oder Scerbinjo arbeitete ja nicht mehr da, im Kopf hatte ich immer noch dieses tututum, nachts war es höllisch wie Feuer und Flamme, und selbst tagsüber spürte ich es, wenn es still war rund um mich herum. Schon, es war psikologisch, aber ich hatte es immer, auch wenn ich unterwegs war, also war vielleicht irgendetwas am faulen in mir drin, mein Hirn war dabei sich in eine Art Apfel zu verwandeln, draußen normal, aber mit dem Wurm drin der grub und grub, und es war vielleicht das Geräusch des Grabens, bistanclaque bistanclaque, tata tatan tatatan, tutum tutum, tututum. Inzwischen kamen schon die ersten Regengüsse runter und mir fiel die Farbe des Himmels meiner Stadt ein, die milden Oktobertage mit den ersten Kastanien, die man im Winter dann gebraten mit dem neuen Wein aß, und man lachte zusammen vor dem Feuer in der Schenke von Scialì, und manch einer erstickte dabei vor lauter Lachen. Aber ich hatte nicht den Mut, so zurückzukehren, mit leeren Händen, sonst ging es noch damit aus, dass ich diesem sekkanten Speichellecker über den Weg lief, der sagte Libbò haste mal wieder eins auf den Deckel gekriegt, außerdem wusste ich nicht mal wer noch am Leben war und wer für immer das Zeitliche gesegnet hatte, und dann, wenn der Teufel in seiner Niedertracht reinfunkte, lief mir auch noch die Teresa Giordani mit Maccarone und Maccaroncini über den Weg, und was hätte ich ihr sagen sollen, da wär ich noch rot geworden wie eine Scheibe Wassermelone, ich kam mit Kopf und Zunge durcheinander und machte mich total zum Affen, nicht dass es das erste Mal gewesen wäre, dass ich mich zum Affen machte, da hatte ich schon eine Menge Blamaschen eingeheimst in meinem erbärmlichen Leben. Nach diesem Sommer war in einem Land am Ende der Welt auch noch Togliatti gestorben, eine böse Überraschung die auch als herber Schlag Hals über Kopf gekommen ist, auf den Straßen Italiens war ein Jammern und Weinen der Leute, aber diesmal ohne Geschrei. Und ich hatte nicht mal zum Begräbnis nach Rom fahren können, eine Musikkapelle war mit dabei, hat man mir nachher erzählt, Blaskapellen hatten mir immer gefallen, auch bei Begräbnissen abgesehen von den Festen, damals herrschte Flaute im Geldbeutel und runter wie beim Passatella-Spiel, und wo hätte ich mich schon zeigen können, wo ich nicht mal einen guten Anzug hatte, oder eine dunkle Krawatte, trotz des Sommers. So ist mir gar nichts geblieben, mit der Gewerkschaft war es aus, Arbeit Fehlanzeige, bei den Nutten nur gucken, nicht anfassen, sie nahmen es mir auch noch übel, dass ich weder Frauen noch Schnaps konsumierte, nur meine Augen konnte ich damals konsumieren, die waren gleich wie die meines Vaters, hatte meine Mutter immer wieder gesagt, und jetzt war auch noch Togliatti dahin wie der Schnee im April, und es blieb mir nur das Wasser in den Augen, und wenn ich allein war wie ein Hund, floss es als kleiner Bach von Tränen.

1964 … 1966

So haben wir gelebt. Ich weiß nicht, wie
viele Abende […]
Und nicht zurückkönnen
an den Ort, wo die Dinge bei null anfangen.
DOMENICO BRANCALE, *PER DIVERSE RAGIONI*

Eines Tages, und ohne jemanden zu grüßen, mich grüßte eh nie keiner, hab ich mir gesagt Libbò auf gehts, da geht mir der Geist auf wie zu einem Lächeln, und ich mach mich auf die Reise nach Bagnacavallo, das war der Name eines echten Ortes und nicht ein Soldatenwitz. Im eisernen Zug auf den eisernen Schienen hörte ich die Geräusche wieder, aber ein bisschen weniger, und das war ja schon mal was. Am späten Nachmittag kam ich mit meinem Bündel auf die Piazza von Bagnacavallo, ein schön breiter großer Platz mit alten Häusern und einem fast fünfzig Meter hohen Turm der immer weiter in die Höhe stieg, voller Leute an den Tischen der Cafés, und die Piazza hatte einen wunderschönen Namen, Piazza della Libertà hieß sie, und ich hab mir gedacht, dieser Name ist eine Komunistensache, da fühlte ich mich gleich ein bisschen beruhigt, und die Beine zitterten nur ein kleines bisschen beim Gedanken an den Namen, den ich im Sinn hatte, ich musste mich erkundigen, wo Ermes Venturi wohnte. Und wer kannte ihn nicht, freundliche Leute in

Bagnacavallo, alle redeten und sagten alle gleichzeitig, ich kapierte so gut wie nichts, noch dazu mit diesem Sprech aus lauter sciué sciué, klang ja wie singen wenn sie redeten, aber nett und freundlich, ein Junge in einem gestreiften Leibchen hat mich dann sogar bis zur Haustür vom Venturi begleitet, so nannte er ihn, und dann ist er abgehauen als hätte er einen deutschen Soldaten mit dem Gewehr im Anschlag gesichtet, bin gar nicht mehr dazugekommen, ihm ein Danke hinterherzurufen. An der Tür hat die Mutter aufgemacht, die mich gar nicht gleich reinlassen wollte, als hätte sie sich für was geschämt, und ich hab mir gedacht, dass in Bagnacavallo nicht alle gleich freundlich sind, aber dann habe ich sie verstanden die ganze Schamhaftigkeit. Ich hatte mir das exakte Bildnis von Ermes Venturi ins Gedächtnis gerufen, während ich zu ihm nach Hause ging, ich freute mich ihn zu sehen, diesen Typen mit dem ewig breiten Lächeln übers ganze Gebiss, immer brillant vor Brillantine Linetti, ne Kippe im Mundwinkel und immer um die Signorine herumgockelnd, er amüsierte mich auch mit seinen Witzen, die ziemlich blöd waren von der Art Bagnacavallo che l'erba cresce, Da kannst du schwarz werden, bis mal was passiert, ich hab schon da, ich hab schon dort, aber sympathisch und kumpelig, auch wenn er mich wahrscheinlich oft ziemlich verarscht hat wegen meiner Einfaltspinselei. Nie hätte ich ihn mir so vorgestellt, ganz verwahrlost, das Gesicht eingefallen und die Zähne faul, die Haare in Strähnen als wären sie mit dem Kleister der Plakate verklebt, in ner Art Rollstuhl, mit leer vor sich hin starrenden Augen, derart zum erbarmen, dass mir vorkam ich bin ins falsche Haus geraten, die Mutter sagte keinen

Pieps, stumm mit ihrem ganzen Schmerz, der ihr in den Knochen und am Herz nagte, sah sich ihren unglückseligen Sohn an, der es ja geradezu hatte draufankommen lassen, sich diese üble Krankheit der Sifilis zu holen mit seiner Gier auf Signorine, wo es ihn bis nach Bologna trieb in die gehobenen Lusthäuser die es noch gab und denen das Merlino-Gesetz egal war. Nach und nach wird auch die Zwiefel zum Knoblauch, man fällt drauf rein und bleibt bis zum Hals drin stecken in der Scheiße. Auch Ermes war unangenehm überrascht, hatte mein Eintreffen überhaupt nicht erwartet und es war ihm peinlich, dass ich ihn in diesem Zustand des bis ins Mark mürben Kränkelnden sah, wir haben ne Menge Zeit gebraucht miteinander zu reden, damit anzufangen, und ich dachte, der starke bin jetzt ich und nicht mehr der Ermes Venturi, wo wir gemeinsam Soldat gewesen waren viele Jahre vorher, an diesem Ort der mit Vorname Tauriano und mit Nachname Spilimbergo hieß. Nach und nach hat er mir dann erklärt, dass er sich eine hübsche Sifilis eingefangen hat, wo er sichs überhaupt nicht erwartet hatte, in einem Luxuspuff, da gab es auch Nutten aus dem Ausland und man musste ordentlich Geld hinlegen, verfickte Hurerei, und er hatte es nicht gleich gemerkt mit dieser Schwäche, und danach war es zu spät, er war nämlich nicht gleich zum Arzt gegangen, der hatte ihn mächtig zusammengestaucht, als wär er ein großes Arschloch, und von mir aus war das nicht so falsch. Also ein vertanes Leben, gewisse Sachen sollte einer irgendwann nicht mehr tun, und wenn einer zu spitz ist, soll er sich ein ordentliches Mädel suchen und heiraten, so hatte ich es mit der Teresa Giordani vor, aber die schwarzen Zeichen hatten mir ein Bein gestellt, sonst hätte ich jetzt hübsch in meiner Stadt sein können mit einem feinen Barbierladen, und die Kinder von der Teresa Giordani würden Bonfiglio heißen wie ich und nicht diesen Maccarone-Namen tragen, der nach Essen schmeckt, und die Augen hätten sie gleich gehabt wie ich, der sie gleich hatte wie mein Vater, so hatte mir immer meine Mama gesagt Gotthabsieselig, vielleicht damit ich dachte, dass ich doch nicht so ganz von allen guten Geistern verlassen war und auch ich was schönes hatte. Dieser Ermes Venturi, von dem ich dachte, er kann mir helfen, stattdessen war er schlechter dran als ich, das Leiden hatte ihm das Nervensystem verseucht, er konnte sich kaum auf den Beinen halten als wie wenn er besoffen wär, er fühlte die Schmerzen in den Beinen, die zusehends gelähmter wurden, und er musste im Rollstuhl sitzen wie wenn einer keine Beine hat, auch das Licht konnte er kaum noch sehen, das brannte ihm in den Augen, er musste eine dunkle Brille tragen, auch wenn die Sonne untergegangen und die Dunkelheit hereingebrochen war, alles in allem war er nur noch ein Wrack von einem abgemagerten und sabberndem Mensch, was für ein schlimmes Ende für einen wie ihn, der zwei Stufen auf einmal nahm, um mit den lustigen Bettschwestern aufs Zimmer hochzugehen, wobei die alles andere als lustig waren, eher trauriger als die Verwandtschaft eines Toten beim Begräbnis, sofern der Tote ein guter Mensch war, manchmal sind die Angehörigen ja recht froh, wenn einer abnippelt, der geizig und gemein war. Ermes und auch seine Mutter haben mich aber als einen betrachtet, der ihre Rettung sein konnte, und haben mir gesagt, ich kann bleiben, da hab ich mich erst geziert, als würds mich nicht interessieren, aber ich wusste auch nicht, wo ich hingehen sollte, so ganz ohne was zu kennen oder zu können, und so bin ich da geblieben auf meinen alten Kumpel aus der Kaserne zu schauen, richtig leid getan hat er mir ja, und weil ich ein guter Christenmensch bin, hab ich ihm gesagt Gut, ich bleibe ne Weile, aber nur kurz allerdings. Die Weile dauerte dann über ein Jahr, fast zwei, nicht dass ich weiß Gott was gemacht hätte, aber ich hatte ein Bett und einen Teller Suppe, dann hab ich ihn herumgefahren, nachdem ich ihn ein bisschen hergerichtet habe, weil man ihn ja so nicht hat anschauen können, mit dem gelben Gesicht wie ein Schinese, ich kaufte ihm ein Eis mit Vanille Sahne und Schokolade, mit dem Rollstuhl sind wir bis ans Ende vom Dorf gegangen und haben über die Felder geschaut, und mit dem richtigen Licht konnten wir bis zu den Hügeln schauen wo die Wälder anfingen. Normalerweise waren wir schweigsam und ein bisschen verschämt, er wegen der Sifilis und ich wegen meiner Fiaskos, aber der Wind trug das Gerede davon, er redete und erzählte mir alle seine Weibergeschichten, aber er erzählte mir auch einen ganzen Schwarm Aufschneidereien, fand ich, und er fragte mich ob ich mich an ihn erinnerte als er jung war mit allen Zähnen und der Brillantine und den zweifarbigen Schuhen, den gestreiften elastischen Hosenträgern, dem Parfüm unter den Achseln, ich nickte immer um ihn nicht zu vergrämen, aber all diese Dinge und diese Bilder die er von sich selber machte, erinnerte ich mich überhaupt nicht, so wie er sie beschrieb. Ab und zu kam mir auch wieder das tututum in den Kopf, und da kann man sich ja vorstellen, ob mir danach war an seine

Zähne zu denken und an die Brillantine, an die zweifarbigen Schuhe, an die gestreiften elastischen Hosenträger, an das Parfüm unter den Achseln von Ermes Venturi, der eine Sifilis mit sich herumschleppte die ihn noch mehr schwadronieren ließ als er eh schon schwadronierte, ich nickte und schaute weit in die Landschaft die eine Menge Farben hatte und nach Mist roch, was mich genau an die Parfüms erinnerte, die Ermes Venturi sich in den schäbigsten Läden zusammenkaufte, aber das sagte ich ihm nicht, um ihn nicht zu sehr zu verdrießen. Vor Augen hatte ich lange Reihen von Pfirsichbäumen und Reben, dann gab es ein frisches Flüsschen voller Schilf und Pappeln, die ein Wöllchen wie Schnee abgaben, und Bäume, viele Bäume die ich anschaute und dann spürte ich den Krach im Schädel nicht mehr, und in Richtung Meer gab es eine Niederung die war endlos, voller Sonnenblumen, die waren wie große Margheriten, eine solche Niederung hatte ich noch nie gesehen, das war das Stück Land, das mir am meistens gefiel, vor allem wenn starker Wind war, dann sah es wirklich aus, als würden sich die ganzen Sonnenblumen zu einem umdrehen und dich grüßen, wie wenn einer mit dem Dampfer nach Amerika fährt, und so kam mir wie ein Messerstich mein Vater in den Sinn, der vielleicht so mitten im Meer verschwunden war, ein Meer, das keineswegs normal war und eine Seegangsstärke hatte, dass es einmal ein Riesenschiff wie die Titanic umgeschmissen hat. Ich hatte mich also gewöhnt an dieses Leben als halber Krankenpfleger und halber Nichtsnutz, aber ich hatte auch ein wenig die Schnauze voll davon, mit dem Kerl wurde es von Tag zu Tag schlimmer, und ich konnte mir dieses Schauspiel des

Elends nicht mehr mit ansehen, auch das kam mir vor wie ein schwarzes Zeichen, und diesmal hatte ich wirklich nichts getan, es mir zu verdienen. Zum Glück hab ich dann mal hier mal da ein Wort gewechselt und dabei erfahren, dass es einen Cousin gab von meinem Freund, der suchte Leute für die Ernte und die Arbeit auf dem Feld, der war vom Glück gesegnet und hatte eine Menge Felder und Wiesen, wenn man da bis an den Rand ging, konnte man das Meer sehen. Bei Christus, schau dir das an, sagte ich mir, was der eine zu viel hat, hat der andere gar nichts, den Glücklosen beißt der Hund, und ich war der Glückloseste von allen, und Hunde gab es immer zu Hauf, in Gottes Gnaden, manchmal dachte ich sogar, es konnte noch so ausgehen, dass ich den Hund biss. So fing ich zuerst mit den Oliven an, die brachte ich dann zur Ölmühle, in den Dörfern dort wurde deftig gekocht, mit reichlich Öl in den Töpfen, vor dem Winter waren die Äste zu stutzen, die Ställe auf Vordermann zu bringen und dann mit der neuen Jahreszeit mal das Heu für das Vieh einzufahren und mal der Weizen zu ernten mit den Mähdreschern die volle Kanne liefen und einen völlig fertig machten, danach hatte ich auch noch den Krach der Mähdrescher im Schädel, mit all den Martern meines Lebens war mein Schädel dabei, sich Stück für Stück in eine Maschine der Borletti zu verwandeln, am Ende des Arbeitstages waren meine Schultern ganz verspannt und mein Rücken wie gekreuzigt auf einem hölzernen Kreuz vor Schmerzen und die Beine waren ganz schlaff und wollten keinen Schritt mehr gehen, nicht einmal mehr um ein Glas zu heben in der Schenke mit denen aus Bagnacavallo. Immerhin war ich draußen an der Luft und musste nicht mehr diesen modrigen Geruch von Krankheit riechen, der das Haus von Ermes Venturi durchzog, der sich immer mehr dem Ende zuneigte und kaum noch redete, das war nicht nur eine Krankheit, fand ich, sondern hundert Krankheiten auf einmal, Hirn, Leber, Beine und Arme und der ganze Rest, das war wirklich ein Tripper erster Güte. Am besten gefiel mir die Zeit der Pfirsichernte, und nach den Pfirsichen die Tomaten und nach den Tomaten kamen die Trauben für den Albana und den Sangiovese, die schmeckten mir beide, und die Tomaten auch, gekocht oder roh im Salat. Und das schöne an der Obsternte ist, du kannst es essen, ohne zu übertreiben, allerdings, der Besitzer konnte sich sonst aufregen, aber manchmal hab ich richtig reingehauen, mich vollgefressen bis zum platzen, und Pfirsiche mit Wein, und Wein ohne Pfirsiche, wo wir dann alle die Lieder vom Landleben sangen, die Frauen lachten und schauten, ohne sich von den Männern anpeilen zu lassen, aber auch die Männer beluchsten die Frauen, besonders wenn sie aufs Fahrrad stiegen und man die Formen auf dem Sattel gut sehen konnte, und wie man so sagt, das eine ergibt das andere, wie wenn man die Kirschen vom Ast pflückt. Ein paar Sächelchen haben sich auch für mich ergeben, weil ich war ja schüchtern und ein wenig unbeholfen, aber das machte sich bei den Frauen nicht schlecht, und diese Teufelinnen juckte es, mich zu reizen, und so hab ich mich nebenbei auch an ein paar gute Sachen zu erinnern. Mitten in einem Heuhaufen oder unter einer Hecke musste ich dann nicht mehr an die Teresa Giordani denken, im Gegenteil, es war sogar eine gute Kur für den Schädel, all die schönen Leiber der Emilia und der Romagna, mir gefiel es, wenn sie mir danach durch die Haare fuhren, Witze machten in ihrem Sprech voller sciuè sciuè, und am Ende lachten sie selber vor lauter Vergnügen. Von mir aus, nicht dass ich die Erfahrung habe, das zu sagen, aber die Frauen der Emilia und der Romagna sind die besten der Welt vom Gemüt her und von allem anderen auch, wenn man dann kam, konnte man zufrieden gehen, oder auch sterben. Einmal, um die Sache zu Ende zu erzählen, hab ich einen Schreck gekriegt, zum Teufel mit dem heiligen Bimbam, und das ist kein Fluch, den Heiligen gibts ja gar nicht, mit einer feschen drallen, die hatte zwei Möpse wie Melonen, die einen bis in die Haarspitzen scharf machten, ich dachte ich hab sie geschwängert, aber dann hat sie die Regel zum Glück wieder gekriegt, spät zwar, und es ist gut ausgegangen, die war nebenbei auch schon einem Lackel aus der Gegend versprochen, ein grober Klotz, wenn der mich erwischt hätte, hätte er mich platt gemacht wie ein Tablett aus brüchigem Feinglas. Aber, wenn ich so zurückdenke, einen kleinen Liborietto hätte ich vielleicht doch gern gemacht, dann hätt ich mich am Ende in diesem Bagnacavallo niedergelassen, wo ich nicht weiß, ob es wirklich der Name vom Ort war oder doch ein Witz von Ermes Venturi, und vielleicht wärs mir da ganz gut gegangen wie einem Papst, auch wenn ich mit der Zeit, die Sachen vom Land zu ernten, mich ein wenig versteift hatte wie ein Tölpel aus den Randvierteln meiner Stadt, ich erinnere mich, man hat sie ja nur auf den Festen gesehen, ganz herausgeputzt in ihren Wollklamotten, auch wenn man in der Hitze fast umkam, aber so ist der Tölpel. Was anderes was ich machte, um den Tag zu überstehen, war das trockene Schilf zu schneiden am Bach, es gibt dort eine Menge Leute die Weidenkörbe machen und es gibt dafür alle vierzehn Tage einen eigenen Markt, und ich hab soviel davon geschnitten, dass ich mir ein paar Lire dazu verdient habe und das Leben ging ganz passabel dahin. Und außerdem sind die von Bagnacavallo, aber auch die aus den anderen Orten der Gegend dort, fast alle krankhaft vernarrt in Motoren und Motorräder, kaum sehen sie einen Feldweg fangen sie sofort an Rennen zu fahren und machen auch noch Wetten drauf und rasen derart schnell, dass es in der Luft ein einziges Brumm brumm von Motoren auf Vollgas ist, ab und zu geht einer dabei drauf und lässt die Totenglocken läuten, aber dann vergessen sie den Toten wieder, kippen sich einen hinter die Binde, reißen zwei Witze und fangen wieder an, bis der nächste sich den Hals bricht. Einmal hab ich auch Glück gehabt, als ich am Tischchen einer Bar, die hatte ein großes Schild mit CINZANO drauf, zwischen einem Bierchen und einem Prosekt, hab ich mich so nebenbei mit einem dieser Spinner unterhalten, frag das und frag jenes, setzt er mir einen Floh ins Ohr und sagt mir, wo ich doch bei der Borletti geschuftet hab, warum ich nicht mal versuchsweise nach Bologna fahre, bei der Ducati, wo sie Motorräder bauen, werden Arbeiter gesucht, damals war ja alles wild auf Motorräder, die weggingen wie die warmen Semmeln. Eine gute Woche hab ich's mir durch den Kopf gehen lassen, und diese Zeit, wo ich um die Heiraterei drum rum gekommen bin, hat mir den Schub gegeben, mich wieder aufzumachen, Pfirsichhaine und Rebstöcke waren ja auch ne schöne Sache, aber es war mehr der Schmerz jeden Tag mitanzusehen wie mein Freund dahinsiechte, er redete jetzt kaum noch, als hätte er schon alles gesagt, was es zu sagen gab, schaute seine Mutter an als bitte er sie um Vergebung und sie sah ihn an als wolle sie ihm vergeben und ich sah beide an und sagte mir, was soll ich da noch, da ich keinem nichts zu vergeben hatte, es roch schon nach Tod in dem Haus, und überall hingen schwarze Zeichen wie die Trauben am Weinstock, außerdem hatte ich keine Schuld abzutragen und keine tödlichen und lässlichen Sünden, ich hatte weder was dazu getan noch was abgekriegt von dem Verhängnis der Sifilis. Dann nur zu, Liborio, grobe Schuhe und feiner Verstand, bis Bologna waren es nur fünfzig Kilometer mit dem Buss, und der ließ einen mitten im Zentrum aussteigen, so schaffte es auch ein Knilch, gelassen anzukommen, ohne in den Straßen verloren zu gehen. An alle Gruß und Kuss, Ermes Venturi heulte wie ein Kälbchen weil ich ging, und seine Frau Mama hat mir ein paar tausend Lire gegeben und ciao ciao allerseits, ich bin über die Piazza della Libertà gegangen, eine echt schöne Benamung für einen Platz, ciao ciao allerseits, und ich hätte nicht gedacht, dass es einer Menge Leute echt leid tat dass ich ging, als hätte ich zur Familie gehört in jeder Familie von Bagnacavallo, und sie kamen sich verabschieden, ein wirklich netter Ort Bagnacavallo, wo ich immer noch nicht wusste ob er wirklich so hieß oder ob es ein Pfaffenwitz war, eigentlich wollte ich vor der Abreise nochmal danach fragen nach dem Namen, aber dann hab ich mir gedacht, die halten mich für blöd und ich verlier noch die ganze Freundschaft die ich mit den Heimischen eingeheimst hatte, und so ist mir der Zweifel geblieben, aber dann hab ich gedacht, es ist nicht wirklich wichtig, ob ich es weiß oder ob ich es nicht weiß, ob Bagnacavallo tatsächlich in echt der wirkliche Name ist oder ein Witz von irgendeinem anderen Knallkopf wo die Welt rappelvoll von ist. Das letzte was ich gesehen hab war ein Pfirsichhain der gerade eben die Blüten ansetzte, die Blüten der Pfirsiche sind ja rosa wie die Wolken wenn die Sonne niedergeht und es Abend wird. Im Vorbeifahren hab ich mir noch ein hübsches Gefilde mit lauter Sonnenblumenfeldern angeschaut, die kamen mir vor wie ein gelbes und grünes Meer, wo der Wind die Sonnenblumen wellenartig auflaufen ließ und mein Herz ein wenig verloren ging vor lauter Traurigkeit, diese Landschaft zu sehen, die selber, so kam es mir vor, ein Herz hatte wie eine Frau die in einen verliebt ist der weit weg ist und nicht zurückkommt, und dann hab ich mir gedacht, wenn ich in dem Moment hätt sterben müssen, hätt ich mir gewünscht, dass man mich genau dort beerdigt mitten in dem Feld, und auf dem Grabstein sollte einer in schöner Handschrift schreiben ohne Hennenklaue, weil so nannte mein Lehrer Romeo Cianfarra die Patzer des schlechten Gekrakels, Ruhe seiner Seele, so was halt, so eine Art Spruch wie diese Geschichte mit der Blume vom toten Partisanen, wo wenn einer vorbeikommt und das liest dann sicher sagt, das ist aber ein schöner Tod gewesen, gerade weil ein so schöner und prächtiger Satz da stand, also von der Art:

HIER RUHT LIBORIO BONFIGLIO
SONNENBLUMER

1966 … 1968

> Andere Jahre und es gab keine besseren Gründe
> und so waren die Umstände an jeden einzelnen
> erinner ich mich alle nehm ich sie in die
> Erinnerung auf
>
> FRANCESCO PAOLO MEMMO, *ALTRI ANNI*

Bologna, kaum hab ich's aus dem Fenster vom Buss aus gesehen, hat mir gleich richtig gut gefallen, es gab ne Menge Laubengänge in allen Straßen, die waren breit und voller Leute die es eilig hatten, aber keine Ahnung wohin, wobei eilen und hetzen war nicht mein Ding, und ich hab mir gleich gedacht, bei all den Lauben, die es da hatte, brauchte man bestimmt keinen Schirm, wenn es regnete, und ich hatte keinen Schirm, hatte nicht einmal in Mailand einen gehabt und an den andern Orten wo ich gewesen war, für mich war das schon mal was, was ich mir nicht zu kaufen brauchte. Im Hosensack hatte ich eine halbe Adresse, die mir der Autoschlosser gegeben hatte von einem Bekannten von ihm, der auch ein Autonarr war, und um nicht ganz ohne Bleibe zu sein und für die erste Zeit eine Bude zu finden, die ich brauchte um bei der Ducati eine Arbeit zu kriegen. Die erste Nacht und für die ersten Tage hab ich was in einer kleinen Pension mit Zimmervermietung nahe am Bahnhof gefunden, nach meinem Dafürhalten war die Chefin dort eine ziemliche Zeit auf den Strich gegangen, eine muffelige Absteige mit dem Klo am Ende des Korridors, und die Leintücher hatten ihre Farbe verloren abgesehen von den Flecken, wo ich gar nicht dran denken wollte, von wem und von was die waren, den einen Fensterladen gab es noch und den andern nicht mehr, aber zum Glück war das Fenster derart dreckig, dass auch bei Sonne kein Licht hereinkam, aber so war es halt, und außerdem war ich mehr draußen und zog um die Häuser als in dem Zimmer drin, wo ich mir vorkam wie der Sittenwellich im Käfig, so lief ich rum und versuchte was zu kapieren von dieser neuen Stadt, die nicht Mailand war, aber Bagnacavallo auch nicht. Die ersten Tage in Bologna hab ich damit vertrödelt, kreuz und quer herumzulatschen, da gabs Sachen zum gucken, man brauchte nur vor den Schaufenstern stehenzubleiben, dass einem die Augen übergingen vor lauter Freude, die Auslagen wo ich voll aus dem Häuschen war hingen voller Schinken und riesiger Mortadella, der Duft ging durch die Scheiben durch und füllte einem beinah schon den Magen. Ich war ziemlich guter Hoffnung, die Arbeit war ich sicher eine zu finden, weil dieser Stadt sah man ja schon an, dass sie mir Glück brachte, ich rasierte mich also, zog mir was sauberes an und ging alle Tage auf den größten Platz in Bologna, der war immer voller Leute die redeten und stritten um alles und jedes, aber am meistens wenn sich der politische Zwist entfachte, und die zornigsten Streithammel waren ausgerechnet die alten Knacker, die waren immer mitten drin in den Redereien, und ich dachte mir, vielleicht gibts in Bologna keine Altersheime. Die wildesten Streitereien gabs am Abend vor dem Essengehen, da kamen immer eine Menge junge Leute, alle gleich angezogen mit Blugins und farbigen Hemden, sie schwärmten aus wie die Wespen aus einem Mauerloch und schon fingen sie an lebhaftigst zu disputieren, und vor allem mit den Älteren kamen sie sich in die Haare, die aber normal angezogen waren, und nach einer Weile hab ich kapiert, die mit den Blugins waren Exkremisten und die normal angezogenen waren Komunisten, aber ein paar Sozialisten gab es auch, aber die redeten nicht so viel und wenn sie redeten hörten die anderen nicht lang hin, ich dachte mir, da hätt es Nonno Peppe gebraucht, der war Sozialist, aber von Nenni einer. Ich still und stumm drehte den Kopf mal dem einen mal dem andern zu, ab und zu wollte ich was sagen, damit sie auf den Gedanken kamen, dass auch ich Sozialist war, seit ich in Mailand gelebt hatte, einer von der Fiom, also ein Metaller. Die mit den Blugins waren von der Uni, ich hab dann gemerkt dass das eine Schule für Erwachsene war, wo wenn sie tüchtig lernten und keine Scheiße bauten und nicht herumdödelten sogar Ärzte, Anwälte, Inscheniöre, Richter und Professoren werden konnten, und mit der richtigen Protektion konnten sie sogar bei der Finanzpolizei unterkommen, nur Papst konnten sie nicht werden. Wenn aber die redeten, die in echt bei den Partisanen gewesen waren, wurde es murcksmäuschenstill, die hatten womöglich noch die Knarre im Haus und es wär ein Kinderspiel gewesen, ein paar Exkremisten umzunieten, dachte ich mir. Einmal hab ich mich getraut und erzählt, was in meiner Stadt im Krieg passiert war in den Tagen im Oktober wo ich herumrannte und sah wie die jungen Leute starben, und genau da war ein Exkremist aus meinem Ort dabei der gesagt hat, dass es stimmte, dass es auch im unteren Italien Partisanen gegeben hatte und dass die von der Maiella sogar in Bologna berühmt waren und dass sie alle ihr Blut gelassen hatten für die Mokratie. Nach dieser Bestätigung zu dem was ich gesagt hatte, war es seit dem Abend, wenn ich auf die Piazza kam als würden sie auch mich kennen, als wär auch ich aus Bologna gewesen, und ich war so froh wie ich noch nie froh gewesen war, nicht einmal als ich mit der Teresa Giordani ein paar Worte gewechselt hatte oder als man mir sagte Bürsten Bursche! in der Barbiererei von Mastro Girolamo. Als es eines Abends regnete haben sie mich sogar eingeladen, einen heben zu gehen in einer Schenke, die gab es dort seit Uhrzeiten und hieß Osteria del Sole, und was war das ein schöner Abend, Leute. Einen hübschen Krug Rotwein hab ich mir reingezogen und dazu eine doppelt dick geschnittene Mortadella, Brot und Käse und nochmal Rotwein, da war ich dann ziemlich auf Temperatur, danach haben sie mir auch noch eine Esportazione ohne Filter angeboten und ich fühlte mich wie ein Papst, und mir kam vor, wir waren da drin wirklich alle gleich, wie es Nicolino Stella sagte, der Ortsvorsteher in meiner Stadt, und ich dachte, da drin keimte wohl der Komunismus, aber nur da drin im Wirtshaus, weil draußen war es ein bisschen anders, das sah man daran, was die Leute für Klamotten und für Autos hatten, als wär draußen mehr wilder Kapitelismus gewesen als drin in der Schenke. Die Exkremisten waren umgänglicher, auch wenn ich nicht so viel kapierte, wenn sie von komplizierten Sachen in Schina redeten, da hab ich mir gedacht, weil ich ja nichts zu tun hatte, konnte ich hin und wieder auf die Uni gehen, dann war ich vielleicht nicht so schwer von kapé, wenn sie mit denen von der KP über die komplizierten Sachen in Schina stritten. Aber auch die Alten wussten eine Menge Zeugs, die kapierte ich schon eher, ich steuerte ja schon auf die Vierzig zu und mit ihnen kam ich besser klar, auch wenn ich ein wenig verwirrt und verwackelt war von dem ganzen gezeterten Gezerre zwischen Komunisten und Exkremisten in Blugins. Eines Morgens bin ich die Hauswände entlang in die Straße der Uni gelaufen, die trug den Namen von einem der auf Mussolini schießen wollte, aber dann hat der Arme Pech gehabt und hats nicht hingekriegt, oder wars ein anderer mit dem gleichen Nachnamen, das erinner ich mich jetzt nicht mehr so genau, jedenfalls auf halber Länge der Straße hab ich viele junge Leute gesehen und auch hübsche Fräuleins, die in die Nummer 36 strömten und da hab auch ich mich dazu geselligt in die Gruppe, ich bin auch mit rein in die Nummer 36, auch wenn ich nicht einmal ein Buch oder einen Kuli hatte, um zu zeigen, dass ich keiner war, der sich hintenrum reingemogelt hat, also ein Scheinstudent. Das Herz hüpfte mir wild in der Brust vor lauter Angst, dass jemand merken konnte, ich bin unbefugt, aber keiner hat mir nichts gesagt, also hab ich mich in einen großen Raum gequetscht, mich hingesetzt, still und stumm wie wenn der Lehrer Romeo Cianfarra in die Klasse trat. Dann kam, ohne überhaupt Guten Tag zu sagen, ein Herr herein, der wohl ein Professor war, und ich hab die Ohren gespitzt wie wenn ich der Musikkapelle lauschte und versuchte die Wörter zu verstehen, die die Sänger vom *Rigoletto* oder von der *Traviata* sangen. Und der redete und spuckte kein mal und ich bemühte mich und hoffte, irgendetwas zu kapieren, dieweil dieser bärtige Professor dabei war, mir das Hirn zu verknoten mit einer Geschichte, wo nicht Gott den Mensch geschafft hat, sondern wennschon umgekehrt, aber ohne den Erfinder beim Namen zu nennen, wo der Mensch der war, der aß und der aus Fleisch und Nerven gemacht war, aber das wusste ich ja schon selber und war dann ein wenig brummig, weil ich's ja schon wusste, wozu war ich dann zur Uni gegangen, da war es dann für diese Sachen mit Gott doch besser, sich eine schön gesungene Messe anzuhören in irgendeiner Kirche, und da bin ich dann nicht mehr hingegangen, aber wie ich so unter all den jungen Leuten gewesen bin, das hat mir schon gefallen, gar nicht zu reden von den Signorine, von denen viele, fand ich, echt flotte Bienen waren, manche auch eher Flittchen, aber mir war schon klar, dass das nichts für Liborio war, diese teure Ware. Aber als ich nach ner Weile wieder in diese Via Zamboni gekommen bin, war da ein Gerenne und ein Gelaufe von Leuten, eine Menge Rauch in der Luft, dass einem die Tränen kamen, ein Langhaariger in Blugins sagte mir, es braucht Zitronen, und schon war er wieder weg, ich bin gar nicht mehr dazu gekommen ihm zu sagen dass ich an Verstopfung leide und ich keine Zitronen essen konnte, davon bekam ich Magenschmerzen. Also die Uni war zu einem riesigen Chaos geworden, man kam gar nicht rein, die Reden der Professoren anzuhören, über den ganzen Platz war die Polizei verteilt, die war fuchsteufelswild, sie hieß Bereitschaftspolizei und zeigte auch, dass sie zu allem bereit war. Über dem Tor zur Uni hing ein Transparent, das aber kein bisschen durchsichtig war, mit einer roten Schrift, und wer wie ich lesen konnte, las darauf

UNIVERSITÄT BESETZT, da sind mir die Tage bei der Borletti wieder eingefallen, als wäre die Borletti eine Art Uni gewesen oder die Uni eine Art Borletti, da konnte also auch ich, der ich den Nähmaschinen schinesisch beigebracht hatte, mich wie eine Art Doktor der Fußtritte aus Gusseisen und so was fühlen, und ich fands schade, nicht mehr mein persönliches Schild zu haben auf dem stand SCHANDE, das passte prima auch bei den Streiks an der Uni, aber dann haben die angefangen zu stürmen und Knüppel aus dem Sack alles niederzuknüppeln, und bei all den schwarzen Zeichen, die ich auf dem Buckel hatte, bin ich lieber abgehauen, und ab durch die Mitte Liborio, wie eine Katze die vor einer Meute grimmiger Hunde Leine zieht, und dann bin ich nicht mehr auf die Uni, weil die Exkremisten, die es da gab waren hitzige Köpfe, aber sie ließen nicht locker, und etliche Jahre lang haben sie keinen Zentimeter nachgegeben, und so hab ich's verpasst den Professoren zuzuhören die sagten dass nicht Gott den Mensch geschafft hat sondern der Mensch Gott, und dass der Mensch ist was er isst wenn er was zu essen hat, und dass er aus Fleisch und Nerven beschaffen ist. An einem andern Abend war ich an einem Ort, der Baffo hieß und bis spät in die Nacht auf hatte, mit einem Typ mit einem ordentlichen Schnurrbart, deswegen hieß er Baffo, der schnitt eine Menge Male mit dem Brotmesser den Schaum vom Bier, und der brauchte ewig lang, bis du deinen Krug kriegtest, das war ich so nicht gewohnt, da haben sich mir auch ein wenig die Eier verspannt, aber so war es halt, und außerdem stand ich eh nicht so sehr auf Bier, weil vom Bier kriegte ich diesen bitteren Geschmack im Mund, und den war ich nicht gewohnt, ich war eher der Typ, der sich mit dem Rotwein von der Schenke einen ordentlichen Zapfen holt, als mit dem Bier, was ja immer deutsches Zeug war, und mit den Deutschen kam ich nicht so besonders klar. Ich ließ es mir also recht gut gehen, und eigentlich konnte ich es mir gar nicht leisten, das Geld schmolz langsam dahin und langsam musste ich mich auch nach einer Arbeit umsehen, will sagen Langsam, Herr Specht, und auch Das Wasser ist knapp und das Entchen schwimmt nicht. Ein paar Monate lang hab ich mich so durchgehangelt, mal auf einer Baustelle an der Autobahn, mal als Gepäckträger am Bahnhof, mal zum Entladen am Großmarkt, mal als Handlanger auf dem Bau, wo gerade Sozialwohnungen gebaut wurden, aber nach und nach wurde mir von diesem schnellen Wechsel von Jobs und Posten ganz schwindlig im Kopf, ab und zu hörte ich wieder Geräusche, die ganz und gar nicht nach meinem Geschmack waren, es brauchte was stabileres, das Leben ist teuer und ohne Moos ist nix los. Zum Glück waren unter den Leuten, die auf der Piazza ihr Palaver hielten, die richtigen Leute, die einem einen guten Rat zu geben wussten, ohne was dafür zu verlangen, und so haben sie mir gesagt, an einem Ort wenig außerhalb von Bologna, der hieß Borgo Panigale, so was in der Art, dort sollte es leichter sein, eine brauchbare Arbeit zu finden, außerdem war ich schon bei der Borletti gewesen, beim Obst in Bagnacavallo, so ganz war ich alles in allem doch nicht auf den Kopf gefallen. Und so hab ich mich dahintergeklemmt, an diesen Ort von Borgo Panigale zu kommen, da fuhr auch ein Buss hin und der Fahrer, der ein guter Mensch war, sagte einem sogar, wo man auszusteigen hatte, sonst hätte einer auch verloren gehen können oder er wär zweimal die ganze Runde gefahren, ohne aus dem Buss auszusteigen. Zwei Tage nachdem ich nach Borgo Panigale gefahren bin, hat man mich probeweise in einer Marmeladenfabrik genommen, die war erst seit kurzem eröffnet und hieß Santa Rosa, genau wie die Heilige, nur dass man hier keine Wunder machte sondern Marmelade aus Obst, aber nicht dass ich da viele Heilige im Werk gesehen hätte. Da hab ich dann dort in der Gegend auch eine Unterkunft gefunden, etwas ganz für mich allein, weil dort wo ich als Aftermieter bei dieser Signora war, die, fand ich, als sie jung war, volle Pulle angeschafft hatte, war es eng und ungemütlich, war ja außerdem nicht ihre Schuld wenn sie anschaffen gegangen war, das Leben kann einem alles mögliche einbrocken, es hat ihr sogar leid getan, dass ich gegangen bin, und sie hat mir sogar einen Kuss gegeben, als ich meinen Koffer gepackt habe, ein bisschen gerührt war ich auch, aber nur ein bisschen, eine Spur vielleicht nur, weil ich diesen Kuss geraume Zeit vorher gern mal gehabt hätte, eine ganze Weile früher. Bei der Santa Rosa machte man Marmeladen, die sie dann Konfitüren nannten, mit allen Sorten Obst aus den Wiesen in der Gegend, das einzige war, dass es mächtig heiß war, wo ich war an den Kesseln, aber wenn die Marmeladen etwas abgekühlt waren, fuhr ich gern mit dem Finger rein und ich schleckte mir das süße Zeug ab, auch kleine Fruchtstückchen waren drin und stillten mir ein Weilchen den Hunger, auch wenn man das nicht durfte, aber wenn man schnell war und mit flinker Hand zugriff, merkte es der Vorarbeiter nicht, war ja nicht nur ich, der lange Finger kriegte bei den Marmeladenkübeln, wir machten uns auch einen Spaß draus, alle langten wir zu, und auch das richtige Obst konnte man essen, Kirschen, Pfirsiche, Aprikosen, Birnen und Erdbeeren, je nach der Jahreszeit, die grad war. Später haben sie auch angefangen, Tomatenmark zu machen, Erbsen und schließlich auch noch Honig, wenn einer sich da nicht im Zaum hatte, konnte er sich auch noch Diabetes holen vor lauter Süßlichkeit. Aber der Vorarbeiter, der über die Kessel herrschte, meckerte immer nur mich an, wenn er mich erwischte, mit dem Finger zu lecken was in meine Reichweite kam, ich vermute ich bin ihm ein wenig auf den Wecker gefallen, er sagte mir immer wieder, ich soll dem Herrgott danken, dafür dass ich dort überwintern konnte, und ein Taugenichts sei ich auch noch, wo ich mir doch mehr als die andern den Arsch aufgerissen habe und ich die Arbeit bestimmt verdient habe bei all den schwarzen Zeichen, die mich auf Schritt und Tritt begleitet haben mein Leben lang bis dahin, ganz abgesehen davon, was mich in der Zukunft noch erwartete. Der Vorarbeiter hat zudem, fand ich, noch ein wenig an Rassismus gelitten, weil ich ja aus dem Süden war, eines Tages hatte er es irgendwie mit den Nerven oder es hat sich ihm eine Ader im Hirn verknotet, da hat er mir sogar eine Buße aufgebrummt, ich hatte damit praktisch den ganzen Tag für die Katz geschuftet, für mich war das ein größeres Desaster und ich musste Kopfsprünge machen, um mit den Ausgaben für Kost und Loschie klarzukommen. Ich war dann voll sauer, konnte ihm aber nicht in die Fresse hauen, da hat sich mir dann der Ohrwurm ins Hirn gesetzt, der mir geflüstert hat, es ist Rache angesagt für diese herbe Schmach. Am Tag darauf hab ich dann eine weitere Bösheit meines Lebens begangen nach der mit dem Seiler, und hab ein Säckchen Leimpulver in die Santa Rosa mitgebracht, und während die Marmeladenmaschine drehte, das Obst zu verrühren, hab ich's reingeworfen und geschaut, dass mich keiner dabei sieht, und so sind die Marmelade und der Leim schön zusammengepappt, und ich hab lachen müssen, weil ich gedacht hab, wer die Pampe dann isst, der kriegt vielleicht eine Woche lang die Lippen nicht mehr auseinander, aber irgendetwas musste die Rache ja bewirken, sonst war das ja keine Rache nicht. Am Ende bin ich davongekommen, aber es hätte leicht sein können dass sie mich ohne viel Federlesens rausschmeißen ohne zu lachen oder zu weinen wie die Leute, die auf ihren Knien über die Steine bis nach Jerusalem gepilgert sind, weil ein Arbeiter hatte mich erwischt und als ich es gemerkt habe, habe ich fast in die Hose gemacht vor Angst, ein schlechtes Ende zu nehmen, aber der ist still und stumm geblieben und am Ende der Schicht ist er zu mir gekommen und ich dachte, jetzt will er mich erpressen, aber er hat mir nur die Hand gegeben und gesagt, auch so was kann eine Art Klasse Kampf sein, und dann ist er schnell weg, kam mir fast vor er freut sich, und ich hab nicht einmal geschafft, ihm zu sagen, dass ich nicht so was im Sinn hatte, sondern nur Leimpulver das ich in die Kochmaschine getan hatte, und es war Pfirsichmarmelade, und ich wollte ihm noch sagen, sie eine Zeitlang nicht zu kaufen, dass es besser war, die anderen Marmeladen zu nehmen, sonst konnte ihm noch der Mund verkleben, und das war dann ein ziemlicher Kampf, die Lippen wieder auseinanderzukriegen. Das war also ein weiterer aufmüpfiger Streich, den ich gemacht habe, aber ob er Klasse war, da hab ich nicht mehr so viel drüber nachgedacht. Am Ende hatte ich zwar den Tag verspielt, aber ich hatte auch genug Tuung gekriegt, diesem Vorarbeiter eins auszuwischen, der ein bisschen Rassist war, wo wir Christenmenschen doch alle gleich sind, ob aus dem Süden oder Norden. Die Arbeit ging jedenfalls gut voran, und in den Taschen war an Stelle der Spinnweben auch wieder ein wenig Klimpergeld zu sehen, das bestimmt der Gesundheit nicht geschadet hat. So sprang am Samstag und Sonntag auch mal ein Kino heraus oder ein Spiel der Fußballmannschaft die Bologna hieß so wie die Stadt, und die aus Bologna meinten, es ist eine großartige Mannschaft, vor der die Welt zittert, aber das sagten nur die aus Bologna, und da glaubte ich das dann nicht so recht, dass sie die Welt zum zittern brachte, mag sein dass ich den Unglücksraben auf der Schulter trug, aber wenn ich zu einem Spiel ging, war die Mannschaft von Bologna am zittern, und sie verlor, und zum Glück hat es keiner gemerkt, sonst hätten mich die Fans ganz schön vermöbeln können, nicht als Liborio, sondern als Unglücksrabe. Wenn mir ein wenig unlustig war, und das passierte mir ab und zu und auch mit ein wenig Gebrumm im Schädel, aber es war ein leichteres tatatum, das sich aushalten ließ, dann zog ich los, auf eigene Faust, auch wenn es regnete, und ging unter lauter Lauben die lange lange Straße entlang die anstieg bis zu den Hügeln, zu einem Ort in der Höhe wo eine große Kirche stand, dass man Angst kriegen konnte vor lauter groß wie die war, und das war die Wahlfahrtskirche der Madonna, drin gab es jede Menge Bilder der Madonna mit dem kleinen Jesus und auch Bilder mit dem großen Jesus, die schaute ich mir eine lange

Weile an, und beim hinschauen kam ich auf eine Menge Gedanken durch den Kopf, und in der Erinnerung bin ich nochmal mein ganzes Leben durchgegangen von klein auf bis jetzt, mit den Desastern und den wenigen schönen Dingen, die mir widerfahren waren und den guten Menschen und den bösen Menschen die ich kennen gelernt hatte, manchmal bekam ich auch Lust, um die eine oder andere Gnade zu bitten, aber es wollte mir nichts genaues nicht einfallen, abgesehen von einem Mal, wo ich fragen wollte, ob ich mir die Teresa Giordani zurückholen konnte, aber vor allem war mir danach, nach meinem Vater zu fragen, weil diese Sache schleppte ich mit mir herum wie die Soldaten den Tornister beim Übungsmarsch und genauso schwer wog sie auch, aber weil ich nicht aus Bologna war, war ich nicht sicher, ob ich um diese Gnade bitten konnte, wo die Madonna ja selber weiß Gott wieviele Sachen sie zu denken hatte, die arme Frau, und meine Gedanken gingen ihre eigenen Wege, dass vielleicht jeder die Madonna aus dem eigenen Ort um Gnade bitten sollte, sonst verschwurbeln sich noch die Fäden und man kennt sich nicht mehr aus, weil jeder hat ja seine Probleme und auch die Madonna hat bestimmt welche gehabt bei all dem was ihr passiert war mit ihrem Sohn, den sie gekreuzigt haben wie einen Hund mit den Nägeln und den Dornen auf dem Holzkreuz. War ein schönes Abenteuer, diese Wanderung nach San Luca, wenn man dann ganz oben war, konnte man herunter schauen und man sah ganz Bologna mit all den Türmen und den Straßen und den Lichtern, wenn schon die Zeit war, die Straßenlaternen anzuzündeln, aber auch die Hügel sah man mit den Farben der Erde, die je nach Jahreszeit wechselten, mal war sie grün, mal braun, und die Blätter wurden zuerst rot und dann gelb und dann blieben nur die trockenen und schwarzen Äste und Zweige, und wenn es Schnee gab kam es einem vor wie einem Krippenspiel zuzuschauen und man hörte nichts, alles eine weiße Stille, und keine einzige Stimme war zu hören, nicht einmal der Schrei eines gerade geborenen Kindes. Von San Luca aus war eine weitere schöne Sache im Frühjahr und im Herbst den Schwalben zuzuschauen, die aus Afrika kamen oder nach dort aufbrachen, da kriegte man Lust, sie zu zählen, wie in einer Nacht ohne Wolken die Sterne, aber den Kopf zu lange nach oben zu halten, fing es an zu kribbeln und ich musste aufhören, sonst bekam ich von dem Kribbeln noch einen steifen Nacken, und dann wurden vielleicht auch noch die Marmeladen steif. Was schickes also, wie eine Art Ausflug, mehr noch wenn es regnete und frisch war und man das Wasser sah, aber ohne dabei nass zu werden, war freilich eine großartige Erfindung, sich diese Kette von Laubengängen vom Zentrum von Bologna bis nach San Luca auszudenken, eine richtig gut getroffene Erfindung, die nur die Verkäufer von Regenschirmen ärgerte. An manchen Tagen im Jahr aber, im Mai, dem Marienmonat, war der Weg ganz verstopft von den Prozessionen, und eine Menge Pilliger aus der Emilia und aus der Romagna, von der Sorte Kinder Küche Kirche watschelten dahin und trugen Statuen und die Paramente mit all den Heiligenbildern und sangen Kirchenlieder, und es war ein dauerndes Gegrüßt seist du gebenedeite Jungfrau und Bitte für uns Muttergottes, Ave Maria piena di grazia, Heilige Maria bitte für uns, ein paar Krüppel im Rollstuhl waren auch dabei und sämtliche alte Jungfern aus Bologna, mir ging das ziemlich auf den Sack, mir war es lieber wenns still war, weil ohne Stille ging dem ganzen Weg sein Reiz verloren, außerdem war keine Spur von Musikkapelle dabei, und ohne Kapelle was sollte ich da inmitten all der bigotten Jungfern, und auf der einen Seite waren die Monsignori mit ihren Wampen und dem kurzen Atem, Pater, Pfaffen und Mönchsel, und auf der anderen Seite Nonnen, Schwestern und Kirchenrutschen mit Kopftuch auf dem Schädel, alle was dahermurmelnd von Heilige Maria Muttergottes, bitt für uns Sünder jetzt und in der Stunde unseres Todes, Akt der Reue, Mea culpa vor den Latz gehauen und Amen, und dann sagen sie zu mir Knallkopf, die waren von mir aus noch viel spinniger, da hatte ich die Schnauze voll und ging den Weg in umgekehrte Richtung, sollten mich doch alle am Arsch lecken, und ich ging in die Osteria del Sole einen hinter die Binde kippen, dort konnte man sich wenigstens in eine Ecke setzen mit einem Viertel Wein und einer Limo, dabei konnte einem auch in der Schenke einer auf den Sack gehen, dann war man aber echt der Pechvogel und auch das war dann ein schwarzes Zeichen, ein kleines zwar, aber immer noch ein schwarzes Zeichen, das dir sagte, du kannst nicht sein, wie dir der Sinn steht, sondern dass ein Eiersohn um dich herum scharwenzelte wie eine Hummel. Dann gab es die Alleen, schön gerade und voller hoher Bäume an den Seiten, eine Asfaltbahn dass man hätte Rennen drauf fahren können mit Autos und Motorrädern, weil auch dort gab es die Besessenen nach Autos und Motoren, und überqueren konnte man nur, wenn die Ampel auf grün war oder auf den Zebrastreifen, aber nicht einmal dort konnte man sich ganz sicher fühlen, weil wenn einer verrückt ist nach Motoren, kann er ja nicht an die armen Menschen denken, die über die Straße müssen. Ich hab zur Sicherheit immer den weiteren Weg genommen, auch wenn das mehr Zeit brauchte, nach Hause zu kommen, aber wenigstens kam ich lebendig an, eines Morgens redeten bei der Santa Rosa alle von einem gewissen Guidone, den sie an einer Kreuzung geplättet hatten wie eine reife Feige, und wer ihn gesehen hatte, erzählte, dass er ausgesehen hat wie eine Marmelade aus rotem Obst. Dann gab es gewisse Alleen, wo die Autos im Schritttempo fuhren, in der Nähe von offenen Feuern hielten, immer leise sprachen, und auch mir gefielen diese Abschnitte von Alleen, weil dort die Liebesdamen standen, eine hübsche Parade saftiger Bordsteinschwalben, die nach dem Merlino-Gesetz, die Armen, auf der Straße stehen mussten bei Schnee und Kälte wie Maria und Josef in der Weihnachtsnacht. Mit der Arbeit die sich eins zum andern ganz gut eingependelt hatte, stellte auch ich mich alle vierzehn Tage an, die Säfte zu erneuern und das Hirn freizublasen und ein wenig die Geräusche im Kopf loszuwerden. Freilich waren die Preise ums Zehnfache gestiegen, aber wie man so schön sagt, was das Herz begehrt, dem kann man nicht widerstehen, und so bin ich mit den Signorine gegangen, aber zu Fuß, weil ein Auto war ein Luxus der für mich nicht in Frage kam, und ich unterhielt mich auch gern mit ihnen, also ihnen ein wenig was vorzuspiegeln vor dem Verkehr, außerdem waren sie mir auch sympathisch, weil sie gut drauf waren und draußen nicht zeigten, dass sie innerlich vergrämt waren, so wie ich es auch machte, draußen Fasching und drin Fastenzeit, ein Friedhof mit Blümchen, aber immer noch ein Friedhof. Wenn ich das Fester, fester, Liebes hinter mir hatte, steckte ich mir eine Kippe an und kehrte nach Hause zurück mit dem Kopf in den Wolken, und es war ein gutes Gefühl wie nach einem Fest mit der Musikkapelle, wo du benommen warst vor lauter zu nah und von unten her hören, und ein Weilchen nahm es dir die Schwere von den Gedanken. Aber die Freudenhäuser waren viel besserer, mit den Diwannen, einem Gläschen Likör, der Begleitmusik, was für eine Bequemlichkeit, und die Sauberkeit auch, aber mit diesem Merlino-Gesetz war alles vorbei, manchmal gab es auch die Möglichkeit, das richtige Fräulein zu finden, das sich die Arbeit zu Hause eingerichtet hatte, und wenn es sich ergab, zog ich es vor, weil es bequemer war, weniger schnell schnell, der nächste bitte, freilich musste man ein bisschen drauflegen, aber weil ich fast immer zum gleichen Weibchen ging, hatte sie was für mich übrig, weil ich mich gut benommen habe, ich brachte ihr auch mal ein Blümchen oder ein Glas Marmelade, weil wir Arbeiter der Santa Rosa im Magazin Rabatt bekamen, oder wir ließen das Glas einfach mitgehen, aber nicht jedes mal war ich allzu freundlich, sonst gewöhnte die sich noch dran. Aber sie war immer gut zu haben, und so ergab sich manchmal abgesehen von der üblichen schnellen Nummer auch mal ein Rührei, und für mich, auch wenn mir dabei zu lachen war, war es insgeheim, als hätte auch ich ein Zuhause, mit einer Frau, der Küchenmaschine und dem Radio, die Musikkapelle zu hören. Nur dass sie mich ab und an verarschte, nachdem wir es getan hatten und sagte Wer aufhört ist gekommen, aber ich kapierte sie nicht und fragte immer Wohin und dann lachte sie noch mehr. Manchmal wenn ich so zurückdenke, könnte ich mir in den Arsch beißen, weil vielleicht hätte ich besser getan sie zu heiraten, diese Signorina, auch wenn sie auf den Strich ging, wo ich jetzt nicht mal mehr weiß wie sie wirklich geheißen hat, wie sie gebaut war und ob ihre Frittaten genug gesalzen waren. Was mir am meistens gefallen hat war, wenn wir uns zufällig draußen begegneten, wir sind dann stehen geblieben und haben uns unterhalten wie zwei Freundschaften, und wir verabredeten uns sogar, wenn mein Geldbeutel es hergab, und sonst sagte sie Kannst du anschreiben lassen, und lachte dabei, und auch ich musste dabei lachen und kapierte nicht mal, dass sie es ernst meinte, vielleicht weil sie dachte sie ist in mich verliebt und ich dachte, ich bin in sie verliebt, und vielleicht stimmte es, ein bisschen hats mir leid getan, vielleicht wär es besser gewesen, wenn ich mir das Flittchen zur Frau genommen hätte, und auch wenn wir keine Kinder gemacht hätten, eine ordentliche Familie zu gründen hätt es auch nichts gemacht, wär gleich gewesen, wobei ein kleiner Liborio, der bolognesisch redete mit lauter sciué sciué gut gepasst hätte auf der schiefen Bahn meines Lebens, ein kleiner Liborio mit den gleichen Augen wie ich. Aber so ist es nicht gekommen, also Schluss damit, Amen. Zu den Zeiten wurde nach der Arbeit vor den Toren der Fabrik noch gequatscht, es war jedes mal wie wenn man aus dem Knast rauskommt, es gab damals schlimme Gerüchte, ein Teil des Werks in Borgo Panigale soll in die Gegend von Verona verlegt werden und etliche Marmeladerer sollten weg, entweder versetzt werden oder verschwinden, weils zu viele waren, und wie üblich war ich der erste im Überschuss, bei jedem Unheil war ich immer der erste, nie beim Lotto oder beim Toto wenn man den richtigen Tippschein hat und ausgesorgt ist bis ans Lebensende mit hundert Millionen auf der Bank, da sah auch dieser Stoffeler von Maccarone mau aus. Man hatte einfach nie seine Ruhe, gerade jetzt wo ich mich in Bologna ganz gut eingerichtet hatte, mit ein paar Freunden, ab und zu einem Fickerchen, dem Wein in der Osteria del Sole, dem Fußballspiel am Sonntag, den schönen Spaziergängen bis San Luca auch wenn es regnete und keine alten Jungfern die Lieder der Madonna verhunzten, also genau da wieder mal ein Keulenschlag hinterrücks, und wie soll einer da nicht an die schwarzen Zeichen glauben? Sich abstrampeln also und das Seil straff halten, als wär das Leben nichts andres als sich die Arme auszurenken und sich das Kreuz abzuplackern in einem Seilerladen voller grünlichem Schimmel an den Wänden dass man hätte eine Flasche Peniszilin abzapfen können. Und so bin ich wieder mal aufs Karussell aufgestiegen und zum Glück funktionierte die Gewerkschaft noch, da konnte man sich erkundigen und nebenbei sich rumhören, ob es irgendwo was gab, weil mag ja sein, dass das Wirtschaftswunder vorbei war, aber ein kitzekleines Wunderchen, ein arrangiertes meinetwegen, konnte immer nochmal kommen, wenigstens für mich, der ich's mir in echt verdient hatte, fand ich, nach all den Schlappen und den blauen Flecken, die mir sogar das Herz vernarbt hatten.

1969 … 1977

> Dies hab ich euch erzählt,
> damit ihr von mir wisst
> wie von einem unter euch.
>
> GIULIO STOCCHI, *COMPAGNO POETA*

Eines Tages brachte ein hohes Tier von meiner Gewerkschaft, das war die Metallergewerkschaft Fiom, und der mehr auf dem Kasten hatte was Arbeit betraf, eine Menge Formulare mit zum ausfüllen mit Vorname und Nachname und Lebenslauf als Arbeiter, zuerst hat mir dieser Lebenslauf ein bisschen zugesetzt, aber dann hab ich entdeckt das war nur, was ich vorher gemacht hatte, da hat sich mein Verstand gleich wieder aufgehellt. Danach hat man die Formulare zu denen gebracht, die bei der Ducati das Sagen hatten, weil auch dort waren sie alle verrückt nach Motoren und Motorrädern, auch wenn sie bei der Ducati sogar Teile für Radios herstellten, Antennen, Scheinwerfer und viele andere elektrische Sachen. Das Formular hab ich, finde ich, richtig gut ausgefüllt und ich musste nochmal meinem Lehrer Romeo Cianfarra danken der hatte mir beigebracht, genau zu schreiben und ohne die Hennenklaue und die Patzer beim schreiben, so konnte man auf meinem Formular gut lesen, abgesehen von den anderen gelegenheitlichen Jobs, ich hatte bei der Borletti gearbeitet, da ging es auch um Maschinen, und so hab ich nach zwei Wöchelchen Dauerspannung eine Einladung gekriegt zum Gespräch bei der Ducati, und weil ich beim Gespräch eine richtig gute Figur gemacht und nicht den Hitzkopf gegeben habe, haben sie mich gleich genommen, mich und ziemlich einige andere von den überschüssigen Kraftarbeitern wie ich. So hörte auch das Fingerschlecken in der Marmelade auf und ich fing wieder in einer anderen Art Fabrik an, auch wenn ich große Angst hatte, dass mir das ganze bistanclaque bistanclaque wieder in den Sinn kommt, tatan tatatan, tutum tutum, tututum, das gab für mich einen Lärm wie von Ketten, die über eine grobe Betonfläche geschliffen werden, tags und nachts, aber wenn es ums Brot geht, musst du die Angst überwinden und so hab ich's auch gemacht, allerdings hatte ich innerlich die Angst ich kann Kette über Kette noch mal durchdrehen, und ich hatte noch eine weitere Angst, nämlich dass ich ein wenig auch dazu neigte nach und nach zum Knallkopf zu werden, so wie wenn einer eine Zwiebel wieder in die Erde setzt und daraus kann auch nur ne Zwiebel werden. Aber manchmal findet auch ein blindes Huhn mal ein Korn, und unser Glück von uns Pechvögeln die wir gerade bei der Ducati Meccanica anfingen war, da gab es einen Inscheniör der musste ganz vernarrt sein in Motoren, ständig heckte er was neues aus und steckte voller Ideen, der kam aus der Gegend von meinem Freund Ermes Venturi. Der Inscheniör, Taglioni hieß er, vertat seine Zeit und sein Geld aber nicht mit Mädels sondern dachte nur an die Motoren und erfand einen nach dem andern, Schlag auf Schlag ohne eine Atempause und ohne je locker zu lassen, und so brachte er auch uns dazu, mehr zu arbeiten, die wir Arbeiter waren, und so ließ es sich mal wieder recht gut an, es fingen an, ein paar Dukaten in die Taschen zu kommen, allerdings auch einiges abzufließen für die Ausgaben, für das bisschen Vergnügen das verdammtnochmal auch mal sein musste, ein Gläschen in der Schenke, das Kino am Sonntag oder Fußball, alle vierzehn Tage ein Fickerchen zum erlösen von Kopf, Nervenkostüm und dem Triebwerk unten. Mich haben sie sofort in eine Abteilung gesteckt wo wichtige Teile hergestellt wurden wie der Gitterrahmen und die Spezialventile wo dem Inscheniör von vorhin in den Sinn kam ein großes Motorrad mit einem Hammer von Motor mit doppeltem Zilinder zu bauen, den nannten sie Riesenlümmel, das war kein Schimpfwort wo einer wie Ermes Venturi sofort was schlechtes dabei denkt. Und das ist das eine. Im übrigen verlief diese ganze neue Geschichte ruhiger als ich mir erwartete, nur ab und zu kamen mir wieder Krach und Krächelchen in den Schädel, aber ich hatte mich daran gewöhnt und machte mir keine großen Gedanken darüber, auch wenn ich ein wenig fürchtete, dieser ganze Krachsalat kann jederzeit wieder anschwellen. Meine Arbeit war nicht besonders schwer, sie gefiel mir auch, am Anfang stellten sie mich zu einem Arbeiter von der alten Schule, der mich anlernte wie was zu machen war, und er war ruhig und nett, weil auch ihm gefiel diese Arbeit, und bevor er in Rente ging, wollte er die Maschine in guten Händen wissen, wenn er gekonnt hätte, hätte er sie mit nach Hause genommen, und er sagte auch, ich bin tüchtig, sofort die Handgriffe zu lernen die ich zu machen hatte, nimm das Werkstück und leg es auf die Auflage, dann wartest du bis der Bohrer das

Loch gefräst hat und wenn das Loch durch ist wartest du noch ein bisschen, dann kommt das Gewinde dran, und das ist sauber zu machen, sonst kann der Zilinder sich ausleiern, nicht gleich mit der Hand rangehen, sonst riskierst du mindestens zwei oder drei Finger, die Eile bringt nichts, so ging das Wochen bis er mir auf die Schulter geklopft hat, er hat gesagt Frohes Schaffen Libbò, und ist gegangen ohne sich nochmal umzudrehen, aber seine Augen waren ganz nass, und kein Wort hat er mehr gesagt, als würden die Worte ihre Farbe verlieren und dann für immer ertrinken. Ich bin allein geblieben und hab alle meine wirren Gedanken gedacht und mir ins Gedächtnis gerufen was er alles gesagt hatte bis zum Frohes Schaffen Libbò, und hab weitergemacht, aber ich hab eine Weile gebraucht, mich zu gewöhnen dass er nicht mehr da war, ich wusste dass ich mich konzentrieren muss, und ich hab mich konzentriert, ich nahm das Werkstück, legte es auf die Auflage, wartete bis das Loch gebohrt war und dann das Gewinde, wartete noch ein Weilchen sonst konnte ich einen Finger riskieren, Eile bringt eh nichts, am Ende nahm ich das Stück raus und warf es in einen Korb und nahm sofort das nächste, weil die Zeiten mussten ja doch eingehalten werden. Jede Stunde schaffte ich so etwa dreißig-vierzig Stück, aber ich konnte nicht an meine Dinge denken, ich war immer bei der Sache weil man konnte sich auch richtig wehtun, der Bohrer ging durch den Stahl, da kann man sich ja vorstellen was er an einer Hand von Menschenfleisch anrichten konnte. Das einzige was mich wirklich bis in die Haarspitzen nervte war diese Sache mit der Stoppuhr, da war dieses Arschgesicht mit der langen Nase und der Hornochsbrille, mager wie ein Blumenstengel, er trug einen weißen Kittel dass er aussah wie ein Arzt im Gesundheitsamt und er stellte sich hinter dir auf wie eine Eule mit dieser Stoppuhr in der Hand und sagte andauernd Heut sind wir aber langsam lieber Bonfiglio, und das sagte er alle Tage zu jeder Uhrzeit, so dass alle Tage heute waren. Dieser Schlaubergmeier der, fand ich, nicht einmal einen Nagel einschlagen konnte oder ein *O* malen mit einem Glas, war wirklich ein Vollpfosten, er nahm bei den Schnellsten die Zeiten ab die schon Jahre da waren und ging dann den anderen auf den Wecker, die genauso viele Stück machen sollten wie die Besten, fünfzig pro Stunde, fünfzig pro Stunde, Abmahnung, Geldstrafe, er brüllte einem in die Ohren mit dieser schnarrenden Stimme, immer mit dieser Stoppuhr in der Hand, die ihm jeder am liebsten in den Arsch geschoben hätte, dabei brauchte man ihn nur schräg anzuschauen dass er sich in die Hose machte und sich verdünnisierte wie ein Wassereis. Aber er stand immer da wie ein Uhu und ging einem auf den Sack und manchmal hörte ich an Stelle der Geräusche im Kopf seine idiotische Stimme und beinahe dachte ich es ist besser die Geräusche der Maschinen zu hören als die Stimme von diesem Arschloch. Inzwischen ging es in der Welt drunter und drüber, selbst in Borgo Panigale hörte man das Echo dieser Umwälzungen die an allen Orten um sich griffen, nicht etwa nur in Mailand, in Bologna, in meiner Stadt oder in Bagnacavallo, sondern auch im Ausland, in den nahen Ländern wie Frankreich und Deutschland zum Beispiel, und weiter weg wie in Amerika und in Japan, ich wusste ja wo die liegen, weil, Gotthabihnselig, der Lehrer Romeo Cianfarra breitete jeden Tag die Landkarte aus und ließ uns mit den Augen über alle Orte der Welt fliegen, die nahen und die fernen, und da kam mir gleich Amerika in den Sinn. Auch an der Uni wo die Exkremisten am meistens das Sagen hatten, gab es eine Menge Tumult, an geraden Tagen und an ungeraden auch, die Studenten kamen sogar vor die Ducati und die anderen Fabriken in Borgo Panigale und brachten Zeitungen und Flugblätter auf denen stand wir Arbeiter müssen kämpfen LOTTA DURA SENZA PAURA, È ORA È ORA POTERE A CHI LAVORA, CHIEDETE L'IMPOSSIBILE, Alle Macht den Arbeitern, Verlangt das Unmögliche, ich las das und guckte dumm, blieb aber schön still um nicht blöd dazustehen, und dann weiter solcher Quatsch, weil sie schrien, die Arbeiter und die Studenten müssen sich jetzt zusammentun und eine Art Revolution machen, und ich verstand und verstand auch wieder nicht wie das gehen sollte, wir waren kurz und drauf, tatsächlich alles über den Haufen zu werfen, so redeten die Exkremisten, wenn du mit denen redetest sagten sie immer die Herrschenden sind wie Riesen auf tönernen Füßen, aber mir kam es überhaupt nicht so vor, und außerdem waren sie immer noch Riesen. Jedenfalls gab es ab und zu einen Streik, und um nichts falsch zu machen hatte ich mir ein ganz eigenes Plakat gebastelt, das hatte zwei Seiten, auf die eine hatte ich draufgeschrieben TARIFVERTRAG und auf die andere ARBEITERSTATUT, und wenn es einen Massenauflauf gab lief ich die ganze Streikdemo entlang als hätte ich neue Kleider. Einmal hat mir ein Arbeiter sogar gesagt Bravo Liborio, und das hat mich gefreut, weil Bravo hat man mir in meinem Leben nicht so oft gesagt, abgesehen von meinem Lehrer beim rechnen und wenn ich auswendig das Gedicht von den Schäfern aufsagte, die im September an die Küste ziehen mussten. Dieser Arbeiter hieß Giannetto Bosco, und weil er etwas zu kurz geraten war nannten ihn alle Boschetto. Er war auch ein ziemlicher Schwätzer, besonders in jenen Tagen wo eine Menge und noch was drauf geredet wurde wegen dieser Rechte der Arbeiter und dem Buum der nicht so kam wie sie es im Fernsehen und in den Zeitungen gesagt hatten, dieweil die Exkremisten sagten es ist alles eine Reinlegerei der Bosse, und alle am rufen Pesenti, Agnelli, ladri gemelli, wobei ich die gar nicht kannte, diese Diebe die auch noch Zwillinge waren. So hat dieser Giannetto, kaum hat er erfahren dass ich Metaller von der Fiom bin, mich gleich mit einem Grüppchen Freunde bekannt gemacht, ich weiß nicht ob die auch Metaller von der Fiom waren, aber ich weiß noch, die trugen komische Namen, ich hatte meinen zum Glück schon, an dem hielt ich fest und tauschte ihn nicht mit den komischen Namen der Freunde von Boschetto. Einer hieß Libero und na gut, das konnte mir, der ich Liborio hieß, noch recht sein, dann kam Lenino, noch einer hieß Bacunino und der nächste hatte einen Nachnamen als Namen, Malatesta, wo mir, wenn ich den Namen schon nur hörte, alle Geräusche der Borletti wieder den Kopf füllten, und um der Sache die Krone aufzusetzen kam noch einer daher, der hieß Palmiro, genau wie Togliatti der ja schon gestorben war, und ich dachte mir, vielleicht waren die auch noch weitreichend verwandt. So wie sie redeten kamen mir die exkremistischer vor als die von der Uni, aber ich mischte mich da nicht groß ein, man weiß ja nie wo das endet, das Gerede der Exkremisten, aber ich der ich ja in der Fabrik war und nie keinen Tag krank gefeiert habe und mir den Hintern aufgerissen hab mit all den Schrauben und Scheiben und wer weiß wozu die eigentlich gut waren, ich musste ihnen manchmal recht geben, schließlich ist ein Mensch keine Dschuhbox wo du eine Münze reinsteckst und dann singt sie, auch wenn er Fabrikarbeiter ist hat sich der Christenmensch ein wenig Achtung und auch etwas Behaglichkeit verdient, umso mehr als dort in Borgo Panigale die Motorräder nacheinander das Werk verließen und der Hof immer davon vollstand, und die Testfahrer kamen immer zufrieden von ihren Fahrten auf den Teststrecken zurück, die Motorräder fuhren wie der Teufel sagten sie, also heißt das wohl, dass es zu was nütze war, wenn wir uns acht Stunden am Tag alle Tage den Arsch aufrissen dafür. Wenn ich konnte, ging auch ich mir die Testfahrten anschauen, die Fahrer sahen aus wie Marsmenschen mit ihren schwarzen Kombis wie in den Seiensfiktschon-Filmen, nicht dass ich da so wild drauf abgefahren wäre, aber ab und zu ging ich doch hin und ließ es mir am Samstagabend oder am Sonntag gefallen. Ich schaute sie mir mit offenem Mund an, die fuhren auch schon mal zweihundert Sachen, und mein Herz schlug heftig aus Angst, wenn einer bei dieser Geschwindigkeit stürzte, konnte man ihn mit dem Teelöffel vom Asfalt kratzen, und am Ende hatte der sogar Frau und Kinder, und wer sagte es ihnen, dass der in tausend Stücke zerschmettert war, vielleicht noch mehr. Für mich war es wie Kino, ich schloss die Augen und lauschte dem Motor der eine Musik machte wie eine Blaskapelle an Feiertagen, ich sah alle Farben der Welt und träumte davon, mit einer 750 GT in meine Stadt zurückzukehren, bekleidet wie ein Marsmensch vom Mond, und ich fuhr lässig durch die Straßen und am Ende begegnete ich auch noch der Teresa Giordani, die warf bestimmt, mit diesem besessenen Maccarone an ihrer Seite, jedes Jahr einen kleinen Maccarone, fettgeworden wie ein Fass, ich schaute sie an und fuhr lachend weiter, und am Ende Das hast du davon, Dummchen, schau her was du verpasst hast. Aber in den Hallen der Ducati Motori wurde es langsam ungemütlich, vor allem wegen diesem Arsch der die Zeiten stoppte und nie zufrieden war mit der Stückzahl bei Schichtende, und tatsächlich konnte ihn auch keiner mehr sehen und ich dachte mir insgeheim, weil wenn man es laut sagte konnte es gefährlich werden, der hatte eine 1A-Vermöbelung verdient dass er nachher einen Rollstuhl brauchte wie die Sifiliten, dass er sich den Rest seines Lebens daran erinnerte, wenn er nach der Vermöbelung noch am Leben war. Danach gab es einen allgemeinen Aufruhr wegen dem Tarifvertrag und dem Arbeiterstatut, da wusste ich nicht so genau was das war, es musste aber schon eine ziemlich wichtige Sache sein für die Arbeiter wenn alle ständig über dieses Statut redeten und über die Betriebsräte, all diese Arbeiter mit den komischen Namen meinten man muss Zellen bilden um den Bossen klarzumachen dass wir es ernst meinten, und wenn sie, die Bosse, nicht ohne uns auskamen, konnten wir Arbeiter gut und gern auf sie, die Bosse, verzichten, wir wussten wie man Motorräder baut und wir brauchten nur die Testfahrer, dann konnten wir den ganzen Laden gut am Laufen halten. Der Aufruhr ging inzwischen weiter und es passierten auch schlimme Dinge, kaum hatten wir den Kampf um den Tarifvertrag und das Statut gewonnen, wo sogar die Exkremisten ziemlich zufrieden waren, da gingen auf einmal Bomben hoch, in Banken, in Zügen, auf Plätzen, und es gab eine Menge unschuldiger Toter, ne üble Sache, ein Fischen im Trüben sagten sie in der Partei und in der Gewerkschaft, und es brauche höchste Wachsamkeit Tag und Nacht, aber einige hielten die Wachsamkeit für Augenaufwischerei und sagten hinter und vor gehaltener Hand Jetzt braucht es ein Auge um Auge und Zahn um Zahn wie in den Indianerfilmen von Sitting Bull und den Bleichgesichtern der Kaubois. Das waren echt schlimme Jahre und wir mittendrin, man wusste nicht recht was tun, auch wenn ich mich da raushielt, ich redete wenig hörte aber genau zu, mein Schädel sagte mir mal das eine und mal das andere, aber all die Toten wegen der Bomben oder bei den Streiks machten mir zu schaffen, und auch die Studenten gaben ab und zu den Fisch, das heißt sie starben wie die Fische im Netz der Fischer, und die Polizei setzte noch eins drauf, die Polizei schlug mit ihren Schlagstöcken immer auf uns ein und brachte uns mit dem Tränengas zum weinen, ich hatte zwar die Zitrone dabei, aber es war trotzdem ein feuchtes Tal der Tränen, und am Ende mischten sich auch noch die Faschisten ein und gingen uns auf den Sack, wenn einer plakatieren ging für den Streik, konnte es passieren, dass er im Krankenhaus wieder aufwachte mit kaputten Knochen und einem Nasenbein im Zickzack. Der Wirtschaftsbuum war übrigens langsamer geworden, wie wenn man bei einem Motorrad runterschaltet, und Arbeit gab es nur noch schubweise, und das brachte auch unter die Arbeiter Streit, die einen wollten was bestimmtes machen und die anderen was anderes und ab und an kam es auch zu Schlägereien zwischen den Exkremisten und den Gewerkschaftern, ich blickte da nicht mehr durch und es tat mir leid, weil wie im Krieg muss man alle zusammenhalten, sonst haben sie dich an der einen Stelle, ja da haben sie dich, und die Stelle ist der Arsch, und das tut richtig weh. Statt des Wirtschaftswunders kam also der Abschwung, auch wenn wir die 750 GT bauten, ein tolles Motorrad mit Zweizilindermotor und Fiebergastank und Scheibenbremsen, wer damit umzugehen wusste konnte jedes Rennen gewinnen, aber weiß der Geier warum, die Leute kauften lieber japanische und amerikanische Motorräder, und unsere verkauften immer weniger, als wären wir Arbeiter dran schuld, also kriegten wir weniger Geld und wir waren zu viele, wir waren zu teuer und überschüssig und es wurde nur noch jeden zweiten Tag gearbeitet, zum Glück gab es Kurzarbeitergeld, sonst hätten wir wieder am Hungertuch genagt, und man erklärte uns, es ist niemand dran schuld, aber die Schwierigkeiten auf dem Weltmarkt machen uns zu schaffen, manche verstanden das und andere nicht, ich bestimmt nicht, aber die Motorräder standen immer noch auf dem Hof, vielleicht soll man sie billiger machen, dachte ich, das eine oder andere Geschenk mitgeben denen, die eins kauften von unseren Motorrädern, oder sonst den Amerikanern den Krieg erklären, weil die den Markt überschwemmten, und den Japanern auch, eventuell mit dem Hinweis auf ihre gelben Gesichter. So vergingen Monate um Monate des Durcheinanders und der Angst, jeden Tag machte man sich in die Hose weil jederzeit konnte einem Hals über Kopf ein hübscher Brief ins Haus flattern Werk geschlossen alle entlassen, und bestimmt war Liborio Bonfiglio unter den ersten die den Laufpass bekamen, weil die das Sagen hatten wussten genau, fand ich, dass ich mein Leben lang einen Riesensack von Miesgeschicken auf dem Buckel hatte, eine Pechserie die mir Schritt auf Schritt folgte, und zuweilen eilte das Pech mir voraus und wartete auf mich wie in der Geschichte wo einer vor dem Tod entkommen will und abhaut, ganz weit weg, und dann kommt er an einen Ort wo der Tod genau dort auf ihn wartet und ihm auch noch ins Gesicht lacht. Was war das dann für ein Leben, und wozu nahm einer die Beine in die Hand wenn er trotzdem scheitern musste? Aus der Zeit erinnere ich mich, ich fand Gefallen an den wilden Streiks, da hattest du wenigstens deinen Spaß, im Werk Radau zu machen, es war wirklich nicht mehr auszuhalten mit der Hetze, immer mehr Stück zu produzieren, man wusste ja nicht mal ob sie wirklich gebraucht wurden oder ob sie bei diesem Niedergang nicht irgendwo im Müll landeten oder in einem alten Brunnen wo sie auch noch das Wasser verseuchen konnten. Aber wozu dann die ganze Hetze bei der Arbeit, was stellten sie an mit den ganzen Zilindern und den Unterlegscheiben, fragte ich mich, wenn es die Krise gab und keinen Aufschwung, dann arbeiten wir doch langsamer dachte ich, trinken wir ein Gläschen, machen wir ein Schwätzchen, lachen ein bisschen, reden über Frauen, das zieht immer, geben ein bisschen an mit Bettgeschichten, rauchen eine, in meiner Stadt, wenn du keine Kippen hattest vor lauter Elend sagtest du zu einem andern Rück mal nen Stumpen rüber, Kumpel! Wozu das ganze verdammte Gehetze, schnell schnell Schrauben und Unterlegscheiben und

Gitterrahmen herstellen, wenn dann die Japaner kommen und mit ihrem Lächeln, weil die lächeln in jeder Lage und verbeugen sich sogar vor einem wie Liborio, ficken sie dich dann dort wo nie die Sonne hinkommt, und das tut weh. Wozu hinterherhetzen sagte ich, wenn der Buum vorbei war, aber wer hörte mir schon zu, und wer verstand schon, ich sagte man soll es wie bei der Arbeit auf dem Land machen, beim einbringen vom Korn oder der Ernte vom Obst, den Trauben, den Oliven, ab und zu eine kleine Pause zur Entspannung, eine Jause mit Wein und Limo, aber auch ein Nickerchen unter der Eiche tat gut, danach gings wieder ans Werk, aber sachte, ohne diese Hetze des Machens, des Rennens, des wieder Machens und wieder Rennens, wohin denn auch, wenn der Buum schwächer wurde und runterschaltete. Statt hundert und mehr 750 GT zu bauen konnte man fünfzig machen, sechzig, siebzig von mir aus, und wir waren alle zufriedener und es reichte aus, um sich Brot und Nudeln zu leisten was man am meistens brauchte, um den Tag zu überstehen und mit dem Leben zurechtzukommen. Man muss sich ja zufriedengeben, sonst kommt man auf aberwitzige Gedanken, aber nicht witzige und nicht etwa nur Liborio, weil es brodelte dort wie vor dem Ausbruch eines heftigen Aufruhrs und man musste es so machen wie ich es sagte, der letzte Trottel, das wäre richtig gewesen statt uns ohne einen wirklich guten Grund abzurackern, aber mir kam es vor als predige ich einer Wüste so wie der heilige Antonius dem Teufel. Klar kam es dann zu den wilden Streiks, die waren ja nicht so schwer zu machen, es genügte wenn einer eine Eisenstange klammheimlich in ein Zahnrad steckte, und so riss die ganze Kette auf und die kleinen Ketten auch, und es brauchte Stunden um Stunden, die ganze Apparatur wieder auf Touren zu bringen, oder man warf eine große Schraube auf einen Scheinwerfer, so gab es einen Kurzschluss und da kannst du lange nach Licht, Licht rufen, und wer Gottes Beistand will muss schon selber beten, aber auch ein bisschen Zucker ins Öl, so ein Motorrad ist ja kein Weihnachtskuchen, da fiel alles aus und man musste die verunreinigte Maschine Stück für Stück auseinandernehmen, inzwischen konntest du dich ganz gelassen auf eine Treppe setzen und warten, bis die blockierte Maschine wieder in Ordnung war, und beim warten endlich mal ein Gläschen, bisschen quatschen, bisschen lachen. Nur dieser Arsch mit der Stoppuhr ging weiter auf den Sack, na los, mach schon, er kam mir vor wie der Seiler der die kleinen Jungs hetzte die Seile straff zu spannen zu der Zeit als ich selber noch ein kleiner Junge war und mein Rücken ganz kaputt war und mir die Arme weh taten vor lauter Seile ziehen und das Rad drehen. Es lief also immer schlechter und die wilden Streiks und die operativen Zellen halfen auch nichts, ich hatte eh noch nicht verstanden wozu sie eigentlich gut waren, und darüber redeten wir jeden lieben Tag lang mit Boschetto, Lenino, Bacunino, Malatesta und Palmiro, und es war zu entscheiden was zu tun war an dem Punkt der Geschichte die mir passierte und den anderen Arbeitern der Ducati. Und so ist es mir gegangen an einem Tag, der ganz normal schien, kurz vor Weihnachten übrigens, wobei, auch wenn Weihnachten war sollten wir uns immer mehr ins Zeug legen, mehr und mehr bis zum verrecken, bis man eine Hand in der Bohrmaschine ließ oder einen Arm unter der Presse, man weiß ja wie so was läuft wenn der Deibel seine Finger im Spiel hat und seine Hörner mit draufpackt, bis einer dabei draufging. Das war ja der Hauptgrund, das ganze Los, los, los, das Schnellmachen, die ganze Hetzerei, da braucht einer sich nur falschrum zu drehen, ist kurz abgelenkt und schon hat er einen Arm weniger oder eine Hand oder fällt von einem Gerüst, kam einem ja vor wie im neunzehnten Jahrhundert als es noch Sklaven gab oder man im Akkord schuftete, wo einer um schneller zu sein und ein paar Kreuzer mehr in die Tasche zu stecken mir nix dir nix abkratzte. Es passierte ja alle Tage, in den Zeitungen und im Fernsehen zeigten sie wie viele bei Arbeitsunfällen ihr Leben ließen, sogar Straßen und Plätze wurden nach ihnen benannt, Via Caduti sul lavoro, Piazza Caduti sul lavoro, freilich eine tolle Wiedergutmachung, als wären die armen Schweine davon wieder lebendig geworden und wieder arbeiten gegangen auf den Baustellen, in den Bergwerken und in den Fabriken, und wo sie schon mal da waren, dann auch wieder zurück nach Hause, Frau und Kinder zu umarmen, alle glücklich und zufrieden, da man nun einen Platz oder eine Straße nach ihnen benannt hatte, wobei man am Ende nie wusste, wer war denn nun Schuld an ihrem Tod, man nannte es die weißen Morde oder den weißen Tod, vielleicht weil Weiß eine Farbe ist, die man nicht so gut sieht, so wie man nicht so genau sehen konnte, wer Schuld war, wenn die Leute wegen einem Stück Brot krepierten. Deswegen brauchen wir das Statut, meinte Boschetto zu mir, Lenino, Malatesta und Palmiro nickten dazu und Bacunino fand, ein paar Bomben gehörten mit ins Statut. Dabei nervte es mich ein wenig, auch in den Pausen von der

Arbeit, immerzu von der Arbeit zu reden, mir kam es so vor dass wir langsam wie die Stadtpolizisten wurden, die reden sogar in den Pausen und im Urlaub immer vom Verkehr und von Strafzetteln, da kommt man ja nie zur Ruhe, aber Boschetto sagte wir sind keine Stadtpolizisten nicht, die in ihrer weißen Uniform nichts können außer Strafzettel ausstellen, wir sind die Proletarier in den Werkstätten, das ist was ganz anderes, also hörte ich ihm zu, dabei wär ich in dem Moment lieber am Meer gewesen meine Eier ins Wasser zu hängen, aber Boschetto war nun mal Boschetto, also nervten alle mit dem Statut, das wir nun hatten, aber es war als wenn wir's nicht hätten, deswegen brauchte es die Bomben meinte Bacunino, von mir aus hätte es gereicht, einfach ein bisschen weniger Hetze zu haben bei der Arbeit, Punkt Absatz, wie in den Diktaten die ich in der Schule bei meinem Lehrer Romeo Cianfarra schreiben musste. Dann wär das auch nicht passiert an dem Vormittag wo ausgerechnet Boschetto geschrien hat wie ein Schwein am Spieß und herumlief in der Halle mit dem völlig zerquetschten Arm den er mit der andern Hand gehalten hat damit er nicht runterfällt, sonst wär er noch zersplittert wie eine Flasche aus Kristall, weil seine Maschine hatte ihn reingezogen und reingesaugt wie ein Lutschbonbon, und zum Glück hat ein anderer Arbeiter wie bei den wilden Streiks schnell eine Eisenstange ins Getriebe gesteckt, und wir alle am Schreien Es blutet es blutet und dann seinen Spitznamen rufend Boschetto Boschetto, Hilfe holen und die Fabrik verfluchend, Scheiße auf die Ducati und Scheiße auf die Welt, und Bacunino sagte dann er geht weg von der Scheißfabrik, aber vorher schlägt er bei der Ducati alle

Scheiben ein und nachts wollte er Bomben legen unter dem Hintern von Ducati & Figli, er ist dann tatsächlich gegangen und es hat ihn keiner mehr gesehen, auch wenn er keine Bomben gelegt hatte, aber ein paar Jahre später ging das Gerücht, er war noch exkremistischer geworden und in den Untergrund gegangen, er hatte ein böses Ende genommen sagten die Gerüchte, aber ich weiß nur dass ich ihn nicht mehr gesehen habe, weder ihn noch Boschetto der nach dem Arm auch noch die Arbeit verloren hat, weil der Aufschwung den Schwung verloren hatte, jetzt gab es den Abschwung, aber Boschetto hätte immer noch zwei ganze Arme gebraucht, auch wenn er arbeitslos war. Und genau an dem Tag gegen Ende der Schicht, ich war noch ganz zittrig und in Schweiß gebadet wegen der Sache mit dem Arm von Boschetto, weil wenn man sich umsah, sah man das Blut am Boden, sie wollten es wegwischen aber das ging nicht weg, und ich dachte an den Blutfleck auf der Piazza meiner Stadt während des Kriegs gegen die Deutschen, der nie wegging, nicht einmal unterm Schnee, und immer dort blieb wie eine Erinnerung die man immer gewärtig haben muss. Ich schaute gerade auf den Blutfleck von Boschetto, da kam von hinten eine blöde und schnarrende Stimme wie von einer Eule nachts auf einem Ast, die zeterte Da wird Zeit verplempert, Der Takt muss höher werden, als wären wir in einem Ballsaal an den Fräuleins rumzufingern in der Hoffnung, am Ende des Abends ergibt sich noch ein Fickerchen, und die Stimme lag mir sekkant in den Ohren, es sind mehr Stück zu produzieren sonst gibts Tritte in den Hintern und wir fliegen alle raus, Das ist hier kein Vergnügungspark, hier wird hart gearbeitet, und hier und hier und hier, du bist uns jetzt genug auf den Sack gegangen sagte einer stinkwütend wie ein Pferd dem man eine Chilischote in den Arsch geschoben hat, und ich ruhig, ich schaute auf diesen Blutfleck und es krampfte sich mir das Herz zusammen, mir Boschetto ohne den Arm vorzustellen, wo er doch auch Biliard spielte und Boccette, und wie sollte er jetzt mit nur einem Arm spielen, nicht einmal eine 48 oder eine 60 oder eine Goriziana blieb ihm, er konnte nur zugucken und sich an ein volles Filotto erinnern, an eine Garuffa, ein Traversino oder ein Bandenspiel mit Viererball. Ich blieb ruhig und gelassen wie nach einem üppigen Spanferkelessen, da fängt dieser Lakai und Arschkriecher mit seinem weißen Kittel und der Stoppuhr wieder an, sich an die Eier zu hängen und sagt gerade zu mir Tempo Tempo, also dreh ich mich um und der zetert immer weiter, sagt Vierzig, fünfzig, sechzig Stück die Stunde, als wär ich kein Mensch aus Fleisch und Blut sondern selber ein Maschinenteil, und ich überleg noch ich bin imstande einen Motor zu machen, aber ein Motor mich nicht. So bin ich auf ihn zugegangen wie um etwas zu klären, und er sagt zu mir Busone, wo ich dann nachher erfahren hab dass das Schwuchtel heißt, aber in Bologna, und dann hat er mir gesagt Du Bummelant, und da hatte er nicht ganz unrecht, und dann hat er mir gesagt er sorgt dafür dass ich rausfliege, und das ließ sich auch noch aushalten, und dann sagt er mir ich bin ein Scheißbauerntölpel aus dem Süden, aber da wollte ich ihm immer noch nichts tun, Liborio ist ein friedliches Gemüt, der hat noch nie keiner Fliege was zu leide getan, nur dass ich ihn genau in dem Moment was fragen wollte, was ich schon ne ganze Weile im Sinn hatte, wo ich manchmal auch nachts dran dachte oder wenn ich aus der Fabrik rausging, nämlich dass ich nicht wusste, wozu meine Arbeit eigentlich gut war, ne einfache Frage eigentlich, ich stellte Unterlegscheiben und Schrauben her, jeden Tag acht Stunden lang, alle Tage, alle Monate, alle Jahre seit ich bei der Ducati war, stimmt ja, dass ich davon Brot und Arbeit hatte, und auch mal einen Nuttenfick als Beilage, aber ich hatte ja auch nicht nichts getan für die Ducati, und da wollte ich wenigstens das eine mal wissen, wozu all die Teile dienten, die ich hübsch gebohrt und geölt aus der Maschine holte, und da hab ich ihn beim Kragen gepackt, aber sachte, und hab ihn ein wenig vom Fußboden hochgehoben und hab ihm ganz ruhig ein bisschen vorgerechnet, ich mache mehr oder weniger dreihundert Stück pro Tag, beinahe tausendfünfhundert in der Woche, fünftausend in einem Monat, das ergibt jedes Jahr fünfzig-sechzigtausend Stück an Unterlegscheiben, Schrauben und Zilindern, und weil ich schon mehr als acht Jahre da war hatte ich folglich fast eine halbe Million Teile hergestellt, und ich wollte mal wissen wozu die gut waren, wo die hinkamen diese Eisenteile, in ein Motorrad, in einen Traktor, verdammte Scheiße nochmal, und ab und zu sah ich in den Augenwinkeln Boschetto sein Blut das auch zu schreien schien vom Fußboden her, und alle schrien dass er es mir sagen musste was ich wissen wollte, war doch nicht schwer, ich hatte ein Recht darauf nach all den Jahren am Fließband und im Schweiß, und Boschetto ohne Arm nicht zu vergessen, auch für meinen Freund Boschetto hatte er mir das zu sagen. Derweil, um sicher zu sein mich nicht zu blamieren während ich ihm die Fragen stellte und ihm, aber nur leicht, den Hals drückte, diesem Eulenvogel, zählte ich im Geist nochmal alle Handgriffe nach die ich über acht Jahre lang getan hatte, und jeder Handgriff war ein Stück, und die Rechnung stimmte, beinah genau eine halbe Million Handgriffe und Stück, wären es Kilometer gewesen hätt ich damit bis zum Mond kommen können, hin und zurück, und ich nahm mal, zog die Summen und die Abzüge, teilte und machte noch die Nagelprobe, und die Rechnerei all der Jahre, der Tage, der Monate, all dieser Stunden, jede Stunde vierzig Handgriffe, vierzig Handgriffe und vierzig Stück, weil im Rechnen war ich gut, fragt doch meinen Lehrer Romeo Cianfarra, die Rechnung stimmte immer. Gebenedeit der Ort wo sich mein Lehrer Romeo Cianfarra befand, der mir die Mattamatik beigebracht hatte, die Zahlen hatten mir schon von klein auf gefallen und ich war gut darin, und vielleicht war ich endlich drauf und dran, beim zählen und nachzählen der Stück die ich produzierte, nach der langen Zeit die größte Zahl der Welt zu finden, und vielleicht wurde ich deswegen auch wirklich noch berühmt, und vielleicht wollte dieser Schuft mir genau deswegen nicht die genaue Antwort sagen. Der aber, statt mir Komplimente zu machen wegen meiner auf den Millimeter richtigen Rechnung, schreit auch noch Meldung Meldung, er sorgt für meine Entlassung sagte er, und dann Busone, Scheißsüdländer, Gauner, und ich dachte mir, da kommt gleich ein weiteres schwarzes Zeichen in meinem Leben, aber ein richtig großes schwarzes Zeichen wo ich nicht wusste wie ich diesmal damit klarkommen sollte, und je mehr er schrie desto mehr drückte ich zu und da schrie auch ich ihm ins Gesicht, diesem Arschloch das mir nicht sagen wollte was die mit meiner Arbeit machten und wo verdammtnochmal diese ganzen Eisenteile landeten die mir noch nachts im Traum erschienen, du musst mir das sagen angesichts des Bluts von Boschetto, ich muss das wissen, hätte er's mir gesagt wäre nichts passiert von dem was nachher passiert ist. Als er dann angefangen hat zu lachen und mir gesagt hat ich bin verrückt, da ist mir ganz schummrig geworden vor Augen und ich hab ihn zu Boden gebracht wie wenn Straßenjungen miteinander streiten, und ich hab angefangen ihn pausenlos mit den Fäusten zu traktieren überallhin, da lachte er nicht mehr, und ich weiter am Schreien er muss es mir sagen, für mich und für Boschetto, was sie mit dem Schweiß meiner Arbeit machten, eine halbe Million Stück, nicht etwa hundert oder tausend, eine halbe Million die ich spürte als hätten sie mir etwas von meinem Leben gestohlen. Die Hände taten mir weh von den Faustschlägen, weil ab und zu erwischte ich ihn nicht und traf den Boden, aber ich hörte nicht auf, weil er gab mir keine Antwort, und je mehr er keine Antwort gab, desto mehr hörte ich nicht auf, und die Fäuste gingen hoch und runter, und es war wie eine Rache die ich schon seit langer Zeit vorhatte wegen all der Sachen die mir von klein auf passiert waren bis zu diesem Tag, und er hatte nun dafür zu büßen für das alte und das neue. Ich weiß nicht wie lange das Gemetzel gedauert hat, es sah tatsächlich wie eine Schlachtung aus mit all dem Blut das wie aus einem Brunnen herausquoll, und mein Kopf war hin- und hergeschüttelt von dem tausendfachen Lärm, bistanclaque bistanclaque, tata tatan tatatan, tutum tutum, tututum, du musst es mir sagen, du musst es mir sagen, schrie ich, und auch die anderen Arbeiter schrien Hör auf Liborio du bringst ihn noch um, aber ich nichts, bis es mir dunkel wurde von einem Schlag auf den Kopf, am Ende war es besser so, sonst hätt ich ihn tatsächlich noch umgebracht, den miesen Hundsfott. Bevor ich in Ohnmacht gefallen bin hab ich die Sirenen des Krankenwagens gehört, zwei sogar, einer für mich und einer für den Zeitnehmer. Die Nervenkrise verging mir erst in der Sicherheitszelle der Polizei, zwei Schritte vom größten Platz von Bologna entfernt, ich hatte mich dann beruhigt und dachte, in ein paar Tagen ist eh Weihnachten und da wird Frieden geschlossen und die Sache renkt sich wieder ein, und was können zwei Faustschläge schon anrichten, wie man so sagt Ein paar hinter die Ohren und der Mensch ist wie neugeboren, auch wenn es die Schläge hier nicht nur hinter die Ohren sondern in die Fresse gegeben hatte. Aber die Qualen hatten erst angefangen, in einem engen Zimmerchen voller Rauch wo man nichts sehen konnte, auch nicht mit den wüstesten Flüchen auf die Madonna, ich saß wie ein Affe im Käfig, nur eine Lampe mitten ins Gesicht und ein kleiner Kerl mit Schnurrbart und stinkender Zigarre fragte mich immer wieder die selben Sachen, und ich gab ihm immer die selben Antworten, der fing dann wieder von vorn an und ich dachte mir der versteht nicht recht und hat vielleicht ein paar Schrauben locker, ein paar Unterlegscheiben hätte er gut gebrauchen können, damit er endlich kapierte, aber so war es passiert, der Arm von Boschetto, meine Nervenkrise, und obendrein noch die Sache mit der halben Million Stück und der Kerl der mir Busone sagte, Scheißsüditaliener, und er lachte auch noch und gab mir keine Antwort, was sollte ich da tun, ich konnte nur tun was ich getan habe, und ich fand das alles in Ordnung. Der Kerl, der einen Meter und einen Fingerhut groß war, Kommissar Marsilio nebenbei, und seiner Aussprache nach kam er aus Süditalien, der war gewiss geduldig und versuchte mir zu verstehen zu geben dass ich in einem großen Schlamassel steckte, da brauchte es einen guten Anwalt, der Kerl den ich vermöbelt hatte war drauf und dran das Zeitliche zu segnen und ins Haus des Herrn zurückzukehren, und schon ratterte er die Liste der Sachen runter die ich alle angestellt hatte, das mehrfach gebrochene Nasenbein, ein gebrochener Arm, eine Gehirnschüttelung, die Milz war angeschlagen und das linke Auge war übel zugerichtet, weil das Glas der Brille rein war und es vielleicht nicht mehr zu retten war, das Auge, so als hätte ihn ein Güterzug überfahren, und dann in den Operationssaal, Intensivstation, die Chefs der Fabrik wollten ein klares Exempel setzen, schon gar nach all den wilden Streiks die sie auf die Palme gebracht hatten, und zwar ziemlich weit nach oben. So haben sie mich am nächsten Morgen in den Knast gebracht, wo ich doch nie keiner Fliege was zu leide getan hatte, gutmütig wie ich war, ich konnte es nicht glauben, ich dachte wirklich es ist alles ein Witz oder ein böser Traum, den einer macht wenn er sich den Bauch vollgeschlagen hat wie ein Schwein, aber es war alles wahr, alles ein schwarzes Zeichen, und so habe ich von Borgo Panigale meinen Wohnort gewechselt, mit einem Gefangenentransporter haben sie mich in die Dozza gebracht, so hieß die Strafanstalt, also der Knast. Und es war auch eine Strafe, durch das Eisentor zu gehen, das mit einem üblen Geräusch hinter einem zufiel, damit klar war, das ist hier kein Spektakel, und eisernen Lärm machten auch die Türen der Zellen und die Wärter die einen harten und schwarzen Stock durchschoben um dich morgens zu wecken, so hatte ich noch weitere Geräusche im Schädel und ich meinte beinah wirklich durchzudrehen, das war wirklich ein schlimmes Ende nach all den Jahren die gewiss nicht gerade glücklich gewesen waren, inzwischen hoffte ich, dass es das Paradeis nicht gibt wie die Pfaffen sagen, sonst hätte ich meiner Mutter und dem Nonno, dem Lehrer Romeo Cianfarra und wer mich noch kannte weiß Gott welchen Kummer gemacht wenn sie mich von dort oben gesehen hätten, allein wie ein Hund in der Knastzelle der Dozza. Weil, da alle mich für verrückt hielten, hatten sie mich in die isolierteste Einzellzelle gesteckt aus Angst ich kann jemand beißen mit der Tollwut die ich drin hatte, dabei fühlte ich mich ruhig und brav wie wenn ich eine Arbeit fachrichtig erledigt hatte, was einem persönlich erst mal genug Tuung gab, auch wenn die andern das nicht so besonders merkten. Und übrigens, wenn man nicht allzu viel Zeit im Knast zubringt ist es nicht mal das allerschlimmste, weil das Essen ging so, und wenn ich zum Hofgang rauskam fühlte ich mich wie wenn ich nach der Arbeit aus der Fabrik kam, und auch wenn ich isoliert war machte mir das nicht so viel aus, ich war sowieso fast immer allein, vielleicht gingen deswegen die Gedanken ihre eigenen Wege und nachts träumte ich eine Menge Sachen, auch schöne die ich wach gern machen wollte, und komischerweise träumte ich im Knast noch mehr schöne Sachen. Zu Fasching, das war damals Anfang März, sagte man mir, der Prozess steht an und ich brauche einen Anwalt, aber ich hatte kein Geld dafür, da wollten die aus der Fabrik sammeln, aber ich wollte lieber nicht, mit dem Geld konnten sie Transparente machen für die Streiks und die Busse zahlen wenn es eine große Demo in Rom oder in Mailand gab, nicht etwa in Bagnacavallo, ein Flichtverteidiger reichte für mich aus, meinetwegen auch ein Winkeladvokat, ich hatte eh nichts zu verbergen. Zum Gericht in Bologna am Tag vom Prozess kamen nicht nur die engsten Freunde aus der Fabrik, auch Boschetto war da mit einem Stumpf, er sah aus wie eine Figur aus dem Buch *Cuore*, das Buch *Cuore* hatte ich immer mit, auch im Knast, und ich hab so oft drin gelesen dass ich es fast schon in- und auswendig kannte, so sehr hing ich an dem Buch, das hatte mir mein Lehrer geschenkt als ich klein war und ich gern in die Schule ging, und auch die Exkremisten von der Uni waren da und riefen Freiheit für Liborio, ich hätt ja nicht gedacht, dass ich so berühmt geworden war nur wegen dieser Schlägerei auf der Arbeit. Auch dem Richter hab ich die Sache mit dem Buch *Cuore* gesagt, aber er hat mir barsch geantwortet das ist für den Prozess ohne Belang, aber für mich war das auf alle Fälle mit Belang wenn einer die ganze Geschichte richtig verstehen wollte. Ich fand es langweilig im Prozess, weil alle stellten mir die selben Fragen und ich gab immer die selben Antworten, wenn ich von den schwarzen Zeichen erzählen wollte die mir auf Schritt und Tritt folgten, verstanden die mich nicht und ließen mich nicht mehr zu Wort kommen, die Fakten sagten sie, nur die Fakten, als ob die schwarzen Zeichen keine Fakten gewesen wären, üble Fakten sogar, der Winkeladvokat blätterte derweil in der Zeitung und ab und zu gähnte er mit weit aufgerissenem Mund wie ein Ochse der Langeweile hat. Was willst du dann noch sagen, du hast nur dieses eine Mal auf einen Kerl eingedroschen, und ich war auch ganz ehrlich gewesen als der Richter mich gefragt hat ob ich es bereue und ob ich es hätte wieder tun können, was ich der Eule angetan hatte, und ich hab sofort ja gesagt, das heißt ich habs nicht bereut und Gottvater der in den Wolken sitzt kann ja nicht alles allein machen, also lässt er Dinge geschehen, damit die Gerechtigkeit sich durchsetzt, und wenn einer was richtiges machen muss, dann muss er es machen und basta, weil was getan ist ist getan, genau wie der Arm von Boschetto oder die Sifilis von Ermes Venturi, aber der Richter hat die Augen verdreht, weil von dieser Sifilis wusste er nichts und keiner hatte ihm davon was gesagt, und ich dachte wie kann der Mensch Richter sein wenn er von der Sifilis von Venturi nichts weiß, von mir aus gehörte auch das zum Prozess, wenn einer imstande ist, die Dinge miteinander ins Verhältnis zu setzen. Ich hielt den Kopf zwischen den Händen und schaute auf den Boden oder an die Decke, die war wie ein bewölkter Himmel, vor mir stand in großen Lettern eine Schrift und ich las:

VOR DEM GESETZ SIND ALLE GLEICH

Und ich las und wartete dass das Theater vorbei ist, es endete ein paar Wochen später mit dem Richter, der las die Sachen im Namen des italienischen Volkes, ne Menge Zeugs, Zahlen, Dinge die zu zahlen waren, mir war zu lachen wegen des blanken Elends und des blauen Himmels, ich war ja nun nicht mal mehr Überschuss sondern einfach nur entlassen und basta, und ich dachte wer wird denn jetzt die Schrauben und die Unterlegscheiben machen, nicht lang hin, dann würde der neue fast eine halbe Million herstellen, ach was, der würde totalen Schiffbruch erleiden und krachend scheitern. Der Richter war, fand ich, auch ganz nett, weil er schickte mich nicht in den Knast zurück, man hatte mich eine geistige Visite machen lassen bei ein paar Doktoren, die hatten mir die selben Fragen gestellt wie die anderen Male, als hätten sie sich mit dem Richter und dem Kommissar Marsilio abgesprochen, der einen Meter und einen Fingerhut groß war mit der ekligen Zigarre die die ganze Luft verpestete. Auf einmal, ohne jede Klärung, hatten sie mir schwarze Flecken auf einem Blatt gezeigt, und fragten mich was ist das, und ich sagte Was sind das nur für Pfeifenheinis, weil es waren schwarze Flecken, was brauchte es schon, die richtige Antwort zu geben, mir kam das komisch vor, wenn einer alles was geschehen war der Reihe nach erzählte ohne sich mit einem Komma zu vertun, und herausfand dass diese schwarzen Flecken schwarze Flecken waren und sonst nichts, da sagten sie ihm trotzdem, er sei nicht ganz bei Verstand, dann hab ich ihnen alles erzählt, diesen supergescheiten Doktoren die, fand ich, nicht einmal imstande waren eine Spritze zu setzen, in den Muskel oder in Travenös, ich sagte ihnen in einfachen Worten von der Borletti und von Bagnacavallo, von all den schwarzen Zeichen, angefangen bei meinem Vater, von dem ich die gleichen Augen hatte, aber die hatte ich noch nie gesehen die Augen von meinem Vater, also konnte ich auch nicht sicher wissen ob sie wirklich die gleichen waren, von der Arbeit beim Seiler und beim Barbierladen, von den Deutschen und den toten Jungen in meiner Stadt während des Kriegs im Oktober, von den Huren und der Sifilis, die ich nicht gekriegt hatte und von dem tutum, tututum, das nicht mehr aus meinem Kopf verschwinden wollte, mein armer Kopf. Nebenbei, beim rausgehen aus dem Gericht, sie hatten mir übrigens Handschellen angelegt und das hatte mich bekümmert, schließlich hatte ich nie den Fliegen die Flügel ausgerissen oder Ameisenlöcher ausgebrannt, niemals, da hab ich den Stoppuhrenvogel gesehen der mich anschaute, mit nur einem Auge allerdings, das andere war verbunden, und er sah aus wie ein Pirat, der Schwarze Korsar, ich wollte ihm Entschuldigung sagen, aber kaum hab ich ihn in den Blick genommen hat er's mit der Angst gekriegt und sich verdünnisiert, also bin ich die Treppe runter und raus ins Freie, dort haben sie mich in eine Wanne gesteckt mit einem Carabinieri der mir sagte, bleib ruhig, ich war ja ruhig und gelassen, die meinten vielleicht alle, ich könnte mich austoben an den Nasen und den Augen von anderen, aber ich wollte nur schlafen und nicht mehr dieses tututum hören, nur diesen einen Wunsch hatte ich im Herzen abgesehen von der stinkigen Erinnerung an die Teresa Giordani, aber die hatte sich inzwischen unter der Haut festgesetzt wie ein blauer Fleck der nicht verschwinden wollte, durch die Luke der Wanne schaute ich mit gefesselten und schmerzenden Handgelenken hinaus und sah dass die Exkremisten nicht mehr da waren, kein Mensch rief Freiheit für Liborio, nur Boschetto war da, noch etwas gedrungener in der Gestalt, der sich ganz betrübt verabschiedete mit seinem halben Arm der mir in der Luft vorkam wie der abgebrochene Ast eines Olivenbaums mit den Venen, durch die jetzt kein Blut mehr floss und der abgestorben war, vielleicht schämte er sich, also drehte er sich um zur Treppe, mit hängenden Schultern als würde ein Riesenstein drauf lasten, und er ging woanders hin auf demselben Weg wie früher, womöglich ging er sich einen ansaufen, aber was Besseres, in der Schenke, um die Erinnerung an das Desaster zu ersäufen, aber so was kriegst du nicht mal mit hundert geschliffenen Nägeln aus der Erinnerung raus, ich wusste das, wo ich doch ein Leben lang den Weg von Borgo Panigale zur Ducati und zurück gelaufen war, und letztendlich wusste ich immer noch nicht, auch nicht nach dem Prozess den man mir gemacht hatte, wo die Teile alle landeten die ich herstellte, dreihundert Stück am Tag in etwa, fast fünfzehnhundert die Woche, fünftausend im Monat, das machte fünfzig bis sechzigtausend Stück pro Jahr, und da ich seit über acht Jahren dort gewesen war, hieß das ich hatte beinah eine halbe Million Teile produziert, und die machten was sie wollten ohne mir je was zu sagen, nicht mal aus Versehen, selbst wenn sie mir eine Lüge aufgetischt hätten, wär ich schon zufrieden gewesen, und stattdessen nicht einmal ein tröstendes Wort, und auch diese Ignoranz war eine Art Malöhr. Ich wollte ja nur diese Zahl wissen, und vielleicht war das die größte Zahl der ganzen Welt, nach der ich seit meiner Schulzeit mit dem Lehrer Romeo Cianfarra suchte, der mich auslachte wegen dieser Zahlensuche, aber für mich war es eine ernste Sache die ein ganzes Leben wert war, wie ein Radiergummi der in einem Mal alle schwarzen Zeichen meiner Tage auslöschte, wie ein Traum wo du morgens früh aufstehst und alles war wie du's in der Nacht geträumt hattest. Aber von wegen, wie du es auch drehst und wendest, so wie es schon Boschetto ergangen war nach dem abgetrennten Arm, haben sie auch mich völlig außer Acht gelassen, als ob auch ich kein ganzer Mensch mehr gewesen wär sondern nur noch ein halb zerquetschter Arm und basta.

1977 … 1985

Nie fand ich Worte für das, was mich bewegte,
Und das Dorf hielt mich für verrückt.
Doch zu Beginn war es ein klares Bild,
Ein hoher Vorsatz, der mich leitete.

EDGAR L. MASTERS, *DIE TOTEN VON SPOON RIVER*

Zur Dozza war ich zurückgekehrt, aber nur für einen kurzen Abstecher, wie wenn einer Fliegen fängt, nur so, um ein paar Papiere und ein paar Sachen von mir zu holen, und da es nicht viel war hatte alles in einer Schachtel Platz, und ich wunderte mich dass sie noch da waren, bei all den Dieben, die dort Tag und Nacht herumlungerten, und alle verabschiedeten sich von mir und ich erwiderte jeden Gruß. Ich dachte, am Ende sind auch Knastbrüder gute Menschen, man muss sich gern haben in der Welt die wir als Lebende bevölkern, wenn wir tot sind, sieht man was passiert nur noch von der andern Welt aus, wenn es sie denn gibt. Ein Wärter schenkte mir ein Päckchen MS, ein gutes, mit Filter, und ich freute mich über all dieses Grüßen zu mir herüber, vielleicht hatten mich die von der Dozza, einschließlich der gewöhnlichen Gauner und der Mörder mit Lebenslang, besser verstanden als der Richter und die hohen Doktoren, dass ich gut war wie Brot und nie Steine auf Hunde geworfen hatte, nicht einmal auf die bösen, die mich beißen wollten als ich klein war in meiner Stadt die nach dem Krieg voller streunender und wilder Hunde war. Man hatte mich also für einen Knallkopf gehalten, den man besser in ein psikiatrisches Krankenhaus steckt, eine Heilanstalt, ein Asyl, so was halt, der Knast konnte mir nichts gutes tun und für mich war es auch besser, und so hat man mich, wieder in einem Gefangenentransporter, aber diesmal ohne Handschellen, an einen Ort in der Nähe von Bologna gebracht, einen weiblichen Ort, er hieß Imola, und dort gab es eine Klinik für die Irren, allerdings fühlte ich mich gar nicht so und dachte bereits, ich muss mal mit dem Direktor reden und ihm die Lage erklären, weil der Richter und die Doktoren hatten nichts kapiert, eine halbe Million Teile in beinah neun Jahren, wenn dich einer fragt wozu die gebraucht werden, musst du es ihm sagen, sonst können einem die Nerven durchgehen, und zusammen mit dem vom Arm ausgelaufenen Blut von Boschetto kann das einen zum ausrasten bringen und lässt tatsächlich noch eine Welt zusammenbrechen in deinem Kopf drin und draußen auch, mit diesen Geräuschen die es sich unter meinen Haaren häuslich eingerichtet hatten, eine verstimmte Kapelle voller Falschspieler die nur so taten als würden sie spielen um nach dem Fest des Schutzheiligen einen Teller Gnocchi mit Soße abstauben zu können. Die Klinik war sogar von der Provinz, das hab ich am Eingang gelesen als ich angekommen bin, und wer hätte schon für einen armen Schlucker wie mich eine Provinzklinik erwartet, was ja immerhin hieß, besser zu sein als ein Gemeindekrankenhaus, dachte ich, und das hab ich auch geglaubt, als wär ich eine Art Märchenprinz unter all denen die sie Geisteskranke nannten. So haben sie mich auf

Kur in diese Klinik geschickt, auch wenn ich gar nicht krank war, aber ich war es leid, es den ganzen Dödeln zu erklären die einfach nicht kapierten. Die Klinik war also provinziell und hieß früher mal Luigi Lolli, was wohl eine Art Erforscher der Geisteskranken gewesen sein muss, und sie hat mir gleich einen guten Eindruck gemacht. Zu allererst war sie großzügig angelegt, hübsche neue oder renovierte Gebäude, weil es gab sie schon seit ein paar hundert Jahren, diese Klinik Luigi Lolli, vorher war sie eine noch ältere Ansiedlung gewesen, und dahinter lag eine Menge bestelltes Land mit Gärten und Obstwiesen, das Gemüse konnte man essen und es waren lauter natürliche Anpflanzungen ohne das chemische Zeugs drauf, wenn einer Lust zu arbeiten hatte konnte er sogar den Beruf des Gärtners lernen, das ist ja nichts schlechtes, und da ich schon auf den Feldern von Bagnacavallo gearbeitet hatte, hab ich gleich daran gedacht, wenigstens solange ich zur Kur in dieser Klinik bleiben musste, wobei ich ja gar nicht krank war, aber am Anfang konnten die das nicht wissen, also machen sie Untersuchungen, sie zeigen dir wieder die Flecken, und es sind immer noch Flecken, immer die gleichen Fragen stellen sie und du erzählst immer die übliche Geschichte, wo du irgendwann nicht mehr weißt ob das deine Geschichte ist oder die Geschichte von einem andern der sie dir erzählt hat, oder von der ganzen Welt des Universums. Deswegen sind die Pfleger und die Ärzte sehr auf der Hut, und es braucht einfach seine Zeit um rauszukriegen ob einer irr ist, halb irr, bei Verstand oder bei halbem Verstand, aber ich machte mir keine großen Sorgen nach den vielen Jahren in der Fabrik, die Fabriken sind ja auch irgendwie Irrenanstalten und es kann passieren dass sich einem der Kopf verhakt, so wie das mit einem Motor passieren kann wenn du nicht das richtige Schmiermittel reingibst, und dann riskierst du ihn. Nur, einen Motor kannst du reparieren oder nachkaufen, den Kopf nicht, mit dem Kopf musst du klarkommen, und wenn er sich verhakt kann alles passieren, auch eine Verschlimmerung oder dass einer aus dem Fenster springt oder dass er sich für Garibaldi hält, oder du bleibst schön still und pflegst ein Beet, wenn sie dich lassen, nachdem sie dich ein bisschen besser kennengelernt haben. Die Leute dort in der Klinik sind wie zum Beispiel ein Buch, mit dem Umschlag, den Seiten, den Wörtern mit den Verben zwischendrin und dann den Punkten und den Kommas und auf der letzten Seite steht das Wort ENDE, und das heißt es geschieht danach nichts mehr. So ist es auch im Irrenhaus, das ist wie ein großes Regal, aber an Stelle der Bücher sind da die Irren, alle schön der Reihe nach aufgestellt in den Schlafsälen wie die Bücher im Regal, die kann einer rausnehmen, Seite um Seite lesen, zurückblättern, vorblättern, ab und zu guckt er sich den Titel auf dem Umschlag an, manchmal reißt er eine Seite raus die ihm nicht gefällt oder die er nicht braucht, dann kann er eine Zusammenfassung machen wie zu Schulzeiten, dass er das Wichtigste behält, und es kann lustigere oder traurigere Seiten geben wie beim Buch *Cuore*, und der das alles macht mit dem Lesen der irren Bücher ist eine Art Hirnforscher. Mein Hirnforscher war Dottor Alvise Mattolini, mit ihm hab ich mein Abenteuer im Irrenhaus angefangen und mit ihm hab ich es auch aufgehört, anfangs musste ich lachen, als ich seinen Namen zum ersten Mal gehört hab, er hat mich gefragt warum, und ich hab ihm gesagt an diesem Ort der wie eine Stadt der Irren war, der matti, hatte es seine Richtigkeit wenn der Bürgermeister Mattolini hieß, da hat er selber auch gelacht und hat gesagt Du bist ja gar nicht ganz aus dem Häuschen, und da dachte ich mir, wer drin ist im Häuschen glaubt die andern Irren sind draußen, und wer draußen ist glaubt das Gegenteil, aber das wusste ich vorher noch nicht. So hab ich ihm mein ganzes Leben erzählt seit ich geboren bin wo es noch kein Licht gab bis zu dem Gemetzel, was ich bei der Ducati gemacht hatte, und nichts hab ich ausgelassen, aber nicht alles auf einmal, das Krankenhaus ist ne wissenschaftliche Sache, es gab feste Tage und genaue Uhrzeiten wo wir uns in seinem Sprechzimmer trafen, von da konnte man die Gemüsegärten sehen, und die Treffen hießen Sitzungen, auch wenn ich oft am Fenster stand und redete, mir gefiel die Fläche mit den Bäumen und Feldern voller Gemüse und Obst mit den Wasserrinnen die zwischendurch liefen zur Bewässerung der Anlagen, sonst wäre alles vertrocknet und man hätte nur Abfall geerntet. Am Ende waren wir beinah ein wenig Freunde geworden, und gemerkt hab ich es das eine Mal, wo er mir gesagt hat, ich muss mindestens fünf Jahre in der Klinik bleiben, und dabei hat er ein betrübtes Gesicht gezogen, aber wenn ich so nachdachte, ich wusste ja gar nicht mehr wohin ich gehen sollte, da dachte ich mir dass ich es gar nicht so schlecht fand, wenn ich mindestens fünf Jahre dort bleiben sollte, ich musste mich nur dran gewöhnen, wie bei der Borletti, wie beim Militär, wie bei der Ducati oder in Bagnacavallo, der Ort war eigentlich egal für einen Habenichts wie mich ohne Habe und ohne Gabe, auch wenn ich mir so ansah was es da so zu sehen gab an diesem ziemlich irren Ort, nur die Nutten konnten mir abgehen, aber wer weiß, wenn der Teufel seine Finger ins Spiel bringt und seinen Schwanz dazu, vielleicht ergab sich auch im Krankenhaus mal ein Fick, konnte ja passieren, mir nix dir nix, eine hübsche Spinnerei. Wie ich mich erinnere war die Irrenanstalt eine richtige Stadt, in der gab es alles und Leute aller Arten, man brauchte keine Angst zu haben vor diesen Menschen, die waren nur ein bisschen komisch, manche brachten einen sogar zum lachen wenn man sie richtig zu nehmen wusste, die gefährlichen waren im Bereich der Geschlossenen und wir Halbirren konnten gar nicht mit ihnen zusammenkommen, nicht mal aus Versehen, man sah sie manchmal von weitem, aber nur die Augen, die Haare standen ihnen zu Berge wie rohe Spaghetti, die Münder waren zahnlos, da konnte man schon verstehen warum sie einem Angst machten und in der Geschlossenen gefesselt wurden, und zwischen uns normal Irren und ihnen den spezial Irren war auch noch ein ganz hoher Zaun, den konnte nicht einmal einer wie dieser Russe Waleri Brummel überspringen der die Olimpiade gewonnen hatte. Wenn ich nicht damit beschäftigt war Mattolini meine Sachen zu erzählen, streifte ich durch die Gärten und setzte mich auf eine Bank, schaute mir die Leute an und redete mit ihnen, weil ich neugierig war und dachte, was sie mir erzählten konnte auch mir helfen, meine eigenen Sachen zu verstehen, es war als würde ich selber den Dottor Mattolini geben, der mich von seinem Fenster aus beobachtete ohne sich zu zeigen, ich sah ihn, wie er mich ansah, aber ich tat als würde ich ihn nicht sehen und dachte in mich hinein, da hat er aber noch einiges aufzuholen, der Dottor Alvise Mattolini, um auf mein Niveau zu kommen, beim verabschieden nach den Sitzungen, die wir aber auch im stehen machen konnten, sagte er mir immer mit einem schrägen Lächeln Na der ist ja gar nicht so daneben dieser Liborio Bonfiglio, grobe Schuhe und feiner Verstand, wie die Lümmel vom Land, aber diese Sache mit der Lümmelei dachte ich mir nur, er hat nie was gesagt über die Lümmel voller Verstand, und auch nicht ich zu ihm. Für mich wurde das Irrenhaus langsam zu einem Varietétheater oder einem Kino, und die Dinge die geschahen kamen mir wirklich vor wie die Geschichten aus einem Film, aber nicht weil da welche mit einem Nudelsieb auf dem Kopf rumliefen und sich für Napoleon hielten oder Garibaldi oder Mussolini oder diese Krücke von König Säbelchen. In den Gärten und auf den Fluren des Krankenhauses sah man normale Menschen wie du und ich, als wär man in der Stadt unterwegs, nur dass da rundrum eine hohe Mauer war mit Stacheldraht, aber nicht so doppelt, und einem großen tonnenschweren Tor ganz aus Eisen, ansonsten war alles andere fast gleich wie in einer Stadt von normalen Menschen. Die Monate vergingen und ich lernte viel vom Leben der anderen kennen und merkte dass die schwarzen Zeichen an vielen Orten auftauchten und in viele Häuser Eingang fanden, jedes Haus hatte seine eigenen und meine waren am Ende auch nicht schlimmer als die der anderen, und weil alle Insassen aus der Provinz Bologna stammten kam mir in den Sinn dass diese Gegend besonders betroffen sein musste von den schwarzen Zeichen, die hier überall wüteten, weit und breit, unten und oben und an den

Seiten auch. Da war zum Beispiel ein gewisser Petruccio, ein komischer Kauz, der immer grinste, im Schädel und in der Gestalt schon ziemlich schlecht beinander, wie ein Unkraut das sich einschleicht und dann kriegst du es nicht mehr weg, auch nicht wenn du's verbrennst und Kerosin drüber schüttest. Auf Petruccio musste man achtgeben, er war wie eine Verknotung aus Knochen und Nerven, er erzählte mir alle Bittfüruns, er war ein Leben lang verprügelt worden vom Vater, der sich alle paar Tage mit Wein volllaufen ließ und die andern Tage auch, und als der Vater mal stockbesoffen war, hatte er sich ein Herz gefasst und hatte ihn im Stall mit Seilen festgebunden und ihm einen Lappen in den Mund gesteckt dass er nicht um Hilfe rufen konnte, und dann war er von zu Hause weggegangen und hatte vorher noch der Mutter Rattengift in die Suppe geschüttet, und als sie ihn fassten war er schon seit mehreren Wochen Vollwaise, und seitdem lachte er eben wie ein Irrer ohne Grund, und es hatte ihm überhaupt nicht leid getan was er getan hatte, und dann sagte er, Wein könne er nicht mal riechen, er war Abstinenzler und hatte eine Höllenangst, wenn er einen Rausch vom Wein bekäme kann ihm das gleiche passieren was seinem Vater passiert war, und auf die Sache mit dem Ehre Vater und Mutter konnte er sich mit beiden Händen einen runterholen. Jedes mal wenn er diese Geschichte erzählte bekam er einen ganz bedrohlichen Blick wie eine Katze, und dann ging er höhnisch lachend weg mit seinen mageren Schultern die sich vor lauter Lachen schüttelten, auch wenn es mir zuweilen vorkam er weinte, wenn er dran dachte wie er sich wegen einer kopflosen Tat das Leben ruiniert hatte, und wenn es dieses kopflose Handeln nicht geben würde im Leben, genau so wie es auch mir passiert war bei der Ducati, dann gäbe es keine Irrenanstalten auf der Erde der ganzen menschlichen Welt. Und das war einer. Noch so eine Type die ich dir nur empfehlen kann, war Vladimiro, noch so ein Querkopf der nie redete, aber die andern wussten bescheid, er hatte eine ganze Wagenladung voller Schweinereien gemacht als er auf einem abgelegenen Hof auf dem Land lebte und Kühe und Schweine hütete, und ein Schwein war er selber gewesen mit seiner jüngeren Schwester, er hatte eine Menge Zeit mit ihr Blutschande getrieben, und die Arme die im Kopf auch nicht ganz gescheit war, hatte aus Angst keinem was gesagt, bis sie plötzlich schwanger war, und dann war die Hölle los, alle Verwandten sind mit Mistgabeln hinter ihm her, und als sie ihn geschnappt haben waren sie drauf und dran ihn zu Hackfleisch zu machen, die Carabinieri haben ihn vor dem Lünschen gerettet, sonst wär er jetzt bestimmt auf dem Friedhof in einem ungeweihten Teil, aber jetzt lief er da drin rum, und mit seinen dauernd wässrigen Augen schaute er immer die wenigen Frauen an, die alten, die jungen und die zwischendrin, Krankenschwestern, Köchinnen und Putzfrauen, wo Vladimiro war, ließ sich weit und breit kein Frauenzimmer blicken, zu recht hatten sie eine Heidenangst vor ihm, weil wenn er das, was er getan hatte, seiner kleinen Schwester angetan hatte, kann man sich vorstellen was er einer Frau antun konnte, die ihm nicht mal verwandt war, auch deswegen war er mir ganz und gar zuwider, weil ich hab die Frauen immer respektiert, auch wenn sie das Gewerbe machten, wo sie sich zahlen lassen für eine schnelle Nummer nebenbei, ist ja auch nicht ihre

Schuld, oft ist es einfach das Leben das schlecht gemacht ist, und zwar stufenweise, für die einen gehts aufwärts und für die andern abwärts, und wenn es die leichten Damen nicht gegeben hätte wär es ein echtes Problem gewesen für solche wie mich die bei der Liebe immer nur Schiffbruch erlitten haben, ab und zu braucht man es auch einfach, die Säfte zu erneuern um auf andere Gedanken zu kommen und eine Weile die Serie der Pechsträhnen zu löschen. Aber Blutschande geht gar nicht, hätt ich es zum Beispiel mit der Teresa Giordani gemacht das wär in Ordnung gewesen, aber wenn die Teresa Giordani eine Schwester von mir gewesen wär, dann wär es eine negative Blutschande gewesen, und das ist was schlechtes, so. Aber in der Irrenanstalt lernt man auch viele andere Dinge des Lebens, nämlich dass es da auch anständige Leute gibt die nur ein wenig Pech und kaum Schuld hatten an den miesen Geschicken die ihnen passiert sind, aus dem einen oder dem andern Grund, und mit diesen Menschen fühlte ich mich wohl, ich redete mit ihnen und sie taten mir ein bisschen leid und erbarmen, ich versuchte auch, ihnen zu helfen nicht so viel zu leiden, und erzählte ihnen meine Sachen und malte meine Geschichten noch ein wenig schwärzer, weil ich dachte wenn die all die Mieseren erfuhren die ich von klein auf erlebt hatte, konnten auch sie sich vorstellen dass es noch unglücklichere Menschen auf der Welt gab, so konnten sie wieder aufschnaufen und sich beruhigen damit es ihnen ein bisschen besser ging, das waren ja keine gefährlichen Leute, und ich erzählte es auch dem Dottor Alvise Mattolini der mir sagte, ich mache das gut, und dann lachte er zufrieden und sagte So verrückt ist er gar nicht, der halb verrückte Liborio Bonfiglio. Von diesen anständigen, fast normalen Menschen weiß ich noch einige, und ich muss jetzt noch lachen wenn ich an gewisse Erlebnisse denke die mir mit ihnen passiert sind. Da war zum Beispiel eine Frau, die einem vorkam wie ein Mann, sie hieß Nunziata Pascutti, vielleicht war sie auch halb verwandt mit dem Pascutti der ein alter Fußballspieler von Bologna gewesen war, aber sie war hässlich und mager wie das schwarze Elend, sie ging rum wie ein Betbruder gekleidet, von denen die eine schwarzweiße Kutte tragen mit Kapuze wo man die Augen nicht sieht, und sie ging mit schnellen kleinen Schritten, mit hängendem Kopf, wie wenn einer Angst hat zu stolpern und hinzufliegen, wo die andern wenn sie ihn fallen sehen wie eine reife Birne ihn alle auslachen, man sagt ja, wenn ein Esel hinfällt, armes Tier, wenn ein Mensch fällt, alle am lachen. Diese Nunziata war fast immer in der Kapelle der Irrenanstalt und betete wie verrückt, und wenn sie rauskam predigte sie die Kirchensachen mit einer tiefen Stimme der keiner entkam, nicht einmal wenn einer sich die Ohren zustopfte um diese laute Brummstimme nicht zu hören, trotzdem drang sie zu einem, als wär sie ein weiblicher Ork, und sie führte uns in einem Mal die Hölle und das Paradeis vor Augen und das Fegefeuer noch obendrein, und am Ende sagte sie immer Denk dran dass du sterben musst, Staub bist du und Staub wirst du werden. Wer sie schon seit Jahren kannte, erzählte dass diese Nunziata Pascutti ganz fanatisch auf den Heiligen Domingo de Guzmánn war, ihr bevorzüglicher Heiliger, und sie hatte sich in den Kopf gesetzt selber Klosterbruder zu werden, die Beichte abzunehmen, die Absolution zu erteilen und zu predigen und die Messe zu lesen und nach der Beichte die Hostie der Komunion auszugeben, also war sie nach Rom gefahren und war ausgerechnet im Petersdom ausgeflippt, so dass die Schwitzer Garde sie festnehmen musste und ganz schnell in ein Irrenhaus in Rom gebracht hat, weil auch in Rom gibts Irre genug, sie kommen sogar extra aus der ganzen universalen Welt, und dann hatte man sie nach Imola geschickt, wo sie alle Tage Standpaukenpredigen gehalten hat wie ein Bruder und sich auch noch die Haare geschnitten hat mit der Tonsur, und immer ist sie barfuß gegangen, auch im Winter bei Schnee, eben weil sie die akute religiöse Krankheit hatte, die gar nicht mehr aus ihrem Schädel verschwinden wollte, und es war ein echtes Malöhr wie sie mit all dieser glühenden Hingabe die Seele und die Haut aufschürfte mit ihren Predigen, und sie wollte einen zwingen den Rosenkram zu beten und sagte jedes mal Denk dran dass du sterben musst, wo einer ja schon weiß dass es im Leben auch den Tod gibt, aber trotzdem machte es einem erstmal bange, da konnte man gar nicht drum rum, sich leibhaftig an die Eier zu fassen. Allerdings hat die Nunziata Pascutti die Kapelle immer in Ordnung gehalten, sie machte jeden Tag sauber und polierte die Messgeräte, sie wusch die Decken und Deckchen, mit einem feuchten Tuch wischte sie den kleinen Altar der immer so weiß war und mit dem Duft der Blumen aus dem Garten die Luft parfümierte, besonders mit den Rosen die gar nicht nachkamen am Strauch zu wachsen, schon fanden sie sich in einer Vase wieder wo sie dann vertrockneten und Amen. Ich sagte dem Dottor Alvise Mattolini, diese Frau war, wenn sie es zu bunt trieb, in die

Geschlossene zu bringen, fand ich, wo die schlimmsten Fälle waren, weil mit ihrem religiösen Geschrei verschreckte sie alle, und wenn einer schon schwach war im Geist konnte er sich noch verschlechtern mit dem Gruseln das er sich einheimste, und der Dottore grinste und sagte zu mir Jetzt will er auch noch den Doktor spielen unser Liborio, und er nannte mich Dottor Bonfiglio, ich wusste ja, er scherzte nur, aber mir gefiel es auch ein wenig Arzt zu werden, einmal hab ich ihn sogar gefragt, ob er mich einen weißen Kittel tragen lassen kann mit den Irren im Krankenhaus zu sprechen, ich wollte ihm dann alles erzählen und er konnte die Medikamente besser verteilen weil er mehr Sachen über die Irren wusste, und er grinste wieder und sagte immer So verrückt ist er gar nicht unser Liborio, und wenn er unser sagte meinte ich wirklich ich gehöre zum Personal von der Klinik und ich fühlte mich wirklich ein bisschen Doktor, was war auch schon dabei, manche Male war es gar nicht so einfach, die echten Irren da drin von den echten Ärzten zu unterscheiden. Aber die mit denen ich am meistens redete und zusammen war, waren zwei Typen die eine besondere Empfehlung verdienen, auch wenn sie jetzt vielleicht schon tot sind, ich nannte sie den Rechtsanwalt und den Vielosophen, weil der eine machte dauernd Eingaben gegen alles und jedes um nachzuweisen dass er nicht verrückt war und dass er zu unrecht in der Klinik war, aber je mehr Eingaben er machte, desto mehr hielten sie ihn für einen der den Verstand verloren hat. Der andere ging immer mit einem Heft und einem Bic-Kuli herum der vier Farben im selben Stift hatte, schwarz, blau, grün und rot, für ihn war das wie ein kostbares Juwel und er gab ihn nie aus der Hand und schrieb viel über Vielosovieh und wechselte bei jeder Zeile die Farbe, damit sahen die Seiten aus wie weißer Himmel mit dem Regenbogen drin. Der Rechtsanwalt, wenn er denn tatsächlich einer war, füllte jeden Abend, ohne je einen Tag seines erbärmlichen Lebens auszulassen, eine Menge Blätter Kanzleipapier mit entsprechenden Stempeln und Dienstsiegeln, die schickte er als Einschreiben mit Rückschein an alle wichtigen Leute, Bürgermeister, Generaldirektoren, Staatsanwälte, Richter und ähnliches, Abgeordnete und Senatoren, Präfekten, Polizeipräsidenten, Minister, Vizeminister und Staatssekretäre, immer höher und höher bis hinauf zum Staatspräsidenten, Pfarrer, Bischöfe und Kardinäle bis zum Papst und vielleicht sogar zu Gottvater im Himmel, und logisch hatte dieser Anwalt einen dicken Hals bei all den Anträgen und Widersprüchen die er absetzte, und Anzeigen auch, Beschwerden aller Arten und Unterschriftensammlungen mal für dies und mal für jenes und nie hatte er irgendeinen Erfolg, und am Ende bekam er nicht einen Anflug von Antwort, nicht mal das, nicht mal das als genug Tuung, und er regte sich immer mehr auf, je mehr er sich aufregte, desto mehr Eingaben machte er, und je mehr Eingaben er machte, desto weniger Antworten bekam er, nicht mal das, nicht mal aus Höflichkeit, und so konnte er sich nie wieder aus dem Kreis des wiederkehrenden Irrsinns retten. Sein ganzes Leben bestand aus Kanzleipapieren und grimmiger Empörung, er fühlte sich vom gesamten Universum verfolgt und auch von den Marsmenschen sofern es welche gab auf irgendeinem unbekannten Planeten, er lag mit allen im Streit und machte dann Eingaben auch für Dritte, kaum hörte er von einer verwickelten Geschichte oder Angelegenheit eines andern griff er sofort zu Stift und Papier und fing wie der Wind an in alle Richtungen Briefe abzusetzen, nach da nach dort nach hüben und nach drüben, er war wirklich besessen und studierte die Paragrafen die ihm immer recht gaben, und manchmal erfand er sich Gesetze die immer zu seinen Gunsten ausfielen auch wenn diese Gesetze nie jemand geschrieben hatte, und wenn du ihm, Himmel hilf, ganz allein begegnetest warst du erledigt, der Anwalt schwätzte einen in Grund und Boden, und wenn kein Grund da war erfand er sich einen in den er dich hineinschwätzen konnte und du warst geliefert. Ich sagte es dem Dottor Alvise Mattolini immer, dass man was tun musste weil der Anwalt setzte das ganze Irrenhaus in Aufruhr, und dem einen oder andern der seinen Fantasien Glauben schenkte, wo doch alles nur heiße Luft von ofenwarmem Brot war, verschlimmerte er auch noch den schon angeschlagenen Kopf, und wenn der Wind aus Südost kam war der Anwalt auch noch imstande zur übergreiflichen Gewalt gegen die Leute zu greifen, und da machte ich mir Sorgen, wo ich mich mittlerweile ein wenig verantwortlich fühlte für die Dinge da drin, aber Mattolini hörte wohl nicht sonderlich auf mich, den Arztkittel hat er mir auch nie gegeben, wo ich den eigentlich verdient hätte bei all der Hilfe die ich der Irrenanstalt gab. Der Anwalt war einfach ein Erreger schwarzen Elends und herber Pleiten für sich und die andern, also ging ich ihm aus dem Weg oder gab ihm immer recht, weil mehr als einmal redete er sich über Rache, Schießereien und Bomben um Kopf und Kragen, da musste ich wieder an Lenino, an Bacunino oder an diesen

Bürgerschreck von Malatesta denken, an die Genossen von der Ducati, aber dann fiel mir immer Boschetto ein und ich blieb bei meinen Leisten, dachte an den blutig zerfetzten Arm und ich musste fast heulen vor dem Schmerz den er gespürt hatte, und ich wollte nicht dass mich einer sieht, so versteckte ich mich in irgendeiner einsamen Ecke und dachte wer weiß wo er jetzt ist und was er macht, mein Freund Boschetto von der Ducati Motori in Borgo Panigale. Wobei, bei all den Leuten die da auf Kur waren, wurde nie keiner wirklich gesund, und ich dachte mir was nützt eigentlich dieser Dottor Alvise Mattolini, wenn man das mal genauer überlegte, und ich überlegte es genauer, im Irrenhaus ist einer unterm Strich, auch wenn er mit den anderen zusammen ist, immer allein und trübsinnig wie ein ausgesetzter Hund ohne die Leine mit der Hundemarke, wo einer der ihn zufällig findet ihn wenigstens nach Hause bringen kann zu seinem Herrchen wenn der ihn verloren hat, was weiß ich, auf einem Volksfest mit der Musikkapelle und den Straßen voller Verkaufsstände, wo einer auch wenn er nichts kaufen kann sich wenigstens sattsehen kann und nachts dann die guten Sachen träumt die er gesehen hat. So ging es mir, einsamer Wolfshund ohne die Marke Liborio Bonfiglio, der ich schon gar nicht mehr wusste wo ich zuhause war, und wenn ich dran dachte was mir alles geschehen war in all den Jahren, von klein auf bis jetzt da ich gute fünfzig Jahre auf dem Buckel hatte, dass die wirklich mir passiert waren, wo mir an manchen Tagen, wenn ich nicht so gut drauf war, vorkam, immer schon in diesem Irrenhaus gewesen zu sein, und dass ich vielleicht, ohne dass es das Meldeamt der Gemeinde wusste, auch da geboren war und ich mir also alles geträumt hatte, und die Geschichte dass ich die gleichen Augen hatte wie mein Vater war wohl auch nur ein Schnippchen der Einbildung meines Knallkopfs, der auf seine eigenen Wege ausgeflippt war und keiner mir was davon gesagt hatte, so wie man es mit einem Hund macht den keiner beachtet und auf den keiner je einen Scheiß gegeben hat, nicht mal aus Mitleidigkeit. Da hat mir einer das Leben geklaut, dachte ich so langsam, wie ein Taschendieb der dir das Pottmoné fladert und du kriegst es nicht gemerkt und glaubst du hast es verloren, und derweil hats dir eine haarige Hand im Buss gemopst oder beim schlangestehen auf der Post um dir deine schäbige Rente zu holen. In trostlosen Momenten fühlte ich mich manchmal wie wenn eine Meute streunender wilder Hunde dein Fleisch mit schmerzhaften Bissen in Stücke reißt, und jedes Stück Fleisch ist wie ein Stück deines Lebens, und am Ende bleibt nur der Knochen der so morsch ist dass er nicht einmal mehr für eine Suppe gut ist. Diese Marter der Einsamkeit die aufsteigt wie eine Echse die Mauern der Irrenanstalt hoch, kommt einem noch mehr wenn man an die Frauen denkt, weil der Gedanke kommt einem in der Irrenanstalt noch mehr als wenn einer an einem normalen Ort ist ohne Zaun wo er raus kann alles zu tun, die guten und die schlechten Sachen, und unter den guten Sachen sind, finde ich, immer die Frauen, ich hatte ja schon eine ganze Menge kennengelernt, auch wenn ich nicht wusste ob ich wirklich verliebt war, ich hatte ja kein Zuhause mit einer Frau die auf dich wartet und dir was zu essen hinstellt und saubere Wäsche, wie es zum Beispiel mit der Teresa Giordani hätte sein können wenn diese Verräterin mir nicht dieser Stoffeler von Maccarone mit seinen Geschäften und seinen Häusern weggeschnappt hätte, der nebenbei immer noch der widerlichste Stoffeler aller Stoffeler der Welt war und darüber hinaus. Für mich war die Sache mit den Frauen noch ein wenig komplizierter weil ich war ziemlich abgebrannt, es war mir schwierig mir ein Zuhause zu schaffen wie es sich gehört, außerdem hatte ich mir angewöhnt mit den Fräuleins zu gehen die dafür Geld verlangen, zuerst in den Häusern und dann nach dem Merlino-Gesetz in den Alleen, aber das war gar nicht so schlecht, man gewöhnt sich daran, und fast immer fand ich es mit allen gut und unterhielt mich ein bisschen mit ihnen und ich achtete sie schließlich auch, weil war ja nicht ihre Schuld wenn ihr Leben schief gegangen war, und manch ein Mädchen gefiel mir sogar, so dass ich ihr hätte einen sinnvollen Vorschlag machen können, aber dann hat mir die Kurasch gefehlt und die Worte blieben mir im Hals stecken und dann war wieder nix, aber wenigstens war ich nicht so geendet wie Ermes Venturi mit dieser Sifilis die ihm das Hirn zerfressen hat und sein Leben und das von seiner Mutter arme Frau auch. Im Krankenhaus gab es sogar Frauen, die schliefen zwar in eigenen Räumen, aber man konnte ihnen in der Mensa oder in den Gärten begegnen, du konntest ein paar Worte mit ihnen wechseln, wenigstens mit den normaleren, aber letztlich dann jeder seines Wegs, weil da war wie eine Mauer, weil draußen ist das anders, abgesehen von den Damen in den Alleen wie in Bologna oder in Mailand, aber auch dort wo es viele Kasernen von Soldaten gibt, die sind ja immer geil mit ihren zwanzig Jahren, aber draußen kann einer eine zum tanzen auffordern, zu einem Apiritief in die Bar einladen, zum spazierengehen, zu einem Eis, ins Kino, wenn dann nix wird, dann wird halt nix, ob man gewinnt oder verliert, man fängt halt wieder von vorn an, man kann sich höchstens eine Backpfeife einfangen wenn man zuviel herumfingert, aber die Welt ist groß und man kann sich ne andere Straße suchen, und es passiert ja nichts schlimmes, hat einer halt nen Fehler gemacht und die Freunde lachen ihm hinterher und reißen Witze weil er sich vertan hat mit der Tusse an der er sich vergriffen hat. In der Irrenanstalt war das anders, da weißt du nie wie eine Frau reagiert wenn sie nicht kapiert was einer tun und sagen will, bei der geringsten Kleinigkeit fangen sie an zu schreien wie die Elstern und scheuchen die Spatzen von den Bäumen auf, diese Sache mit den Spatzen die aus den Bäumen davonstieben hat mir am meistens weh getan, mehr als alle anderen Sachen die mir weh getan haben, drin in der Irrenanstalt. Manchmal verlobten sich auch welche zum Schein, und die Verlobten gingen Hand in Hand durch die Gärten wie Kinder im Kindergarten, aber dann kam die Eifersucht und es flogen die Fetzen, es wurde geschlagen und ins Gesicht gespuckt, das war nicht schön anzusehen in einer Klinik. Ich sagte dem Alvise Mattolini dem Dottore immer, es muss eine Lösung her, ich hatte schon dran gedacht, auch wenn mir niemand einen Kittel als Hilfsarzt gab, das heißt wenn zwei sich zusammentaten konnte man ihnen eine Probezeit des Zusammenseins einrichten, also, die konnten dann auch ein Zimmerchen für sich haben und so tun als wären sie eine Familie, auch wenn sie in der Irrenanstalt waren, das wär nicht so schwer gewesen, und er der Dottore grinste nur und sagte mir immer das selbe, nämlich Ist ja gar nicht so verrückt der Liborio Bonfiglio, aber am Ende machte er nie nichts und ich dachte mir was macht der hier eigentlich dieser Dottor Mattolini, weil wenn es um Arzt zu sein ausreichte sich anzuhören was die andern sagten, dann konnte ich genauso den Arzt machen, wo ich mir doch schon das ganze Leben lang anhörte was die anderen sagten, weil ich selber redete nicht gern viel, und je mehr ich still war mit meinen Gedanken, desto besser gings mir, auch wenn der Gedanke der sich mir am meistens mit dem Verstand verknotete immer noch die Geschichte mit den Augen war. Aber den Scheißweißenkittel hat er mir immer noch nicht gegeben, als hätt ich einen vollen Mond verlangt. Jedenfalls gab es für mich in der Klinik keine Frauengeschichten nicht, auch wenn die eine oder andere meinen Apparat durchaus in Wallung brachte, aber mal war sie zu komisch, dass ich nicht wusste wie ich's mit ihr angehen sollte, mal fehlte mir die Kurasch, den ersten Schritt zu machen, also schaute ich mir sie einfach an, wie sie an mir vorbeigingen und erinnerte mich der Zeiten wo ich draußen war und der Abenteuer die ich mehr oder weniger geschlagen hatte, aber dort drin war es einfach ganz was anderes, und ich schaute und dachte es lohnt sich nicht, da war nichts zu machen an der Krux eine Frau zu finden, mit ihr zu reden und sich die Zeit besser zu vertreiben, wo am Ende auch mal ein kleiner Bums rausspringen konnte, um den Kopf freizublasen und die Geräusche in den Gedanken abzudämpfen, die waren zwar nicht mehr so stark wie in der Borletti, jetzt war es nur noch tatum tatum tatum, wie wenn einer bei dir an der Tür klopft und dir das Herz in der Brust hüpft und du nicht aufmachst weil du nicht weißt wer's ist und du Angst hast aufzumachen, könnte ja auch einer sein den du nicht erwartest. Ein Mädchen gab es aber, das machte mich neugierig jedes mal wenn ich ihr begegnete, eigentlich war ich es der dorthin ging wo sie war, sie setzte sich immer an die selbe Stelle, auf eine Steinbank in den Gärten unter einem Baum der hoch war wie ein Haus, voller Nester, und er warf viel Schatten, den konnte man gut gebrauchen wenn einem die Hitze und die Mücken den Atem nahmen, die Mücken stechen dich heimtückisch, da braucht es Melissenpflanzen, die mögen sie nicht. Dieses Mädchen, und schau wie sich manche Sachen im Leben wiederholen, sie hieß Teresa Balugani, man nannte sie aber Teté, weiß nicht warum, Teresa ist ja ein schöner Namen den man sich leicht merkt, und dann gab es in diesem Namen viele schöne Erinnerungen für mich, ihre Haare sahen aus wie ein Geknäuel von Kupferdrähten und sie hatte sogar Sommerflecken im Gesicht, damit sah sie aus wie ein kleines Mädchen, sie war nämlich zart gebaut und auch noch echt jung, wo ich mir dachte sie hätte beinah meine Tochter sein können wenn ich die Teresa Giordani geheiratet hätte, aber dann wär es schwer gewesen dass dieser anderen Teresa die Sommerflecken im Gesicht gesprossen wären. Teté sagte nie was und sie trug ein Blumenkleid und Strümpfe mit Latschen, zu sehen war nur die Haut der Beine die weiß waren wie eine Mozzarella, aber ich war ein wenig tollpatschig mich ihr anzunähern, vorher hatte ich sogar Dottor Mattolini gefragt, ob ich das darf, und er hat mir gesagt ich darf, diese Teté ist ein ruhiger Typ, sie ist da weil ihr etwas zugestoßen ist von dem sie sich nicht mehr erholt hat, sie hatte niemand mehr auf der Welt und es kam nie jemand sie zu besuchen, genau wie bei mir, sagte ich, und der Doktor wiederholte Eben genau wie bei dir, und er grinste, und sagte Aber verstehn tut er einiges dieser Liborio, den Kittel hat er mir allerdings immer noch nicht gegeben, diese Knalltüte von Dottore. So hab ich eines Morgens meinen ganzen Schneid zusammen genommen, hatte mich sogar herausgeputzt mit einem Jäckchen aus Leder, aus unechtem, und um mir Mut zu machen stellte ich mir vor sie ist die Teresa Giordani, es heißt doch immer, die erste Liebe vergisst man nie, oder wie schön ist doch die erste Liebe, die zweite ist noch schöner, ich hab mich also neben sie gesetzt und hatte sogar ein Sträußchen Feldblumen mit aus den Krankenhauswiesen, mit einem grünen Bändchen damit sie nicht auseinanderfallen, und wir haben uns aus der Nähe betrachtet und ich hab gesehen dass sie wirklich viel jünger war als ich, ich war schon drauf und dran zu verschwinden, ganz schamhaft, da hat sie ohne Grund ein Lächeln angedeutet, und ich hab gesagt wie ich heiße und dass ich ihren Namen kannte, und auf einmal hab ich angefangen zu reden und hab ihr all die Dinge aus meinem Leben erzählt die mir in den Sinn kamen, von der Geburt wo Don Nicola einfach nicht kam, von dem Gewitter mit dem Stromausfall, und von den Flüchen von Nonno Peppe, von der Schule und vom Lehrer Romeo Cianfarra und vom Buch *Cuore* das er mir geschenkt hatte, das konnte ich ihr auch leihen wenn sie es lesen wollte, wenn sie lesen konnte, aber dann musste sie es mir wieder zurückgeben, weil ich hatte nur dieses Buch *Cuore*, und dann habe ich vom Seiler und vom Barbierladen erzählt, von den Kriegstagen wo die jungen

Leute auf der Straße starben in meiner Stadt im Krieg gegen die Deutschen, und dass auch ich rief Jamme jamme, ockey ockey, um ihr dieses ganze Blutgemetzel verständlich zu machen, auf der Piazza war ein Blutfleck geblieben, der nicht mal mit dem Schnee weggegangen war, ich erzählte ihr von meiner Zeit als Soldat, und von Ermes Venturi, aber von den Freudenhäusern und dem Merlino-Gesetz und von der Sifilis des Freundes nichts, das war, fand ich, keine schöne Sache zu hören für ein so natürliches junges Mädchen, und dann von der Borletti, von den Geräuschen im Kopf, ich erzählte von meinem Abstecher nach Bagnacavallo, wo ich nicht wusste ob das der richtige Name des Ortes war oder ein Witz, bis zum Capo den ich vermöbelt hatte, der mir Busone gesagt hatte, und vom Prozess und am Ende der Vorstellung vom Knast in der Dozza, wo ich den Prozess verloren hatte wegen dem dämlichen Winkeladvokat, und nun war ich da, aber der Dottor Alvise Mattolini sagte mir immer Ist ja gar nicht so verrückt dieser Liborio Bonfiglio, und ich weiß nicht wie lange ich geredet habe, sie schaute mich neugierig an und ich sah, diese Sommerflecken in ihrem Gesicht machten sie sympathischer, wenigstens das, aber sie sagte nichts und ich war am Ende ganz erschöpft als wäre ich bergauf gelaufen mit einem schweren Soldatenranzen auf dem Rücken, und meine Stimme zitterte und überhaupt und dann blieb ich still. Teté sah mich an so wie man einen Claun im Zirkus anguckt und mit einem ganz feinen Stimmchen sagte sie Bagnacavallo ist kein Witz, so hieß der Ort wirklich wo ich gewesen war und wo sie geboren war, und da hab ich endlich gedacht, das ist kein schwarzes Zeichen, sondern ein buntes wie wenn nach einem starken Regen der Regenbogen am Himmel steht und die Sonne wieder rauskommt, die Kinder schauen ihn an wie ein Wunder und wollen hinauf um damit zu spielen, aber so lange hält er nicht, und er ist weit weg, auch wenn er ganz nah aussieht, und so können sie nicht wirklich darauf spielen sondern nur nachts davon träumen. So fing diese schöne Geschichte an und so traf ich sie jeden Tag auf der Bank, aber vielleicht war sie zu jung, hätte ja meine Tochter sein können, außerdem war sie schüchtern, aber extrem schüchtern wie ein gerade auf die Welt gekommenes Kätzchen, also verhielt ich mich wie ein Herr und brachte ihr immer eine Blume oder eine kleine Süßigkeit die ich in der Küche stibitzte, die Köchin sah mich dabei, und ich wusste dass sie mich sieht, aber sie sagte nichts weil sie wusste wem ich sie bringe, und weil sie also nichts sagte war es als würde sie es nicht sehen und ließ mich im Glauben dass ich schlau bin und kein Schwachkopf, wo ich aber doch ein wenig Schwachkopf war. Oft, wenn ich ihr alles gesagt hatte oder fast alles und sie nichts sagen wollte, blieben wir still sitzen bis es dunkel wurde, einmal haben wir Händchen gehalten, ein anderes Mal habe ich ihr eine Hand auf die Schulter gelegt, aber ohne zu drücken, ein anderes Mal hat sie ihren Kopf gegen meine Schulter gelehnt und ich bin keinen Zentimeter abgerückt, aber ich habe nie gedacht dass mehr gehen könnte, und vielleicht, wenn der Teufel seine Finger und die Hörner ins Spiel brachte, konnte sich mit der Zeit auch was Konkreteres ergeben, aber das hab ich nur einen Augenblick lang gedacht wo ich gerade eine gewisse Glut verspürte, aber ich habe wirklich nie an das eine gedacht, weil sie war einfach zu jung und kam mir zuweilen so zerbrechlich vor wie Glas, und ab und zu kamen ihr die Tränen wo ich dann nicht mehr wusste was ich sagen oder tun sollte, und nicht einmal der Dottor Alvise Mattolini wusste es, er sagte mir nur ich soll anständig sein, und das war ich ja auch, nur eines Abends, das war im Mai, hab ich ihr vor dem Abschied einen Kuss auf die Stirn gegeben und sie nur ein ganz klein bisschen auf dem Kopf gestreichelt der wie ein Geknäuel von Kupferdrähten aussah, aber das war das höchste Konkrete zu dem ich es gebracht habe und für mich war das trotzdem in Ordnung, und außerdem nannte ich sie immer nur Teresa, nicht mit diesem blöden Namen Teté, der ein Name für einen Hund sein mochte, auch wenn wir beide wie zwei ausgesetzte Hunde ohne Hundemarke waren, wo einer wenn er dich findet dich nach Hause zurückbringt, unser Zuhause war die Klinik und basta, und sie, so viel stand fest, wenn ich sie Teresa nannte und ihr zum Abschied Ciao Teresa sagte, sah man ihr an dass sie sich freute und dass auch sie mich ein bisschen mochte, ein einfaches mögen, einfach so, aber das braucht es ab und zu im normalen Leben und im Klinikleben auch. Das Buch *Cuore* habe ich allerdings nicht mehr geschafft ihr zu lesen zu geben, ich hab mich ja gern mit jemand über die Geschichten unterhalten die drin standen und hätte gern gewusst ob auch ihr Garrone gefiel und vielleicht ein bisschen Franti oder ob sie sich freute dass dieser Junge in den Anden seine Mama fand, ob ihr die Familie Bottini zuwider war, aber ich hab es nicht mehr geschafft ihr diese Fragen zu stellen, weil eines Morgens gab es ein Gerenne und ein Geschrei von Leuten die liefen und sich die Haare rauften und nach Dottor Alvise Mattolini riefen, der den Krankenwagen rief mit der Sirene die voll laut heulte, auch ich bin dorthin gelaufen wo alle anderen hinliefen und sah ein weißes Laken das etwas bedeckte wie ein Bündel am Boden unter dem höchsten Balkon der Klinik, aber ich wusste nichts und dachte auch an nichts, und als man mir gesagt hat dass dieses Bündel gemartertes Fleisch die Teresa Balugani war wollte ich's zuerst nicht glauben, aber dann musste ich notgedrungen dran glauben, ich sah eine Hand weiß wie Mozzarella unter dem Bettlaken herausschauen, aber trotzdem konnte ich mir nicht erklären warum das passiert war, ich meinte die Dinge liefen gut und dass dieses Mädchen langsam wieder zu Sinnen kam, manchmal sagte sie mir was, und eines Abends hab ich sie erwischt wie sie allein war und sogar dieses alte Lied sang das so ging Volare oh oh, con il cielo dipinto di blu. Und ich dachte dann es war auch ein wenig meine Schuld, vielleicht wär es besser gewesen mich mit ihr zu verloben, trotz dass sie meine Tochter hätte sein können, dann konnte ich ihr etwas Zuneigung geben abgesehen von den Sachen die Mann und Frau machen, das konnte sich ja dann von selber ergeben, aber wenn es sich nicht ergab war es nicht tragisch, und wenn es sich ergab war es für mich umso besser. Am Ende musste ich dran glauben, der Dottor Alvise Mattolini hat es mir erklärt. Während er redete schaute ich raus durch die Glasscheibe seines Sprechzimmers und merkte dass ich weinte nach langer langer Zeit, und ich erinnerte mich gar nicht mehr ob ich überhaupt manchmal geweint hatte in meinem Leben, aber damals war ich sicher dass ich am weinen war, weil für mich war das das schwärzeste schwarze Zeichen aller schwarzen Zeichen der Welt und des Universums. Ich schaute raus auf die ebene Fläche der Beete und der Bäume während der Tau auf die Erde herunterkam und die Dinge eintrübte und auch meine Gedanken trübten sich ein. Und dann erinnere ich mich, am nächsten Tag fing es an zu schneien, auch wenn noch nicht die Jahreszeit war wo es schneit. In der Irrenanstalt, wer da drin ist, der ist immer alleine auch wenn die andern da sind, aber es war nicht das was mir das Herz schwer machte, es war dass diese kurze Geschichte mich zu sehr niedergeschmettert hatte als wäre ich von einem Schicksal heimgesucht oder als wäre da jemand der mir Böses wollte und ich nichts dagegen machen konnte, eingesperrt der ich war wie in einem Hundezwinger mit einer Zeit die nie vergeht, auch wenn zu meinem Glück der Dottor Alvise Mattolini mich jedes mal in seinem Sprechzimmer empfing wenn ich danach verlangte, aber nicht so sehr um zu reden, weil letzten Endes redeten wir immer den gleichen Quatsch, aber er beobachtete mich, ich merkte das, und er schrieb etwas auf ein Blatt, er zeigte mir nicht mehr die Flecken, ich wusste ja dass das nur Flecken waren und fertig, er stellte mir Fragen, ich redete und er schrieb, die Sache kam mir langsam verdächtig vor, auch ich stellte ihm Fragen, aber manchmal erfand er sich die Antworten, doch das machte mir gar nicht so viel aus, ich sah gern durch die Glasscheibe auf die Felder und die Beete und die Bäume hinunter, deswegen ging ich sobald ich konnte in dieses Sprechzimmer, um auf die Felder und die Beete und die Bäume zu schauen, und mit denen redete ich in echt, nicht etwa mit Mattolini, aber das hab ich ihm nicht gesagt sonst hätte er's mir womöglich noch übel genommen und dann adiö weißer Kittel. Und so schaust du heute raus, schaust du morgen raus, nach tausendmal schauen ist mir eine Schnapsidee in den Kopf gestiegen dass man was tun musste in dieser Irrenanstalt, sonst hätten die Leute die da drin waren tatsächlich noch riskiert alle verrückt zu werden, aber ernsthaft, schon sah ich das ganze Land rund um die Klinik wie die Felder von Bagnacavallo werden, und so hab ich eines Tages nach tausend Überlegungen und Messungen und Berechnungen mir den Doktor vorgeknöpft und ihm gesagt hier braucht es einen Kurzwechsel, aber einen ordentlichen, da sollten alle Zeitungen von berichten, das Radio, das Fernsehen und die Gewerkschaften, das Fernsehen war inzwischen sogar in Farbe, so konnte man die Dinge besser sehen und noch besser als wie es schwarz weiß war oder als es nur das Radio gab das ab und zu die Wörter verknisterte wo man nie wusste wie eine Nachricht ausging, ob einer gestorben war, ob Italien ein Spiel gewonnen hatte oder ob die Komunisten und die Exkremisten Rom und die Gegend dort erobert hatten, und ob der Papst geflohen war. Dieses eine Mal schrieb Alvise Mattolini nichts auf seinen Block, sondern hörte mir ganz ernsthaft zu, während ich ihm sagte, all dieses Land derart dem Unkraut zu überlassen ist eine schade Verschwendung, und mit einer kleinen Investitution von Geld kann man die Erde umstechen dann wird sie besser und fettiger und genauso kann man einen Brunnen anlegen, das Wasser war ja schon da, und dann kann man Tomaten ziehen, Auberschienen, Kohlköpfe, Kürbisse und Zucchini, Paprika und Gemüse, Salate und Rucola, und auch ein paar Melonen, es konnten sich auch ein paar Weinstöcke ergeben mit Trauben für Wein, ob weißen oder roten konnte man ja noch sehen, und weiters Obstbäume, Äpfel, Birnen, Mispeln, Pfirsiche und Marillen, und rundherum hätte eine schöne Hecke gepasst mit Blumen, eventuell mit Rosen die sich immer gut machen, und schließlich unter der Mauer der Einfriedigung wo die Sonne hinknallte war noch Platz für Erdbeeren, die konnte man mit Eis servieren und das war ne schicke Sache. Aber dann fiel mir ein dass gerade dort das Unglück mit der Teresa Balugani passiert war, wo ich immer noch das Bettlaken vor Augen hatte und die Blutspur, und die Hand die käseweiß draus hervorgeschaut hatte, und da kam es mir nicht mehr als die richtige Sache vor, wo ich doch jeden Abend ein Sträußchen Blumen hinbrachte als wär sie noch am Leben und wartete auf mich, weil am Ende mag doch nicht jeder Erdbeeren, der eine oder andere war vielleicht sogar allergologisch dagegen, dann ließ man das besser sein. Ich sah sie schon im Geist, diese Flächen voller Gemüse, auch wenn gerade Schnee drauf lag, aber diesen Schnee schmolz ich mit dem Blick und mit dem Traum weg der sich mir plötzlich in den Schädel meines Knallkopfs eingeschlichen hatte, den ich mit mir herumtrug, und auch der Dottor Alvise Mattolini hörte mir aufmerksam zu, und als ich ihm sagte an der Arbeitskraft soll es nicht scheitern bei all den Irren auf dem Gelände, abgesehen von denen in der Geschlossenen, wenn du denen eine Harke in die Hand drückst können sie dir auch den Schädel spalten wie eine Wassermelone, und diese Haarspalterei sollte man lieber nicht risikieren, es konnte auch gut sein dass all diese babilonische Arbeit mit dem Harken und Anbauen den Einsassen gut tat, wo dann ganz am Ende, wenn einer das ganz systematisch angehen wollte, konnte man die überschüssigen Sachen auf den Markt bringen und verkaufen, dann kam auch noch ein bisschen Kleingeld bei raus für die kleineren Ausgaben von der Klinik, das sagte ich ihm alles in einem Schwall, spulte ihm die ganze Reihe dieser halbverrückten Ideen runter die ich schon eine ganze Weile ausgeheckt hatte, wenn du dich allein fühlst ist der Verstand imstand doppelt so schnell zu arbeiten, da hat er dann aus vollem Hals gelacht, nicht das übliche verkniffene Grinsen eines stark Verstopften der endlich ein Stückchen Scheiße abgelassen hat, und er sprang von seinem Stuhl auf und schrie geradezu Gar nicht so verrückt dieser halb verrückte Liborio Bonfiglio, wo ich mir gleich gedacht habe jetzt gibt er mir aber den weißen Kittel, dieser Scheißdottore Alvise Mattolini, ohne mich ist in diesem Irrenhaus ja tote Hose bei all diesen Tagedieben die da herumlaufen und nie keinen Finger rühren nicht mal zum Schein. Von wegen. Aber nach ein paar Wochen haben die Arbeiten für die Vorbereitungen tatsächlich angefangen, kaum war die richtige Jahreszeit, da kamen die Bagger und dann wurde Mist aufgetragen, und danach sah man alle Irren die Furchen für die Beete ziehen und die Saat aussäen in die Erde und die Beete gießen, frühmorgens oder abends nach Sonnenuntergang, alle gaben acht nicht zu viel Wasser zu gießen damit es keine Pfützen gibt und der Same nicht vor lauter Wasser verfaulte, weil dann blieb einem nur noch das Verleugnen um die Wut abzulassen und die Nervenkrise wegen der Blamasch für die verpatzte Gärtnerarbeit, weil jeder muss seinen Job machen auf der Erdenkugel. Und so lief alles wie es sollte, wir freuten uns alle dass die Pflanzen wuchsen und der Überschuss wurde auf dem Markt verkauft, und es gab auch eine schöne Feier, bei der Dottor Alvise Mattolini die Zeitungsfritzen und das Radio reinließ und auch das lokale Fernsehen, er hat eine schöne Rede gehalten und mitten in seinem Gerede hat er meinen Namen genannt und alles klatschte in die Hände, Bravo bravo Liborio, einer rief sogar Liborio Bürgermeister der Stadt der Irren, und ich stand ein wenig verschämt, aber ich freute mich und war mir diesmal ganz sicher dass sie mir den weißen Kittel geben, aber von wegen, haste nicht gesehen, das Wasser ist knapp und das Entchen schwimmt nicht. Aber bei all der Freude war ich auch ein bisschen traurig wenn ich an die arme Teresa Balugani zurückdachte die dieses schöne Fest verpasst hat, wo nur die Musikkapelle fehlte, und ich war ein bisschen traurig weil an der Stelle gab es da drin nichts mehr zu tun, und nach der ganzen Arbeit an Erde, Wasser und Pflanzen setzen fühlte man sich noch einsamer, weil je mehr Erinnerungen einer hat, desto mehr tut es im Herz weh, weil die Erinnerungen sind nur Erinnerungen und das was du dich erinnerst kommt nicht mehr lebend zurück, wie die Narben die du anschaust und du spürst den Schmerz der Wunde wieder, so musste es wohl auch für Boschetto gewesen sein mit seinem zerquetschten Arm und genauso für Ermes Venturi. Und danach gab es nicht nur keinen weißen Kittel, nicht mal einen blauen, aber eines Tages lässt mich der Dottor Alvise Mattolini in sein Büro kommen, heißt mich Platz nehmen und hält mir eine Rede wo ich nix kapierte von all den großen Worten, die benutzte er extra damit ich nicht mitkomme, ich hatte schon verstanden dass da was faul war, aber er erzählt mir meine ganze Geschichte, als hätt ich sie nicht gewusst, und dann, ohne mir überhaupt die Zeit zu lassen meine Gedanken zu sammeln sagt er ganz schnell, nach all den Jahren, ich war schon fast neun Jahre da und hatte gar nicht gemerkt dass es schon neun Jahre waren, wie bei dem andern Irrenhaus der Fabrik, wo ich schon lange nicht mehr die Tage und die Jahre zählte, wer wartete denn schon auf mich und wer brauchte mich denn in der Welt, da waren die Syntome meiner Krankheit für immer verschwunden. Aber ich hatte am Anfang ja dem Richter und den anderen Doktoren gesagt dass ich nicht krank bin, dass es nur eine Frage der menschlichen Gerechtigkeit war zwischen meiner Arbeit und diesem ungestraften Arschloch das mir nicht antworten wollte und lachte und Busone zu mir sagte, und das ist ja keine Krankheit. Alvise Mattolini sah mich an und sagte, vielleicht hatte der Herrgott mich auserwählt, und dann redete er weiter mit seinen Fachausdrücken bis zum letzten Keulenschlag, es ist eine große Freude dass ich endlich wieder raus und nach Hause gehen kann. Nach Hause was zu tun, und wohin nach Hause, an welchen Ort, wenn es noch ein Haus und einen Ort gab für mich, inzwischen rechnete ich kurz nach, und aus der Rechnung ergab sich nicht viel, auch wenn ich gut war in Matte, aber hier ging es nicht um die Zahlen oder darum die größte Zahl der Welt zu finden, hier ging es um eine ernste Sache die kriegte man nicht mit einer kurzen Unterhaltung geregelt oder mit einem Beruhigungsmittel in Tropfen oder Tabletten, schon schon, mag ja alles gut sein, aber das konnte man nicht auf die leichte Schulter nehmen, mein Leben, ich überlegte schon eine hübsche

Eingabe zu machen gegen meinen plötzlichen Rausschmiss, zusammen mit dem irren Anwalt der in der Klinik war, der hätte sich gefreut wie ein Schneekönig eine so wichtige Eingabe zu machen gegen die Klinik die, fand ich, ihm schwer auf den Sack ging. Und dann hat der Dottor Alvise Mattolini mich gefragt was ich davon hielt und hat mir gesagt, was sagst du dazu Liborio, da hab ich ihm gesagt, auch ich in einem Schwall, was ich von all den Geschichten in meiner Geschichte hielt, und hab ihm nochmal alles erzählt und gehofft er kann mich diesmal wirklich vollständig verstehen und nicht nur ein Stückchen oder das was ihm zu pass kam, ich hab nochmal vorne angefangen, ich hab ihm auch gesagt, wenn er damals auf mich gehört hätte und uns ein Zimmerchen gegeben hätte mir und der Teresa Balugani dann wär sie vielleicht nicht vom Balkon gesprungen oder vielleicht wären wir beide gesprungen und vielleicht wär das besser gewesen wenn man alles bedenkt, und das einzige was ich an der Stelle in meinem Leben wollte war nur zu wissen ob es wirklich stimmte dass ich die gleichen Augen hatte wie mein Vater. Und wie einen richtigen Vater hab ich ihn dann gebeten mich dort in der Klinik zu behalten auch ohne weißen Kittel, ich wollte nicht raus, ich wusste ja nicht wohin, und außerdem waren schon fast vierzig Jahre vergangen dass ich aus meiner Stadt weggezogen war, ich konnte sie ja gar nicht wiedererkennen wenn ich dorthin zurückfuhr, und wer noch lebte und wer schon gestorben war für immer, ich wusste ja nicht einmal mehr wer ich war und für mich war das Irrenhaus mittlerweile all das was außerhalb der Tore der Klinik war, und an die Klinik hatte ich mich gewöhnt, und außerdem war nach den Beeten zu sehen, das Obst zu pflücken, und wenn er wollte konnte ich auch die Erdbeeren an der Mauer ansetzen wo die Sonne hinknallte. Der Dottor Alvise Mattolini sagte mir Mein lieber Freund und das hatte er mir vorher nie gesagt das mit der Freundschaft, und er versuchte mir klarzumachen dass ich vielleicht drauf und dran war echt verrückt zu werden wenn ich nicht mehr raus wollte aus dem Ort der am Ende nur eine Irrenanstalt war, auch wenn sie gut lief, aber halt immer noch eine Irrenanstalt war, und es gab jetzt neue Gesetze, die hatte ein tüchtiger Arzt gemacht der hieß Basaglia, und wenn Basaglia an seiner Stelle gewesen wäre hätte er mich ganz bestimmt rausgelassen und zwar dalli, dass ich nie verrückt gewesen bin sondern nur ein Pechvogel. Ich hörte ihm zu mit gesenktem Haupt, ich wusste er hat recht, und in meiner Verzweiflung hab ich ihm gesagt wenn er mich rauswirft spiele ich draußen verrückt und brach dem ersten besten der mir über den Weg lief das Nasenbein, auch wenn er unschuldig war und selbst wenn es ein Familienvater war, dann würde man mich wieder einliefern und zwar für immer so wie ich es wollte, und es war mir gleich wenn sie mich in die Geschlossene steckten, ich wusste gar nicht wohin ich sollte und warum ich gehen sollte, so blieb Mattolini ein Weilchen still, er schrieb was in meine Akte, er sagte es ist ihm nicht klar ob ich verrückt war, zu schlau oder zu unterbelichtet, und dann hat er mir einen Pakt gemacht mit Handschlag wie unter freien Menschen, er hat mir gesagt noch einen Sommer und noch einen Winter, ein Jahr noch und dann musst du deinen Weg gehen und neu anfangen, mein lieber Freund hat er am Ende gesagt, und dieses Wort hat mich überzeugt, außerdem wollte ich mich nicht gegen ihn stellen, also hab ich genickt und ihm gesagt In Ordnung, auch du bist mein Freund. Dann hab ich durch die Scheibe auf die Felder und die Gärten geschaut und wusste dass er mich beobachtete und insgeheim grinste ohne es zu zeigen. Draußen regnete es und ich bin hinaus in den Garten und hab mich in den Regen gestellt, ich hab zwei weiße Rosen genommen und dort hingebracht wo die Teresa Balugani runtergesprungen war, ich hab auch das Kreuzzeichen gemacht das ich schon seit vielen Jahren nicht mehr gemacht hatte, ich hab die Mauer angeschaut und gedacht es ist schade dort keine Erdbeerpflänzchen zu setzen, und auch dass es mir jetzt schnuppe war wo die ganzen Teile hingekommen waren die ich bei der Ducati gemacht hatte und wo sie verdammtnochmal gelandet waren. Zum Teufel auch mit der Ducati Motori und zum Teufel auch mit der Borletti, ich hatte an die Beete für die neue Aussaat zu denken, in diesem Jahr wollte ich für mein großes Finale im Irrenhaus einen Bananenbaum pflanzen, auch wenn ich nicht wusste wie er eigentlich aussieht, als Kind hatte ich nie Bananen gegessen, und was da an Geschmack dran sein soll an den Bananen hab ich außerdem nie verstanden, willst du etwa die Bananen mit dem Duft der Zitella-Äpfel im Winter vergleichen, da bleibt dir nach jedem Biss der Saft zwischen den Zähnen dass es nur so eine Köstlichkeit des irdischen Paradeises ist. Die Zeit die ich noch in der Klinik zu verbringen hatte war inzwischen komplett abgelaufen und es war die Zeit gekommen dass ich da raus musste, und der Dottor Alvise Mattolini, jetzt schon Freund von mir fürs ganze Leben, auch wenn er mir nie nicht einen Fetzen von Kittel nicht gegeben hat, den hätte ich mir verdient so wahr Maria die Mutter Gottes ist und ihr Sohn Jesus Christus als Zeuge, er hatte schon recht mir den Vortrag zu halten den er mir gehalten hatte, und zu guter letzt blieb mir das als letzte Sache die noch zu erledigen war, nämlich rauszufinden bevor ich sterbe ob es stimmte dass ich wirklich die gleichen Augen hatte wie mein Vater.

1986 ... 2000

> Wenn ein Mensch in diesem Leben keine Abenteuer erlebt, hat er nichts zu erzählen.
>
> VINCENZO RABITO, *TERRA MATTA*

Am Ende des Films musste ich wirklich gehen aus der Stadt der Irren, ich bin bei Einbruch der Dunkelheit abgehauen wie ein Einbrecher mit meinen paar Sachen im Koffer, das war aber ein neuer mit Klappverschluss, nicht einer aus Pappe mit Bindfaden, für den hatten alle Angestellten der Anstalt gesammelt und auch ein paar von den Irren hatten was gegeben für den neuen Koffer, und das hatte mich am meistens gerührt von all den Gerührtheiten dieses letzten Tages, und ich dachte wenn man Geld sammelt für einen Pechvogel ist es eine gute Sache, das heißt dann gibt es noch Brüderschaftlichkeit unter den Menschen. Aber für mich war es besser auf diese Art heimlich und verstohlen zu gehen, auch der Dottor Alvise Mattolini war damit einverstanden, wenn mir danach war es so zu machen. Die Bananen hatte ich nicht mehr gepflanzt, das hätte zu viel Zeit gebraucht, und so viel Zeit hatte ich nicht mehr, weil in der Welt draußen ist die Zeit kürzer als die Zeit die im Irrenhaus drin vergeht, es gibt ja nicht nur eine Zeit, die Zeit besteht aus einer Milliarde Zeiten, da gibt es etwa die Zeit des Korns und die Zeit des Brotes, und dann die Zeit der Trauben und die des Weins, die Zeit wo einer fröhlich ist und die wo er gefühlig bewölkt ist, dann noch die Zeit wo Licht ist und die Zeit wo die Nacht sich ausbreitet, und am Ende die Zeit wo einer stirbt und dann hört die Zeit auf, das ist wenn der Pfarrer ein Zeichen in der Luft macht und sagt Requiem eternam was eben heißt, dass die Zeit nicht mehr ist und wir keine Uhren oder Kalender mehr brauchen, nicht einmal die bunten von Frate Indovino mit den Sprichwörtern und den Rezepten drin. Ich hatte mich nur von Alvise Mattolini verabschiedet, ein schneller Gruß, ein kräftiger Handschlag zwischen Tür und Angel und los, es war mir klar und ihm war auch klar wir sehen uns nicht mehr wieder in all unseren Leben die uns noch zu leben bleiben, er hat mir sogar noch einen Batzen Geld gegeben für die Reise und ich wollte es gar nicht, aber er hat gesagt ich hab es verdient für die ganze Arbeit die ich in der Klinik gemacht habe und in den Gärten, das Gemüse, und dass ich ihm auch bei seiner Arbeit geholfen habe und ihm viele Dinge klargemacht habe die nicht in den Büchern stehen aber die man den Leuten vom Gesicht ablesen kann, und da hat er mir eine von seinen Jacken gegeben die er nicht mehr trug, mit einer Menge großer und kleiner Taschen, und ich hab mir gedacht diese Jacke, braun war sie, war besser als der weiße Kittel und die Bananen. Zu der späten Stunde war in der Klinik niemand mehr herum, die Flure lagen einsam da wie eine Wüste, ohne Sand allerdings, vielleicht waren alle am träumen von der Zeit wo sie noch nicht irr waren, es kann ja jeder träumen was er will, Träume kann man ja nicht bestellen, die kommen einfach so, bleiben im Kopf solang es ihnen passt, und so wie der Tag kommt ziehen sie weiter in andere Köpfe. Ich wollte eine letzte Runde durch dieses Irrenhaus ziehen, ich fand es schade gerade jetzt wegzugehen wo ich mich daran gewöhnt hatte als wärs mein Zuhause, und mehr noch, ich schlurfte nicht einmal mit den Füßen um keinen Lärm zu machen und schaute mir in der Klinik jede Ecke an, und jede Ecke war eine Erinnerung, manche Erinnerungen waren gut und manche waren schlecht, aber man weiß ja, auch die Erinnerungen machen im Kopf von dem, der sich erinnert, was ihnen passt, und vielleicht ist es das beste, man kriegt eine Anamnesie und vergisst auch wann man geboren ist und wie man heißt, dann geht er niemandem auf die Eier und keiner geht ihm auf den Sack. Auf einmal dann, ganz schlagartig, und es war nicht meine Schuld, ich ging gerade murcksmäuschenstill an der Tür vom Umkleideraum vorbei, da hab ich plötzlich einen Koller am Generve und am Herz gekriegt, als hätte man mich verarscht die ganzen Jahre über die ich in dieser Klapsmühle verbracht hatte und erst da wurde es mir klar, auch wenn es nicht stimmte, fand ich, dass man mich auf den Arm genommen hatte und am Ende lachten sie mich noch aus. Und so kam ich drauf den dritten aufmüpfigen Streich meines Lebens zu spielen nach dem vom Seiler und dem von der Santa Rosa. Also hab ich klammheimlich die Tür zur Umkleide aufgemacht, ich wusste ja dass dort sämtliche Kittel der Klinik hingen an den Kleiderhaken, und mit einer schönen großen Schere hab ich ein Dutzend Kittel genommen und hab sie zur Schmach in Stücke geschnitten, das hatten sie nun davon, die von der Klinik, dass sie mir keinen gegeben hatten. Aber einen hab ich für mich geklaut, so konnte ich ihn anziehen wann mir danach war, ich dachte sogar dass ich ihn mir gleich anziehen konnte, da ich ja ging, und weil Nacht war und der Kittel ganz weiß, wenn mich da einer von weitem sah auf dem Weg zum Bahnhof konnte ihm vorkommen dass da eine Wolke auf Beinen auf der Straße unterwegs war, und wenn er es den anderen erzählte dass er eine Wolke gesehen hatte die auf zwei Beinen zum Bahnhof ging konnten sie ihm sagen Das ist ja ein Wunder, oder Du bist doch besoffen, aber diese Sache dass sie ihm sagten Du bist doch besoffen war am Ende sein Bier, und dann kam mir noch ein anderer Gedanke, nämlich dass wenn ich für immer sterbe, man einen schönen Grabstein machen konnte, zum Beispiel auf meinem Grab, wo einer wenn er ihn sah sich dann wunderte wenn er las was da auf dem Grabstein steht, ohne jedes zusätzliche Wort der Erklärung, nämlich:

HIER RUHT LIBORIO BONFIGLIO
DER WOLKE AUF DER STRASSE WAR

So bin ich gegangen zu der Zeit da die Bäcker in ihre Backstuben gehen um Brot zu backen, und mir kam es vor wie das eine Mal wo ich losgefahren war zum Militärdienst in diesem Dorf das mit Vorname Tauriano und mit Nachname Spilimbergo hieß, ich trug einen schweren Mantel mit Fischgrätmuster, dabei war es eigentlich noch nicht die Jahreszeit für Mäntel, mit Rückengürtel wie man es früher gewohnt war, ich hatte diesen Mantel an einem Sonntag im Kino gesehen in einem Film mit Amedeo Nazzarro und er hatte mir gefallen, der Mantel, nicht der Film, und ich ging so krumm dass mir vorkam ich krieg einen Buckel auf dem Rücken und seh noch aus wie Rigoletto, und während ich Richtung Bahnhof ging sang ich leise vor mich hin, war ja schon dunkel, und wenn einer mich hörte konnte gut sein dass man mich in die Klinik zurückbrachte, was genau das war, was ich mir in dem Moment am meistens wünschte. Sì, vendetta, tremenda vendetta, di quest'anima è solo desio … di punirti già l'ora s'affretta, che fatale per te suonerà. Come fulmin scagliato da Dio, il buffone colpirti saprà. Die Worte wusste ich noch auswendig, so oft hatte ich es bei Festen mit der Musikkapelle unter dem Pavillon gehört, heiße Haselnüsse knabbernd und kaltes Bier trinkend, neben den Greisen die sich auf meinen Platz setzen wollten, wo ich aber aus Trotz nicht aufstand. Der Bahnhof war ziemlich weit weg, aber es war Zeit genug, der einzige Haken war, beim gehen brodelte es in meinem Kopf nur so von allen möglichen vergangenen Sachen und von Ängsten auch, wie ein Topf voller Bohnen auf dem Feuer, wo ich hinzugehen und was ich zu tun hatte sobald ich wieder in meiner Stadt war, weil nur dort konnte ich hin, und nach all den Jahren kannte ich niemand mehr und nicht einmal die Straßen und ganz bestimmt kannte mich niemand, und wer mich kannte hatte mich ganz bestimmt vergessen, weil solche wie Liborio Bonfiglio kannste nur vergessen, und die ich kannte waren ganz bestimmt schon tot, waren ja schon alt gewesen als ich jung war, ein echtes Schlamassel, und stell dir vor, sie wissen dass ich im Irrenhaus war, die Leute kümmern sich nie nur um ihren eigenen Scheiß, sie konnten es ja schnell erfahren, ich musste mich als erstes bei den Carabinieri melden und die laufen eh immer überall herum, denen kann leicht mal ein unvorsichtiges Wort über die Lippen kommen, und was willst du dann den Leuten groß erzählen, was wissen die Leute schon von dem Brummen im Kopf, was können die Leute und die Carabinieri von meiner Stadt schon wissen von Boschetto und seinem wie Hackepeter abgetrennten Arm. Um in meine Stadt zu kommen musste ich in Bologna den Zug nehmen, aber ich wollte nachts fahren, dann sahen mich nur die die nicht schlafen, und so konnte ich morgens beim ankommen und beim aufschlagen der Augen auf meiner linken das Meer sehen, dann fing der Tag wenigstens besser an, weil wer weiß was nachher noch passieren konnte mit dem ganzen Chaos von Geschichten die ich zurückgelassen hatte und mit dem ganzen Chaos von Geschichten die ich wiederfinden konnte, hoffentlich nimmt keiner von mir Notiz, dachte ich, um mir ein bisschen Mut zu machen. So hab ich auch ein Stück Bologna wieder gesehen, nur vom Zug aus zwar, gesehen hat man eh nur die Lichter, war ja Nacht, aber auf dem Trottuar ist mir vorgekommen, Boschetto zu erkennen der mir zuwinkte, mit dem ganzen Arm aber, und er lachte, und es lachten Lenino, Bacunino, Malatesta und Palmiro, und auch der Capo den ich verprügelt hatte lachte, mit einem blauen Auge, den Pflastern auf der Nase und den kaputten Zähnen, und dann war da noch der Lehrer Romeo Cianfarra und der Seiler und Mastro Girolamo der Barbier und die ganzen Jungs die im Krieg gestorben waren, an der Seite lachte Ermes Venturi der ein halbes Dutzend Huren umarmte aber ohne die Sifilis, und auch der Dottor Alvise Mattolini war da und schwenkte einen weißen Kittel, aber den konnte er mir jetzt nicht mehr geben, und mit einem

Strauß Blumen lachte die Teresa Balugani, und so wie der Zug sich in Bewegung setzte Richtung Süden kam es mir vor ich sehe Nonno Peppe und meine Mutter die lachten und etwas abseits ein Mann der nicht lachte aber die gleichen Augen hatte wie ich, es fehlten nur die Teresa Giordani und der Stoffeler Maccarone, aber ich wusste dass sie nicht gekommen waren, vor lauter Einbildung wegen der paar Kröten die sie auf der Sparkasse hatten, und alle lachten. Und mir war nur zum heulen wie einem Kind das zu Weihnachten keine Geschenke kriegt und die andern Kinder schon, so was passiert ja auch auf der Welt, und ob so was passiert. Und so bin ich die selbe Reise wie vierzig Jahre vorher in die andere Richtung gefahren, der Zug war aber neuerer und es gab die dritte Klasse nicht mehr mit den Holzbänken, aber die Schienen waren immer noch aus Eisen und genauso spürte man sie unterm Hintern, und auch die Orte waren übern Daumen gepeilt noch die selben, und ich bin wieder durch Imola gefahren, aber die Klinik konnte man vom Bahnhof aus zum Glück nicht sehen, und in Rimini machte die Bahn eine Kurve und fing an, immer schön neben der Adria herzufahren, und dann kam ein Bahnhof der mit Vornamen Pesaro und mit Nachnamen Urbino hieß, und dann die anderen Bahnhöfe, manche weiblich wie Senigallia, Ancona, Civitanova, und manche männlich wie Porto San Giorgio, Loreto, wo auf dem Hügel der Wahlfahrtsort der Madonna stand, und dann kam San Benedetto aber del Tronto, und dann wieder weibliche Stationen wie Giulianova, Pescara, Ortona, am Ende des Kalenders kam man in meine Stadt, aber um dort hinzukommen sah man das Meer nicht mehr, aber das Meer schaute dir nach, von hinten, während ein kleiner blauer Zug schön langsam, wie ein Alter mit Asthma, die Küste hochkletterte, die Sitze waren aus Plastik, grau und zerschunden und komplett verdreckt und stanken auch ein wenig nach Moder, aber nach Hause gebracht haben sie einen trotzdem. Das einzige was ich jetzt nicht mehr so genau weiß, war dass ich nicht wusste ob ich mehr niedergeschlagen war als ich abfuhr, oder mehr niedergeschlagen als ich jetzt zurückkam, aber bestimmt fühlte ich mich bei der Rückkehr mehr in Schwierigkeiten, war ja nicht zu scherzen, nach all den Jahren kreuz und quer durch die ganzen Gegenden wo ich gewesen war, fand ich mich am selben Ort wieder wo ich gelebt hatte bis ich zwanzig war, jetzt war ich über sechzig, für mich war das bestimmt wie ein neuer Ort als wär ich da vorher noch nie gewesen bei all den Veränderungen in meinem Leben und im Leben der anderen, sofern die anderen noch da waren, da dachte ich am Ende liegen mehr davon schon auf dem Gottesacker als die noch am Leben sind. Aber wie man so sagt, was geschehen ist ist geschehen, da hab ich die Augen zugemacht und hab mich gefragt ob auch mein Vater die Augen auf die selbe Art zugemacht hat. In meiner Stadt, wobei ob die noch meine war wusste ich ja gar nicht, bin ich früh morgens angekommen, zu der Zeit wo die Bäcker wieder nach Hause gehen und sich nochmal hinlegen nach einer Nacht der Brote und Brötchen, und wenn auch die Straßenkehrer das gleiche tun, während die Maurer und die Arbeiter sich zu den Fabriken im Tal unten am Fluss aufmachen, wo aber auch die Pfirsiche wachsen und die anderen Obstbäume und die Weinstöcke. Zum Glück waren nicht viele Leute unterwegs, weil mit diesem Mantel im Fischgrätmuster hätten sie mich alle schief anschauen können und ich hatte ein bisschen Angst dass sie mich sofort erkennen und anfangen mir Fragen zu stellen, und ich wusste die Antworten nicht und am Ende traf ich auch noch diesen Eiersohn der mir nach Wahlen immer sagte Libbò du hast schon wieder verloren, ich hatte ja echt verloren, aber nicht nur bei den Wahlen, am Ende gingen mir noch die Pferde durch und ich verpasste ihm eine Tracht Prügel wie dem von der Ducati, und dann hätte alles nochmal von vorn angefangen, im Knast, dann im Gericht und irgendein anderes Irrenhaus wo aber nicht der Dottor Alvise Mattolini war, wo man mir statt des weißen Kittels eine Zwangsjacke verpasste und das wars dann gewesen Liborio. So ging ich in Hast und Eile ohne aufzuschauen, so wie ich die Klinik in Imola verlassen hatte, und dachte egal ob ich weggehe oder nach Hause komme, immer hab ich mich zu schämen, am Ende war auch diese Verwirrung als wär jemand dabei, mir ein weiteres schwarzes Zeichen zu verpassen, aber eins von denen die dir für den Rest deines Lebens eine Narbe hinterlassen. Es war als wenn ich eine Filmerei im Fernsehen sehe während ich vom Bahnhofsplatz zu dem Viertel runterging wo mein Zuhause war, als würd ich zum ersten Mal einen neuen Ort sehen der nicht meiner war, die Orte waren die selben aber es war nicht das gleiche und mir kam vor es ist alles echt und gleichzeitig falsch, der Ring der Sandbahn wo bei Festen das Rennen stattfand war von einer Mauer abgesperrt mit Eisentoren die wie ein Knast aussahen und die Hecken waren weg, und es tat mir in den Augen weh, die Bäume eingesperrt zu sehen und Zementsockel zu sehen statt dem Gras wo du dich früher hinlegen und in die Wolken gucken konntest oder in die Sterne wenn das Wetter mitspielte, da kramte sich mir das Herz zusammen, und so ging es den Corso Nuovo runter, ich suchte den Barbierladen, aber da war das Schaufenster eines Ladens der Gold, Kettchen, Luxusuhren und Juwelen verkaufte, ein Hungerleider wie ich durfte sich da nicht mal in die Nähe trauen, und dann die super schicken neuen Bars und an Stelle des alten Cafés wo die Creme des Ortes zusammenkam hatte sich ein Klamottenladen eingenistet und viele andere Schaufenster und Geschäfte mit komischen Namen, viele waren nicht mal italienisch, die es vorher nicht gegeben hat, ich erinnerte mich an diese Läden in den Kriegstagen, da brannte alles und die Deutschen mitten im Rauch stahlen alles und schrien wie die Schweine die man zum Schlachthof bringt. Ich ging inzwischen Umwege, als hätt ich Angst vor mein Haus zu kommen, als hätt ich Angst es gibt es gar nicht mehr, und am Ende hätten sie da noch einen Ort eingerichtet wo man ausländisches Bier trinkt zu lauter Musik dass du nicht mehr reden kannst oder hören was die Leute sagen, das hatte ich in den großen Städten wo ich gewesen war mal gesehen, und das gefiel mir überhaupt nicht dieser Trubel, solche Orte waren wie eine Art Schenke, aber in der Schenke spricht man leise, du isst einen Teller Bohnen mit Speck, du kannst dich in eine Ecke setzen mit einer Halben und einer Limo und du rauchst in aller Ruhe eine Kippe, ist schön zuzusehen wie der Rauch aus der Nase kommt und Rauchringe zu formen, und es ist immer einer da der Geschichten erzählt, da kannst du zuhören und du kannst selber deine Geschichten erzählen, und wenn dir keiner zuhören will schickst du sie alle zum Teufel und gehst ne leere Runde drehen, aber an diesen Orten ist es nicht so, im Pab hört dich keiner, nicht einmal wenn du die ganze Welt des Universums zum Teufel jagst. So bin ich dann, hier lang und da lang, zur Werkstatt des Seilers gekommen, wo man nicht mehr das Quietschen der Seile hörte, da war eine Schule mit ner Menge Kinder im Hof die liefen herum und die Lehrerinnen liefen ihnen hinterher, ab und zu fiel eins auf die Nase und weinte, stand auf und lief weiter, da erinnerte ich mich an den Lehrer Romeo Cianfarra der ließ auch uns in der Pause raus und wir mochten ihn noch mehr weil die Pausen vom Lehrer Romeo Cianfarra waren bestimmt die längsten der Welt und hörten nie auf, und die anderen Kinder in der Schule waren neidisch auf uns und die anderen Lehrer waren sauer weil wir so viel Krach machten, aber es war besser wenn hier Kinder waren statt diesem Aas von Seiler, der mochte Kinder überhaupt nicht und im Winter schnippte er ihnen mit den Fingern gegen ihre Ohren die vor Kälte steif waren, das tat viel mehr weh als wenn kein Winter und sie nicht steif waren, und dann bin ich die Treppen runter und dann wieder rauf um zu sehen ob das Haus von Mariona noch da steht mit den Signorine am Balkon, wo die eine mir echt gut gefallen hat. Und plötzlich fand ich mich auf der Piazza Grande unter der Latte des Kirchturms und gleich hab ich mit den Augen nach dem Blutfleck von dem armen Kerl gesucht der im Kampf mit den Deutschen gestorben ist, der nicht einmal mit dem Schnee weggegangen war, aber jetzt war nichts mehr da, und auch der Brunnen fehlte, an seiner Stelle war ein Parkplatz für Autos, und ich dachte, die in meiner Stadt das Sagen haben sind wirklich blöd einen Brunnen wegzumachen der Wasser in die Luft sprüht und Autos hinzustellen die nur den stinkigen Geruch von Benzin versprühen. All diese Orte, die Straßen, die kleinen Plätze, die Piazza Grande, die Lauben, die Treppen vor den Kirchen, füllten sich in meinen Augen mit Gestalten wie an jenem Morgen, die schossen und Jamme jamme riefen, und ich schoss nicht und rannte nur und schaute die jungen Toten an die wie die Fliegen starben, die ockey ockey sagten, und am Ende dann eine merkwürdige Stille und die Schwalben waren vor der Zeit ins schwarze Afrika abgehauen um sich dieses Gemetzel nicht anzuschauen, und ich sah die Frau wieder, die einem tot erschossenen Jungen das blutüberströmte Gesicht mit Wasser wusch, und von hinten schien sie mir genau meine Mutter. Schritt um Schritt zwischen einer Erinnerung und der nächsten, nach dem Brennofen der Töpfer, der wer weiß wie lang schon aus war, und auch die Schenke von Scialì war zu, nur die Madonnenbrücke stand noch da wie dazumals, und man sah die Leute drübergehn, aber nur die Köpfe ganz klein, als ich ein kleiner Junge war, glaubte ich dort gehen nur Zwerge drüber, aber ab und zu warf sich einer runter aus eigenen Gründen, da machte mir die Brücke Angst, weil es hieß da gingen nicht nur Zwerge drüber sondern auch die die das Leben leid waren und dreiunddreißig Schritte zählten und dann flogen sie ein paar Sekunden lang wie die Schwalben und wurden dann vielleicht, wenn Jesus gut aufgelegt war, weiße Seelen oder Engel, zweiter Wahl allerdings, weil sie hatten sich selber tot umgebracht. Am Ende bin ich durch Winkel und Gassen plötzlich vor meiner Haustür gestanden, und auch wenn kaum jemand auf der Straße war spürte ich trotzdem tausend Augen auf mich gerichtet mit diesem Fischgrätmantel mit Rückengürtel der aus der Zeit gefallen war, und es war warm, vielleicht hatte irgendein Oberschlauer der keine Ahnung von nichts hatte und mich an dem Morgen gesehen hatte schon angefangen herumzuerzählen es ist ein neuer Spinner in die Stadt gekommen, als hätten die vorhandenen nicht gereicht. Eine barmherzige Hand hatte einen Draht angebracht damit die Tür nicht aufstand, sonst hätte ein Fremder oder ein Dieb reingehn können, da musste ich lachen, wenn etwa ein Dieb in dieses Haus ging, ließ er aus Mitleid eher was da, als dass er was zu stehlen gefunden hätte bei all dem Elend das hier auf ewig eingerichtet war. Den Draht hab ich weggemacht, aber weil ich vor Aufregung den Kopf in den Wolken hatte hab ich mir die halbe Hand zerkratzt, und so ist der Name eines Heiligen in den Himmel aufgestiegen. Ich bin mit geschlossenen Augen rein als hätte ich Angst vor den Sachen von früher, und das war das Zuhause eines anderen und beinahe hätte ich noch Gestatten gesagt. Es lag so dicker Staub, der kam mir vor wie Schnee, an der Kredenz war die Scheibe ganz zersplittert, und nicht einmal ein altes Foto steckte auf dem Glas, der Tisch war auf der einen Seite immer noch wacklig, also legte ich was unter damit er im Lot war, der Boden lag voller Zotteln dass man hätte ein Kissen draus machen können, und Spinnweben, Mauswiesel liefen in alle Richtungen und ein abgestandener Gestank nach nichts. Eine heruntergekommene halbe Bruchbude wars gewesen und eine Bruchbude wars immer noch. Inzwischen hörte ich eine Stimme von innen her die sagte Hast du etwa gedacht du findest die Villa von Fürst Torlonia? Jedenfalls war ich froh, dass es das Haus noch gab, und nach und nach, Stück um Stück, hab ich es wieder in Ordnung gebracht, vorher hab ich mir das Nötige gekauft um den Dreck wegzumachen, Reiniger und Bleichmittel, zwei Hudeln, einen Reisigbesen, ein paar Putzlappen und Handtücher, und am Ende, weil ich war vor Müdigkeit erschöpft, hab ich mich auf einem ganz zerschlissenen Strohstuhl vor die Tür gesetzt und hab Mut gefasst, und wenn einer der vorbeikam stehenblieb und fragte, sagte ich ihm wer ich war, aber leise als würde ich mich schämen, weil was willst du den Leuten schon erklären wo jeder nicht einmal das eigene Leben kennt. Von den Älteren erinnerte sich aber der eine oder andere und so sprach es sich rum, Liborio Bonfiglio ist wieder da, nach mehr als vierzig Jahren, und er ist nicht mehr ganz in Ordnung im Kopf, wobei ein Knallkopf war er immer schon ein bisl gewesen, einer der nichts hatte und nichts konnte. Aber das machte mir nichts aus, all das Gerede prallte an mir ab, ich war allein und fühlte mich wohl dabei, und mit der kleinen Rente kam ich zurecht, ich brauchte ja nicht viel um über die Runden zu kommen, so wie früher so auch jetzt, einkaufen ging ich in einem kleinen Laden wo die Besitzerin mich ein wenig ins Herz geschlossen hatte, weil ihre Mutter sich noch an meine Mutter erinnerte, so schenkte sie mir was zu essen, einmal hat sie mir auch reife Bananen gegeben die drin und draußen ihre Farbe gewechselt hatten, waren aber immer noch Bananen, nicht etwa Feigen. Je mehr ich allerdings erzählte was mir passiert war ohne auch nur ein Ereignis zu verschweigen, umso mehr hielten mich die Zuhörer für halb verrückt, und manchmal nahmen sie mich aus Jux auf den Arm um den Kindern Angst zu machen, Da, gleich kommt Liborio der Spinner und frisst euch, sagten sie, und die liefen auf und davon weil sie ein bisschen dran glaubten, und mir, der ich Kinder mochte, mir tat das leid, und manchmal gingen mir die Nerven durch und ich packte einen am Kragen und zog ihn fast vom Boden hoch, aber so wie ich das tat, waren sich alle sicher dass ich tatsächlich verrückt bin, und im Irrenhaus war ich ja gewesen, das war ja nicht zu leugnen, und auch noch lange Zeit, auch wenn die wie der Wind vergangen war und es mir vorkam wie nur ein paar Monate, derweil waren es lange Jahre gewesen, kilometerlange. Mein Leben war also irgendwie komisch, ein bisschen normal und ein bisschen nicht, aber von denen die ich von früher her kannte waren halt nur ganz wenige übrig, für die andern war ich der Irre aus der Klinik in Imola, und einmal habe ich dem Dottor Alvise Mattolini eine schöne Postkarte geschrieben, da war die Latte des Kirchturms und die Piazza drauf abgebildert und ein Stück Lauben sah man auch, und ich hatte schön deutlich drauf geschrieben *Liebe Grüße an den Dottor Alvise Mattolini und an alle Irren in der Klinik* unterschrieben Liborio Bonfiglio, und dann hatte ich sie rumgereicht um ein bisschen anzugeben, und die haben alle gelacht und gesagt ich bin mehr blöd als irr, einem dieser kleinen Arschlöcher hab ich eine Schelle verpasst die erinnert er sich heute noch, der wollte mich dann anzeigen, aber dann ist einer dazwischen gegangen und wir haben Frieden geschlossen, aber die Hand hab ich ihm von wegen nicht gegeben diesem Großkotz, also unter den Leuten kam ich alles in allem nicht so gut an, war aber nicht meine Schuld, und da dachte ich an die Zeit mit Boschetto und die anderen bei der Ducati und dachte, nur die waren echte Freunde, aber es machte mich wütig dass mich in meiner Stadt keiner ernst nahm oder sie verarschten mich, die Schuld lag, fand ich, bei diesem Fischgrätmantel mit dem Rückengürtel der aus der Zeit gefallen war, aber es war das selbe auch wenn ich die braune Jacke anzog die Alvise Mattolini der Dottore ausrangiert hatte, auch wenn sie noch gut war, sie sahen mich immer als halb blöd oder halb verrückt an, weil ich war am Ende bei den Zeiten geblieben als ich jung war, und auch die Stadt war damals jünger und ich verstand die Veränderungen nicht und fand mich gar nicht damit zurecht, aber es war nun mal so, also rechnete ich meine Lage nochmal durch und sagte mir Scheiße für mich Scheiße für alle und ging immer mehr meine eigenen Wege, in den Biergarten ging ich nicht und in der Schenke setzte ich mich abseits wie ein Eigenbrötler und wie einen Eigenbrötler behandelten sie mich auch, ich rauchte eine Esportazione, dann ging ich nach Hause und las ein Stückweit im Buch *Cuore*, nachts träumte ich von den Festen und war froh, weil dann kam die Musikkapelle und ich ging hin zuhören wie früher und alles war wieder in Ordnung und zum Teufel mit dem Rest der Welt fürn Arsch. Einen weiteren Schlag, abgesehen von der Licht- und der Gasrechnung wo ich nicht dran gewöhnt war, hab ich mir hinterrücks auf der Piazza delle verdure eingefangen, da bin ich hin weil bei den Gemüseständen war es billiger, und mir war das klar, da tauchen wiesawie die Teresa Giordani und Maccarone auf, nicht mal Arm in Arm sondern er vorn und sie hinten, hätte sie mich geheiratet, wär ich immer an ihrer Seite gewesen Arm in Arm, weil so macht man es mit den Signore und wie eine Königin hätt ich sie mitgenommen, die haben mich angeschaut aber mich nicht erkannt, aber ich hab gleich gesehen dass sie es sind, und doch war ich geplättet weil Maccarone hatte kein einziges Haar mehr auf der Birne und sein Bauch kam eine Stunde vor ihm an, so feist war er geworden und sie nicht minder. Madonna mia, sie kam mir vor wie ein Fass Eingemachtes, sie keuchte auch noch schwer, und mir war zu lachen weil ich stellte mir die beiden beim knallen vor, da müssen sie die Feuerwehr mit dem Gabelstapler holen, den Pipel und die Pflaume aufeinander zu bringen, und ein bisschen hab ich mich gefreut, und ich wollte dieser Teresa Giordani sagen hätt sie mich geheiratet wär sie jetzt noch eine Blüte, und dass ich noch alle Haare habe, auch wenn sie an den Seiten ein bisschen ins Weiße gingen, aber mein Kopf war nicht wie ein gekochtes Ei wie bei diesem Stoffeler von Maccarone der richtig Scheiße aussah und früher auch schon. Wollt ich ihn doch mal sehen bei der Borletti und bei der Ducati Brust an Brust vor den Pressen und den Maschinen in der Fabrik, was er da zustande gebracht hätt mit seinen Wurstfingern, da hätt am Ende sogar Boschetto ihm noch gezeigt wies geht mit seinem halben Arm der noch dran war, und er hätt gut dran getan, hätt er. Beim Anblick von diesem Auftritt von Maccarone und Signora hat mein Schädel, der eh schon im Schleudern war wie ein Auto mit glatten Reifen, wo man mich nachher sogar Knallkopf nannte, wie eine Art schnellen Rückwärtsgang eingelegt, wo mir die alten Geschichten wieder vor Augen gekommen sind wie ich und die Teresa Giordani jung waren und ich ihr einen Kuss gegeben hatte vor aller Augen während des Jubels und Trubels der Feiern dass der Krieg aus war und ich sie heiraten wollte und derweil ist dann alles den Bach runter gegangen wegen dieses Stoffelers und auch mein Leben ist wild durcheinander geraten und aus mir ist geworden was aus mir geworden ist. Bei diesen Nachgedanken kam mir wie eine Art Wut der Rache hoch dass ich was tun musste um es ihnen heimzuzahlen, dem Maccarone und seiner Signora, weil es konnte ja nicht damit getan sein, so wie die Geschichte jetzt war, Alles-fein und Wird-schon-gut-gehen, und so überleg ich hin und her, und da kommt mir die Schnapsidee dass ich ihnen eine Schmach antun musste und das Schmachigste konnte sein, der Teresa Giordani nachzusteigen und ihr den Höfling zu machen, nach und nach wird auch die Zwiefel zum Knoblauch, am Ende war es für mich nur gerecht, so oder so hatte ich ihr auch mal den Schlegel reinzuhängen, wenigstens einmal, aber nur der Gerechtigkeit halber, hatte ja nicht vor eine Familie zu ruinieren und ein altes Handelsgeschäft. Also habe ich ein ganzes Programm aufgestellt, eine gezielte Attacke als hätt ich im Krieg einen Schützengraben überfallen müssen, ohne viel Federlesens, weil in Kriegszeiten, wie man so sagt, ist auch ein Loch eine Festung. So hab ich angefangen mich gut anzuziehen, und herausgeputzt ging ich kreuz und quer herum und der Teresa Giordani ging ich alle Tage auf Schritt und Tritt nach, auch wenn es regnete, wo sie war war ich auch, auf der Piazza delle verdure, auf dem Markt, nahe dem Geschäft des Stoffelers, auf den Prozessionen der Madonna del Ponte und beim Fest von San Rocco e l'Assunta, vor den Läden oder in der Apotheke, einfach da wo sie war war auch ich, und ich ging auch zum Friseur und ließ mir die Haare schneiden, waschen und rasieren, ich hörte auch gern den Meister am Ende zum Lehrbub sagen Bürsten Bursche!, es rührte mich sogar ein wenig weil es mich an die Zeit erinnerte als man zu mir Bürsten Bursche! sagte beim Barbierladen De Angelis unter den Lauben 1927, und wenn ich es wieder sagen hörte seufzte ich verstohlen damit mir nicht die Tränen kommen zu weinen, weil das kommt nicht gut wenn ein erwachsener Mann anfängt zu weinen nur weil er eine Stimme rufen hört Bürsten Bursche! Ich war also hübsch mit dieser Liebeständelei beschäftigt, so wie die Katze der Maus nachstellt im Keller oder in den Gassen der schäbigsten und dreckigsten Viertel wo's gibt. Teresa Giordani stellte sich insgeheim blöd, um sich nicht auf den Krieg einzulassen, man sah ja, während ich sie aus den Augenwinkeln ausspionierte, auch sie beluchste mich, auch wenn sie so tat als wär nix, aber so langsam, fand ich, erwärmte auch sie sich, weil von mir aus hatte sie geschnallt dass ich nicht umsonst auf Schritt und Tritt hinter ihr her war und dass mein Kopf dabei war eine liebreizige Überraschung auszuhecken. Eines Morgens ist ihr dann ein Lächeln entschlüpft, für mich war das wie ein positiver Augenaufschlag, wo ich dachte jetzt ist sie fällig und es braucht ein entschlossenes Handeln wie wenn man sagt auf Biegen und Brechen, was Schnelles wie ein wilder Streik, man kann schließlich nicht immer nur Margeriten zerpflücken, derweil vergeht die Zeit und der Zug ist abgefahren und dein ganzer Einsatz ist futsch. So hab ich am Tag danach eine Runde auf dem Friedhof gedreht und hab den Toten hie und da Blumen genommen, die waren noch taufrisch, und als sich im Durcheinander vom Markt die Gelegenheit ergeben hat, hab ich sie mit einem Taschenspielertrick der Teresa Giordani in die Tasche gesteckt und gewartet dass was passiert. Und es ist was passiert dass sie sie genommen und auch noch dran gerochen hat, sie wusste ja nicht dass sie von den Toten kamen, und hat hübsch gelacht und da ist mir aufgegangen dass auch sie einen Haufen Flausen im Kopf hatte. Am Ende ging es erfolgreich zur Sache und eines Nachmittags, nach einer militärischen Belagerung, ging ich voran und sie kam mir hinterher, gesenkten Hauptes, den Aufstieg hoch der zu meinem Haus führte, beide ohne zu gucken oder zu sprechen, die Würfel waren nun gefallen und hatten klar gesprochen, und der Stoffeler Maccarone war drauf und dran für all seine Sünden bestraft zu werden und für all meine Plagen auch. Und so war es, was Wortloses, zwei Streicheleinheiten aus Hingebung aber ohne Übertreibungen, aber die körperliche Vereinigung erwies sich als etwas kompliziert, sie war wirklich ziemlich fett geworden wie ein Fass und ich war reichlich verspannt im Körper und an den Nerven nach all der Zeit die ich diese Sachen eigentlich nicht mehr gemacht hatte, weder mit dem Kopf noch mit der Hand noch mit dem Schwengel. Außerdem waren wir ja nicht jung wie als wir jung waren, aber am Ende, mit Drücken und Schieben und unter zahlreichen Verrenkungen hat sich der Fiedelbogen in Bewegung gesetzt und es ist nicht mal so schlecht gelaufen, bei der Schlussabrechnung sind wir zur ganz sanften Krönung gekommen, mit Händen und Füßen, wenn auch etwas kurzatmig, aber geschafft haben wir es. Wir lagen auf dem Bett, jeder betrachtete sein Stück Decke mit den feuchten Flecken, jeder hing seinen Gedanken nach und vielleicht seiner Sehnsucht, dass das, was passiert war besser schon viel früher passiert wäre, für sie weiß ich nicht aber für mich wär es bestimmt besser gewesen. Beide stumm und still haben wir uns ein Weilchen sogar die Hände gehalten als wären wir noch unschuldige Halbwüchsige, eigentlich wollte ich was sagen aber es kam mir nichts in den Sinn, ich war nur froh über die Schmach für den Stoffeler, aber das konnte ich nicht sagen weil es zu verletzend gewesen wäre für die arme Haut, die ich dann halblaut was sagen hörte, da hab ich die Ohren gespitzt und sie sagte O Herr ich bereue und beklage meine Sünden denn sündigend habe ich Euch unendlich verletzt und Eure Strafe verdient, das schien mir nun etwas übertrieben, wenn einer halb unter Tränen und halb nicht das Schuldbekenntnis aufsagt nach einem stummen Betthupferl, was willst du dann sagen, höchstens ein anderes Gebet, aber das fiel mir nicht ein und ich konnte ja schlecht singen Bandiera rossa la trionferà wie früher als ich Metaller von der Fiom war. Wo dann, schau du doch auf den heiligen Christ, muss das ausgerechnet mir passieren, sagte ich mir so langsam in meinem Innersten, für eine schnelle Nummer abseits der Pfade, die alles in allem nicht mal so geschmackig war, muss ich mir auch noch einen ganzen Rosenkranz an Madonnen von Loreto und Umgebung anhören die mir das Bewusstsein trübten, der ich doch nie je eine Laus zerdrückt hab, im Gegenteil, oft war ich die zerdrückte Laus bei all den schwarzen Zeichen die mich mein Leben lang verfolgt haben. So ist es gelaufen, aber nur das eine Mal, und ein Mal allein gilt für mich nicht weil es ist als wärs gar nicht passiert, es gilt nur bei Wiederholungen. Also haben wir uns wieder angezogen und sie ist gegangen ohne sich zum Abschied nochmal umzudrehen, und ich hab ihr nicht nachgerufen damit sie sich umdreht, die Tür ist offen geblieben, und ich hab rausgeschaut auf die Straße ob irgendwo eine Arschgeige rumspioniert, aber nicht einmal ein Hund war rum zum Glück, nur eine dünne Scheibe Mond, aber der Mond war selber ein halber Nachtschmetterling, folglich redete er nicht und ich konnte beruhigt sein, da hab ich die Tür wieder zugemacht und gesagt jetzt kann mich auch Maccarone der Stoffeler am Arsch lecken, und wie ich es sagte hab ich mir gedacht, was ich am Nachmittag eingefädelt habe war gewiss der vierte aufmüpfige Streich den ich in meinem Leben getan hatte, schmählicher als die anderen, als der vom Seiler, der von der Santa Rosa, der mit den zerschnittenen Kitteln in der Klinik. Und es stimmte ja, nun hatte ich ihn ihr flüchtig reingesteckt diesem Flittchen, aber nur der Gerechtigkeit halber, ab und zu muss man sich querstellen, sonst kriegt man nur die Klatschen ab im Leben, es hatte mir auch gefallen und, fand ich, beiden, folglich sind wir quitt, es ist Friede und Amen. So das Leben rund um mich rum, und ich mittendrin oder an der Seite sah ich es vorbeiziehn wie ein Güterzug mit hundert Waggons der zwar ganz langsam vorbeizieht aber er zieht vorbei und ab, plötzlich siehst du den letzten Waggon von hinten und dann nur noch die eisernen Schienen, und wer weiß wo sie den Zug hinfahren. Aber was in der Welt geschah entging mir nicht, ich hielt immer die Ohren spitz und hörte mir an was auf der Piazza geredet wurde, wenn sie mich ließen ohne mich gnadenlos zu verjagen, manchmal fragten sie mich nach meiner Meinung, ich aber um auf der sicheren Seite zu bleiben dämmerte mir schon, dass sie mich verarschen wollten, blieb still. Manchmal las ich die Zeitung am Kiosk oder im Café vom Piccadillo, dort gab es mehrere Gestalten wie mich, und dort wurde ziemlich viel dummes Zeugs gequatscht was aber durchaus auch zum lachen war, und auch da, sobald ich von zuhause da hinkam, machten sie sich gleich dran mich zu verarschen, aber ich biss nicht an und tischte ihnen eine Menge Quatsch und Lügenmärchen auf dass die wild ins Schleudern kamen und ich nicht. Einen gab es der war mir sympathischer, den nannten sie Cipolletta, Wein brachte ihn dazu schinesisch zu reden, und Wasser wusste er nicht mal was das war, und er war mir ein bisschen ähnlich, wir waren praktisch die beiden Fetzenschädel des Cafés, meinten die, und ein jüngerer war auch dabei, dem hörte ich zu weil der wusste eine Menge Sachen, aber viele, fand ich, erfand er sich und brachte alle um den Verstand mit seinen vielosofischen Reden, sie nannten ihn Gino la Scheggia, weiß aber nicht warum, auch nicht ob das sein richtiger Name war oder nur ein spitzer, dabei war er ganz und gar nicht der Typ der schnell ist und sich zu schaffen macht, es schien vielmehr dass er gleich bei seiner Geburt aller Arbeit abgeschworen hatte, aber er war nicht doof, und er sagte die selben Sachen die ich sagte als ich in der Fabrik war wo ich sagte, wozu verdammtnochmal diese ganze Hetze bei der Arbeit, und man sollte es langsamer angehen so in etwa wie die Ameisen und die Grillen es machen, weil wie man's auch dreht und wendet, es geht alles seinen gewohnten Gang, am Ende würden wir alle in der Via della Pace landen, wo der Gemeindefriedhof lag, der Tod ist kein Geschäft das einem Rabatt gibt wenn das Lager voll ist. Der Besitzer von der Bar hingegen, den nannten sie Eisenmaske, der erzählte immer er aß mittags und abends stets Langusten, aber so viele Langusten, fand ich, konnte es im Meer gar nicht geben, und er hatte das Gesicht eines bösen Schauspielers, dabei war er am Ende eigentlich gut und tüchtig, aber nicht so ganz, weil irgendwie war er ein Schlingel und tatsächlich sagte er manchmal er schaute sich Pornofilme an, weiß allerdings nicht ob er sie anschaute während er Langusten aß. In dieser Bar war es ganz passabel, aber wenn es dunkel wurde, machten sich alle davon und ich blieb allein wie ich es immer gewesen war an allen Orten wo ich gewesen war von Jugend auf bis jetzt, dann ging ich nach Hause ein Stück Brot mit Mortadella essen, ich las wieder *Vom Apennin zu den Anden* oder *Der kleine lombardische Kundschafter*, wenn mich die Rührung anfiel wurde ich zur Trauerweide mitten in der Ebene, danach ging ich schlafen und hoffte nichts zu träumen, weil wenn ich träumte waren es immer unschöne Träume, und am Morgen stand ich mit einem bitteren Mund auf vor lauter schlechten Träumen die ich gemacht hatte. Ein weiterer übler Schlag hat mich getroffen als in Berlin im germanischen Deutschland eine kilometerlange Mauer gefallen war, dabei ist kein einziger zu Tode gekommen, es hieß sogar es war wie ein Fest wo alle sich umarmten, und seitdem war es mit dem Komunismus der Arbeiter vorbei, wo ich doch die Plakate für die Streiks gemacht hatte, vielleicht hatte es ihn auf Erden gar nie gegeben, es war alles aus und ich bin viele Tage nicht mehr aus dem Haus gegangen aus Angst, es läuft mir, wenn er nicht schon tot war, dieser Affenarsch über den Weg der mir ins Gesicht lachte und sagte Libbò du hast schon wieder verloren, wo ich dachte der Komunismus muss erst noch kommen, stattdessen war er unterwegs krepiert wie ein Herzkranker, und das war ja auch ein übler Streich, ein weiteres schwarzes Zeichen, wo mir mein Freund Palmiro in den Sinn kam, der vielleicht ein weiter Verwandter von Togliatti war, wer weiß wie der enttäuscht war dass diese Mauer in Berlin auf die Fresse gefallen war, da hab auch ich mich dann in dieses Unglück ergeben das ich nicht erwartet hatte und hab mir Mut gemacht und gesagt Libbò was solls, so läuft es in der Welt, und wer Gottes Beistand will muss schon selber beten, aber draußen, auf der Piazza, in den Straßen hat mir keiner was gesagt und ich dachte dass am Ende diese jungen Toten im Krieg gegen die Deutschen beinahe umsonst gestorben sind, und da war ich dann froh, dass ich mit Hauen und Stechen noch am Leben war, wenn auch ein wenig enttäuscht von dieser Mauer die gefallen war wie eine Feige die vom Feigenbaum fällt, weil keiner sie rechtzeitig gepflückt hat, und man weiß ja dass sie fallen, weil auch die Feigen sind es irgendwann leid auf den Zweigen abzuhängen wie die Lümmel von den Randbezirken die sich dann feinmachen und zu den Festen in die urbane Stadt kommen. Ein kleines Fünkchen Hoffnung hatte ich geschöpft weil es neue Wahlen gab und ich hatte so lange nicht gewählt, ich war ganz scharf darauf weil ich endlich wieder meine Partei wählen konnte, aber auf dem Wahlzettel ich suche und suche und sie war nicht mehr da, da gab es nur bunte Kreise, blaue

Fahnen, Olivenbäume, Schilde mit dem Kreuz, krasse Namen wo nicht zu kapieren war, wars Fisch wars Fleisch, es gab das Emblem der Vorschrittlichen aber kein einziges Symbol der Exkremisten wie denen in Bologna die auf der Piazza Grande Reden hielten wo ich, hörste heute hörste morgen, das eine oder andere doch aufgeschnappt hatte, aber wem sollte ich das jetzt sagen, was ich da gelernt hatte, und ich dachte und überlegte wer weiß was dem armen Boschetto durch den Kopf geht, vielleicht schaut er auf das was von seinem Arm noch über ist und denkt gar nix, dachte ich mir in meiner Stadt die mir, wie die Jahre so ins Land zogen, ein wenig zu fremdeln anfing, aber das behielt ich für mich, sonst hielt man mich nicht nur für halb verrückt sondern ganz, na dann alles in Gottes Hand, und wer seinen Beistand will muss schon selber beten und Amen, Vater unser der du bist im Himmel bleib da oben, wenigstens ab und an hätte er sich ja aufraffen und mal heruntersteigen können auf die Erde oder er hätte von seinen hohen Wolken aus seine Stimme hören lassen können wo ich wirklich nicht wusste wem ich meine Stimme geben sollte bei diesen Wahlen. Und dann passiert doch glatt dass die Gegenseite die Wahl gewinnt, wo ich mir auch noch das gewohnte Plakat politisch umgeschrieben hatte, und weil ich nicht wusste was ich schreiben sollte habe ich einfach FORZA drauf gepinselt, und immer triffts mich, vom Regen in die Traufe, es hatte sich auch herumgesprochen dass ich zur Gegenseite gewechselt war, die Wahlen hatte eine neue Liste gewonnen die ausgerechnet Forza Italia hieß wie beim Fußball, und am Ende dieser ganzen Umstülpung, so wie die Hunde immer den letzten beißen, dieser Eiertreter der mir immer sagte Libbò du hast verloren, war noch nicht abgekratzt, und da läuft er mir doch auf dem Corso Nuovo übern Weg der voller Leute war und sagt mir mit dieser Fresse von totem Fisch Libbò nun haste endlich mal gewonnen, wo ich doch, zum Arsch mit dir und deiner Mutter und der Schwester von dir auch, ein weiteres Mal verloren und es nicht mal gemerkt hatte, ganz niedergeschlagen bin ich nach Hause, es sind mir sogar zwei dicke Tränen gekommen wie zwei Schnecken und ich sagte zu mir Libbò du bist auch fürn Arsch, du, die Berliner Mauer, Palmiro und Togliatti der auch schon eine ganze Weile gestorben war und ihn wenigstens nicht mehr mitgekriegt hatte diesen ganzen Zerfall der da geschehen war. Und ich dachte mir auch dass ich ein bisschen den Verstand verlor, ganz langsam und lautlos wie ein Blatt von grün erst rot wird und dann gelblich und dann vom Zweig fällt und der Wind es irgendwohin trägt ohne um Erlaubnis zu fragen, kein Wunder dass sie mich dann Knallkopf genannt haben und vielleicht hatten die auch recht die mich so nannten, vielleicht hatte ich ja wirklich den Abspann des Films erreicht.

2001 ... 2006

> Es ist nicht mehr sehr weit, das Zeichen, bald
> wird er nicht mehr auf der Straße sein, der Mann,
> der dahinging, in seinen Kragen gehüllt.
>
> FRANCO FORTINI, *AL POCO LUME*

Der Tag heute vergeht und der Tag morgen vergeht, es lief nicht so besonders gut, die Angst dass die Leute mich schief anschauen fraß immer mehr an meiner Seele, mehr als vorher und so kamen mir beim geringsten Wie jetzt Verstörungen, ständig hörte ich Schritte hinter mir wie wenn du träumst ein Böser ist hinter dir her und du läufst und rennst und der kommt immer näher, du spürst keine Kraft und der mit dem bösen Gesicht ist drauf und dran dich zu packen und dir was anzutun, und du weißt nicht warum und kannst nichts dagegen tun, nur aufwachen damit er verschwindet in einer andern Nacht oder im Traum von einem andern, zum Beispiel von einem der dir auf dem Magen liegt wie Maccarone der Stoffeler, zum Beispiel. Als ich dann eines Abends vor meinem Haus saß fing ich an Stimmen zu hören, aber ich verstand nicht recht was sie mir sagten, und die Leute die vorbeigingen wollten mich scheints nicht sehen und drehten den Kopf zur anderen Seite als hätte ich die Krätze gehabt oder sonst ne schlimme Krankheit die einen anstecken konnte wenn man stehenblieb mir ins Gesicht zu schauen. Die Kinder des Viertels schwirrten um mich herum, und manche, die durchtriebensten, warfen mit allem möglichen nach mir, manche spuckten mich auch an, sie sagten ich bring Unglück, auch die Erwachsenen sagten das, und auch dass ich verrückt und gefährlich war, und die Mütter hab ich mehr als einmal ihren Kindern zurufen gehört wenn sie nicht folgen, würde man den irren Liborio holen dass er ihnen ordentlich Angst macht, und mir tat das leid, weil Kinder hatte ich immer gern gehabt und mir kam die Fantasie ihnen alles zu erzählen was mir in meinem Leben passiert war weil das konnte ihnen helfen für das Leben das sie in der Zukunft erwartete, aber da war nichts zu machen, kaum kam ich näher liefen sie alle davon und zuweilen drohten mir die Eltern Prügel an wenn ich nochmal versuchte mich anzunähern. Aber ich kam näher weil ich die Kinder mochte, weil ich mich erinnerte, als ich Kind war ist nie einer näher gekommen um mich zu tätscheln, und als Erwachsener erinnerte ich mich immer noch daran als unüberwindlichen großen Schmerz der Vergangenheit als Kind. So blieb ich immer allein und stets hörte ich diese Stimmen die mir in den Kopf kamen an Stelle des Krachs im Kopf der Borletti, und weil die Stimmen im Haus drin stärker waren ging ich hinaus und nahm mit was mir tagsüber so dienen konnte in zwei drei Plastiktüten, und auch wenn ich kein Penner war kam ich daher wie einer von ihnen wie ich sie in Mailand gesehen hatte, die wie Hunde auf der Straße lebten, schmuddlig und verdreckt, das Wasser aus den Pfützen tranken und Reste aus dem Müll aßen, und ich hatte niemand dem ich sagen konnte ich bin ein normaler guter Mensch, auch der Dottor Alvise Mattolini hatte mir ja oft gesagt Eigentlich ist er gar nicht so verrückt dieser verrückte Liborio Bonfiglio, ich hatte ja nie jemand etwas zu leibe getan abgesehen von dem Kerl der Ducati. Wenn ich mit meinen Tüten unterwegs war strich ich immer die Mauern entlang, ich drehte mich, um zu sehen ob mir jemand folgte wie der mit dem bösen Gesicht der mir fast jede Nacht im Traum erschien und zum Eierschredderer geworden war, und kaum ergab sich die Gelegenheit, las ich gern die Todesanzeigen mit den Namen auch wenn ich die nicht kannte und den Sprüchen die sie da draufschrieben, da war einer ins Haus des Herrn zurückgekehrt, ein anderer war selig entschlafen, wobei wie sie das sagen konnten weiß ich nicht, die ganze Verwandtschaft meldete an dass einer gestorben war, keine Blumen sondern wohltätige Spenden, und ich sah wo es Begräbnisse gab und wann und wie, Begräbnisse fand ich todreizvoll. Ich ging immer ganz pünktlich hin und hörte mir die Messe an, und auf den Friedhof ging ich auch, und manche hielten mich für einen entfernten Verwandten und ließen mich dabei, manchmal war ich gerührt vom Schmerz der anderen, und es kam mir sogar die eine oder andere verstohlene Träne, und es ging mir besser, weil schließlich musste ich an mein eigenes Begräbnis denken und ich wollte wissen wie viele Leute da wohl kommen würden, wenn überhaupt jemand kam, aber ich hatte Angst, bei meinem Begräbnis wenn es denn mal so weit war, kommt keine Sau, nicht einmal im Fehl. Auch Hochzeiten waren mir recht, wenn es sich ergab war ich immer dabei, aber da war es anders, es war als würde ich stören und man verjagte mich recht grob auch mit manchem Fußtritt in den Arsch weil ich Unglück brachte, und man ließ mich nie Reis werfen und ich durfte nie rufen Hoch lebe das Brautpaar, wo ich dann dachte so viel Unglück hab ich der Teresa Giordani und diesem Blindgänger von Maccarone dem Stoffeler gar nicht gebracht, also schaute ich von weitem zu und wenn ich die Augen schloss sah ich dieses Mädchen aus der Klinik das auch Teresa hieß die ich einmal am Kopf und in ihrem Gesicht voller Sommerflecken gestreichelt hatte, und dachte jetzt konnte ich mit ihr in einer richtigen Wohnung leben statt mit den Plastiktüten die Mauern entlang zu streichen ohne zu wissen wohin, tagsüber mit all diesen Stimmen im Kopf und nachts mit diesem Unhold der mich verfolgte, dass ich Angst hatte einzuschlafen, also blieb ich so lang wie möglich wach das Stück Himmel zu betrachten das über meiner Gasse wohnte. Mein Leben wurde inzwischen immer mehr zum schwarzen Zeichen, selbst in der Mensa der Armen der Kirchgemeinde schauten sie mich schief an wie einen Mörder, also was soll der Scheiß sagte ich, die sind doch genauso arme Schweine wie ich, und wie sollte ich denen noch Unglück bringen wo sie ihr Pech eh schon weg hatten, da hatte ich doch schonmal ne halbe Sozialrente und verglichen mit ihnen die wirklich arm waren ging es mir schon ganz passabel, aber manchmal hatte ich den Eindruck dass in diesen traurigen Zeiten die Armen verbitterter waren als die Reichen, die Reichen beachten dich einfach nicht, aber die Armen untereinander hassen sich regelrecht, und ich konnte nicht verstehen ob es besser war wenn sie mich hassten oder ob sie überhaupt keine Notiz von mir nahmen, was ja auch keine schöne Entscheidung war, als hätte man einen gefragt ob er lieber im Hafen ertrinken oder unter den Rädern eines Lkws sterben wollte der Steine zur Kiesgrube fuhr. Letzten Endes war der einzige Ort, an dem ich ein bisschen Ruhe fand, die Schenke von Modugno, den nannte man so weil er nicht viel redete und immer sang Volare oh oh, und dort spachtelte ich einen Teller Bohnen mit Speck mit trockenem Brot das man aber in die Suppe tunken konnte, gönnte mir einen Liter Roten, und dann war da ein netter Typ der mit der Chitarre immer das selbe Lied spielte und sang das hieß *Ai Carmela ai Carmela*, man hatte mir gesagt er ist Sozialist, von Nennis Seite aber, wie Nonno Peppe, der viele Jahre vorher auf der Baustelle unter einem Eimer Zement gestorben war. So war also mein Leben in all den Jahren wo ich mich hatte ein wenig gehen lassen, nun wartete ich dass es kälter wurde, dass ich wieder den Mantel im Fischgrätmuster mit dem Rückengürtel tragen konnte, mein bestes Stück das ich in einer Art Wandschrank hatte der aber immer mehr nach Moder stank, weil mein Haus war feucht und wurde immer ekliger, ich kümmerte mich nicht so drum und vielleicht hätte ich eine Sozialwohnung gebraucht, aber sie konnten schlecht ausgerechnet mir eine Sozialwohnung geben der ich allein stehend war. Im Winter drang der kalte Wind allerdings ins Haus und in die Knochen ein auch wenn ich allein stehend war und nicht mal in schlechter Gesellschaft, da kam mir dann dieses Gesetz von den allein stehenden denen nichts zusteht genau so blöd vor wie das Merlino-Gesetz das die Hurerei aus der Welt schaffen wollte und stattdessen ein Schlamassel angerichtet hatte dass man draußen in Eis und Schnee den schnellen Stoßverkehr suchen musste ohne Dach überm Kopf wie das

Christkind in der Weihnachtsnacht, und ich überlegte die Zuweisung von Sozialwohnungen und das Merlino-Gesetz waren gegen die allein stehenden, und das war nicht richtig weil auch der allein stehende ist ein Mensch aus echtem Fleisch und Blut. Irgendwann, noch im Winter, hörte ich nicht nur die Stimmen, es geschah mir auch, wenn ich unter den Bäumen der Alleen lang ging mit ihren aschtrockenen und schwarzen Ästen und Zweigen, dann wars als wurden diese Zweige die Arme eines bösen Riesen die mich packen und in einen Graben werfen wollten, und wenn es schneite lag ich dann unter einem Haufen Schnee und starb vor Kälte und Hunger ohne dass es einer merkte, und dann Gute Nacht Liborio, und vielleicht waren alle ganz froh dass ich auf diese Weise verreckte wie ein von Räude zerrupfter Hund dem die Zecken das Fell wegfressen. Alles was ich vorher getan hatte, etwa am Sonntag ins Kino oder zum Fußball zu gehen, machte ich schon nicht mehr, ich schämte mich unter Leuten zu sein, sie rückten weg kaum dass sie mich sahen, und in meiner Stadt gab es nicht mal ein ordentliches Strichmilliö gegen Bezahlung um mal die Säfte zu erneuern und das Hirn freizublasen, das heißt es gab sie schon, aber die waren nicht wie in Mailand oder in Bologna wo du ihnen fünftausend Lire zustecktest und alles war gut, wobei ich nicht mal wusste welche Preise jetzt angesagt waren, bestimmt konnte ich mir die nicht leisten und außerdem hatte ich ein gewisses Alter, und wie sollte ich denn dastehen wenn die Triebfeder nicht mehr die Standfestigkeit hatte wie früher, also lebte ich von den Erinnerungen und ließ es damit gut sein. Auf einen Schlag kam mir noch eine weitere Marotte, und das war der Wind, das heißt nicht der Wind einfach so, sondern heftiger Wind der Türen und Fenster schlagen lässt, Ziegel von den Dächern reißt und Blätter und Müll ganz auf eine Seite treibt, der im Winter den Schnee auf den Dächern aufhäufte, ein Sturmwind der wie ein Ungeheuer brüllte mit einer gewaltigen Stimme dass man meinte die kann einen auf einen Schlag verschlingen, als wär der Mensch zu einer kleinen Zwetschge geworden, es gab Orte da konnte man die Berge gegenüber ganz nah sehen obwohl sie weit weg waren, wo der Wind blies wie verrückt und durch die Gassen sauste, pfeifend wie eine Dampflokomotive dass man echt Dünnpfiff bekam. Aber ich konnte mich ja nicht zu Hause einsperren sonst hätten mir die Stimmen ja mit großen Bissen die Seele aufgefressen und ich war ja nicht blöd, und so hatte ich wenn ich rausging mir was hübsches ausgedacht wo einer dann auch sagen kann Eigentlich gar nicht so verrückt dieser verrückte Liborio, der Einfall war praktisch wenn ein Sturmwind ging der den Vögelchen ordentlich in die Knöchelchen fuhr, dann zog ich die Jacke über die mir der Dottor Alvise Mattolini geschenkt hatte die noch ganz gut in Schuss war, und in die Taschen füllte ich zwei drei Steine auf jede Seite und ich ging ruhig auch gegen den Wind und je stärker der Wind war, entweder vom Meer her, dann war es der Garbino, oder von den Bergen her, dann der Giannizzero oder Mistral, umso mehr musste ich lachen, der Wind wurde wilder und ich stand fest und gerade wie eine Spindel, nur die Haare wurden zerzaust, weil Haare hatte ich noch viele und starke, ich war ja kein Glatzkopf wie dieser fette Stoffeler von Maccarone auf dem sein Kopf die ganze Nacht die Grillen zirpten. Und so war es für mich als wenn der Wind mich im Arm hielt wo ich das kleine Kind war und der Wind die Mama, und dann hörte ich nicht mal mehr die Stimmen, sondern die Lieder die mir die Mama vorsang wenn ich nicht schlafen wollte. Ninna nanna dentro a la scianna, Ninna nanna ninna oh questo bimbo a chi lo do, manchmal wenn ich die Augen zudrückte kam mir vor ich schlafe in echt ein, und ich träumte nur die schönen Träume ohne dass mich wer verfolgte. Aber einmal, ich weiß nicht wie, ist man mir auf den Schlich gekommen, und weil in meiner Stadt sich keiner um seinen eigenen Scheiß kümmert, ums verrecken nicht, hat man mir den Spitznamen Liborio der Stein gegeben, und das hat mir gerade noch gefehlt, aber ich hab meine Rache genommen, wenn einer mir zu nahe kam oder mich so nannte, tat ich so als würde ich ihm diese Steine auf den Kopf hauen, weil ich bin ja gut und nett, aber wenn man mir auf die Nerven trampelte konnte das Wetter umschlagen wie damals bei der Ducati wo der Capo nach diesem Schlagabtausch vielleicht immer noch am Boden nach seinem Gebiss suchte, ich tat aber nur so als würde ich die Steine schmeißen, weil mit dem ganzen Asfalt war es ja nicht wie früher wo so viele rumlagen, und wenn ich die verlor nahm der Wind dann seine Rache an mir und brachte mich wer weiß wohin, gerade jetzt wo ich mich an meine Sachen gewöhnte und alle Orte wiedererkannte wo ich früher vorbeigekommen war. Das geschah in jenen Tagen, wo ich sie gar nicht mehr zählte, die Tage, vor dem Haus sitzend wie einer der auf den Tod wartet oder unterwegs in den abgelegensten Straßen, immer wegen der Sache mit der Scham und der Angst, ab und zu bekam ich eine und dann zitterte ich bei jeder Sache wie ein Kind, und wer mich so grundlos zittern sah hielt mich wirklich für verrückt, und es war nicht klar ob ich Angst vor den andern hatte oder sie, auch wenn sie sich für schlau hielten, Angst vor mir mit meinem dicken Fischgrätmantel, der Jacke mit den Steinen gegen den Wind, dem Bart mit dem ich aussah wie ein Bettelmönch der von Tür zu Tür hausieren ging, und die paar Mal wo ich versuchte was zu sagen kam ich immer öfter ins Stottern, und schon verpasste mir irgendein kleines Aas einen weiteren Spitznamen, so fingen sie an, mich neben Liborio der Stein auch Liborio der Stotterer zu nennen, ich machte einfach Fortschritte rückwärts, wo mich vielleicht nur noch der Dottor Alvise Mattolini retten konnte, aber wer weiß wo der inzwischen war und ob er noch lebte, und am Ende sagte er dann vielleicht nicht mehr Eigentlich gar nicht so verrückt dieser verrückte Liborio, sondern er nahm ein Blatt Papier und unter meinen Namen schrieb er Liborio Bonfiglio, voll verrückt, in die Geschlossene bis an sein Lebensende. Zu Hause hatte ich nicht einmal einen Wandkalender, so wusste ich nie genau welcher Tag gerade war, zuweilen nicht mal das Jahr, für mich waren die Tage alle gleich und ich kapierte nur dass es morgens hell wurde und am Abend dunkel, dass nachts Ruhe herrschte, dass vom Meer her der Garbino wehte, dass die Sonne scheinen oder dass es regnen konnte, stark oder leicht, dass ab und zu Schnee kam und das gefiel mir am besten, da waren nicht so viele Arschlöcher unterwegs und ich konnte auch durch die breiteren Straßen gehen und nicht nur durch die Gassen und die Mauern entlang, wo ich mich so klein machte dass nicht einmal Gottvater mich finden konnte, der er doch mit einem einzigen Blick die ganze Welt sehen konnte, und den Schnee tat ich dann in ein Glas und ein wenig gekochten Most dazu und ließ es mir schmecken als Eis der armen Leute, war aber gut und ließ mich an die alten Zeiten denken als ich Bub war, bevor diese ganzen schwarzen Zeichen kamen die mir die Leber zerfressen haben. Mittlerweile ging ich auf die siebzig zu und man gab mir gar keine acht mehr, so wünschte ich mir manchmal dass was passiert, wie wenn sie mich verarschten oder wenn sie mich anbrüllten auch wenn ich gar nichts getan hatte oder die Hunde auf mich hetzten um mir Angst einzujagen, weil auch mit diesen unguten Sachen die sie mir antaten war es für mich als fühlte ich mich lebendiger, jetzt hingegen war es als käme ein vom Wind daher gewehter schmutziger Lappen vorbei, und je weiter es ihn wegtrug desto besser war es für alle, vielleicht sogar für den Lappen. Aber was mich in der Zeit damals am meistens innerlich sekkierte war die Stottererei, eine Plage die immer ärger wurde und mich derart fuchste, ich hätt mit dem Kopf gegen die Wand anrennen können, mein Hirn und die Zunge stockten auf einmal und ich verschluckte die Wörter und wurde rot wie eine Paprika vor lauter Scham dass ich nicht sagen konnte was ich sagen wollte, auch wenn nie keiner nie mal was von mir hören wollte, nicht mal im Fehl, und am meistens von allen Buchstaben blieb ich bei den *a e i o u* hängen, und dann beim *b*, beim *c*, beim *l*, beim *m*, beim *n* und beim *p*, die wollten einfach nicht aus meiner Kehle raus, und alle anderen rund rum lachten mich aus, äfften mich nach, mich brachte das fast um und ich hatte das vorher noch nie erlebt. Auch dieser

Scheißmakel sprach sich schnell herum und wenn ich irgendwo vorbeikam hörte ich schon im Rücken ein ganzes Nachäffen von Gestotter dass es mir im Herz weh tat Nnnna Lllibbò, Wwwwieh hhhautts Lllibbò, Sssstteht err dddir nnnoch Lllibbò, und was konnte ich schon tun, was sollte ich schon sagen mit dieser wie mit Leim verklebten Zunge die kein Wort herausbrachte, also verzog ich mich noch mehr in Gässchen und Randwege die nach Katzenpisse stanken, mit meinen Steinen in den Taschen aus Angst vor dem Wind und mit meinen über siebzig Jahren die mir wie tausend vorkamen, so matt und kraftlos fühlte ich mich, wo dann die übelsten Malefizbuben mir hinterherliefen, mich auch in den dunkelsten Gassen aufspürten und wieder anfingen mit diesem Gestochere verhaspelter Wörter Nnnna Lllibbò, Wwwwieh hhhautts Lllibbò, Sssstteht err dddir nnnoch Lllibbò, wie wenns dem Motor an Öl fehlt und der Motor einen Kolbenfresser hat und du das ganze Auto wegwerfen musst, weil ich wusste ja wie die Dinge in der Mechanik laufen, bei der Ducati machte ich schließlich in etwa dreihundert Stück am Tag. Durch ein derart verschlechtertes Leben war ich noch nie durch und es sah immer schlechter aus mit mir, man hat mich eh schon kaum noch wahrgenommen und dann mit dieser Verhaspelung der Zunge die immer stärker wurde und mich immer mehr aufregte und der Geschichte der Steine gegen die Windstöße und dem Haus das Tag um Tag ein Stück mehr herunterkam, aber ich war nicht komplett abgebrannt, weil wie gesagt, ich kriegte jeden Monat eine passable kleine Rente aber es war mir nicht danach das Geld auszugeben und vielleicht war ich gar nicht dazu imstande, weil ich all die Jahre in der Anstalt gewesen war und was wolltest du da ausgeben wo schon alles da war, Kost und Loschie und Zeit im Überfluss die du mit Erinnerungen verplempern konntest, abgesehen von den Irren natürlich, und so hab ich manchmal gar vergessen die Rente abzuholen weil es mir peinlich war in der Schlange zu stehen mit den anderen Alten, die konnten auch denken dass ich mir die gar nicht verdiente weil sie keine Ahnung hatten von mir, und schau mal, verdammt, so wie ich in der Reihe stand und wartete bis ich dran war, fühlte ich mich innerlich fast wie ein Dieb der die Post ausraubt. Eine dermaßene Einsamkeit hatte mich vorher noch nie angefallen und je mehr ich allein war, desto mehr marterte sich mein Kopf mit komischen Gedanken und verstörender Unruhe, als konnte man die Verwirrung im Kopf auch von außen sehen, und so hielten mich die Leute noch mehr für einen hundertprozentigen Irren, der aber nicht lästig fiel, sie hatten sogar ihren Spaß mit mir. Manchmal im Sommer, wenn man wegen der großen Hitze eh nicht schlafen kann, bildeten sich Gruppen von Leuten allen Alters die mir Quissfragen stellten, über Geschichte, die Sprache, Zahlen mal und geteilt, Kino und anderes, als wären wir im Fernsehen gewesen, sie setzten mir Kopfhörer aus Pappe auf wie im Fernsehen bei den Quissendungen wie *Lascia o raddoppia* oder *Rischiatutto*, wobei ich gar nichts zu riskieren hatte, einer gab den Moderater und stellte die Fragen und ich erriet immer die Antwort, auch wenn man nicht einsagen durfte, die klatschten und riefen Bravo Libbò, die fiesesten, die gab es ja immer auf dem dreckigen Antlitz der Erde, stotterten extra und sagten Bbbbella Lllibbò, aber ich achtete nicht darauf weil das gehörte zum Spiel, ich gewann dann auch die eine oder andere Zigarette die ich auf der Stelle rauchte aus Angst sie könnten sie wieder zurück verlangen, aber am allermeistens gewann ich Bier, ein, zwei, vier, fünf Gläser, und so kam ich schnell auf einen fetzigen Pegel, am Ende stellten sie mir immer die selbe Frage in Erdkunde, nämlich wie heißt die Hauptstadt von äh … Tiopien oder so … Malien, wo ich doch nur wusste wo Mailand liegt, Bologna, Bagnacavallo, Tauriano und Spilimbergo, und ich kapierte nicht, wieso der, der den Quissmaster spielte ein ernstes Gesicht zog und nicht mehr lachte und dann ausgerechnet diese Frage am Ende wo man Geld gewinnen konnte wie im richtigen Fernsehen, und ich wusste nie die richtige Antwort die Mokkatischo hieß, und danach gingen alle und ich blieb wieder mal allein mit dem Bier das mir im Bauch herumrumorte wo es mir ganz schön schwer fiel, den Aufstieg bis nach Hause zu schaffen, ich griff nach meinen Tüten wo ich nicht mal mehr wusste was eigentlich drin war und machte mich auf den Weg, mir war fast zum heulen weil ich die wichtigste Frage nicht gewusst hatte, aber dann dachte ich mir, am nächsten Abend mach ich das wieder wett, damit richtete ich mich wieder ein wenig auf und nach ein paar Bieren schlief ich ein wo ich gerade war, im Sommer wenns warm ist, ist man freier zu tun was einem der Kopf sagt, so wie die die mit mir ihren Spaß hatten und ich am Ende mit ihnen auch, auch wenn immer ich der Verrückte war. Wenn der Sommer vorbei war, war es auch mit den Quissen vorbei, den Fragen und den Bieren hinternander weg, die erst kühl in den Magen flossen und dann wieder aufstiegen das Hirn zu mixen wo immer diese Frage nach der Hauptstadt von äh … Tiopien oder so … Malien übrig blieb die Mokkatischo war und die ich nie wusste, die, fand ich, auch die andern nicht wussten aber vor mir auf schlau machten, und wenn es mich aufregte schrie ich die vier Kriegsblöden an ob sie überhaupt wussten wo Bagnacavallo liegt, und was die Sifilis ist die Ermes Venturi schlimm getroffen hatte, und ob sie wussten dass Boschetto der Arm ab war, und dass die Teresa Balugani vom Balkon gesprungen ist und noch nicht mal zwanzig war, ob sie das alles überhaupt wussten, da sagte keiner keinen Pieps mehr und das Spiel hörte vorzeitig auf, das Quiss war vorbei, die Schou war vorbei, wo eh keiner nicht wirklich was gewettet hatte, und es brauchte Zeit überhaupt wieder neu anzufangen, wenn überhaupt wieder neu angefangen wurde, aber mit Ende des Sommers hörte alles auf und die Leute blieben wieder im Haus und machten den Fernseher an und lachten ohne Liborio oder schliefen ein weil es nicht mehr die Quissen von früher gab, und wenn der Sommer vorbei war packte ich meine Tüten und ging nach Hause, die Tür stand sowieso immer offen und ich hatte nicht mal die Attrappe von einem Radio oder Fernseher, auch wenn ich mir einen hätt kaufen können auf Raten mit dem Geld der Rente, aber ich vergaß immer dass ich keinen hatte. Die Sache mit dem Fernseher aber, die muss ich jetzt wirklich erzählen, weil wenn ich so drüber nachdenke komm ich mir selber echt bekloppt vor ohne dass es die andern sagen, aber was mich reingelegt hat war, wenn ich gewollt hätt hätt ich auch früher raus können aus der Anstalt, aber wohin hätt ich denn gehen sollen, und ich wär aber trotzdem in der Spinnerei gelandet in meiner Stadt, wo wohl nicht so viele Spinner heimisch waren, aber gegeben hat es etliche, fand ich, auch wenn sie sich nicht haben blicken lassen so wie ich der dauernd unterwegs war. Eines Abends als die Feste wohl vorbei waren und die Musikkapelle abgezogen war und die Luft noch nach Haselnüssen und Spanferkel roch, erspähte ich von weitem genau an der Ecke vom Haus gegenüber von meinem einen schwarzen Kasten, ich bin dann näher ran und sehe, der ist genau wie der Fernseher in der Bar unter der Piazza, und er sah neu aus abgesehen von ein paar Abschürfungen und dem etwas zerkratzten Glas, hinten kamen Drähte raus und weil keine Sau zu sehen war hab ich mir das Ding geschnappt und nach Hause gebracht, mitten auf den Tisch gestellt mit dem Stuhl in Reichweite um gerade drauf zu gucken, so hatte ich die Ausrede nicht immer raus zu müssen und ich hatte das Gefühl weniger allein zu sein, ich setzte mich vor den Apparat und schaute fest drauf, bereit mir die Stimmen anzuhören die rauskamen, auch wenn man nichts sah und keinen Hauch von einem Wort oder von Musik hörte wie es bei der Kiste in der Bar der Piazza der Fall war, aber wenn ich mich ein bisschen schräg setzte wenn gerade die Sonne unterging, und ein Sonnenstrahl durchs Fenster der Küche hereinfiel und mitten auf das dunkle Glas vom Fernseher traf, dann sah ich wie durch ein Wunder ein etwas unklares Gesicht, aber man konnte erkennen, das war das Gesicht von einem Mensch, und so blieb ich solang der Sonnenstrahl da war, das unklare Gesicht anzuschauen, wo ich dann gemerkt hab dass es meins war. Und weiß der Geier wie und warum, auch diesmal hat sich's gleich rumgesprochen mein neues Gerät, und alle Tage hatte ich das Haus voller Leute die meinen Fernseher ganz nah sehen wollten, und um kein schlechtes Bild zu geben hab ich sie reingelassen, auch weil sie Käse und Wurst mitbrachten, Bier oder einen Spritzer den man mit Weißwein und Sprudel macht und ein Genuss ist wenn er durch die Kehle rinnt, und alle sagten, schön dieser Film, schönes Lied, schönes Spiel, schönes Quiss, aber ich hab nix schönes gesehen, sondern nur mein Gesicht und die anderen Gesichter, und hören konnte man nichts weil die andern dauernd lachten, und am Ende gingen sie und klopften mir auf die Schultern, manches mal vor lauter Freundschaft so fest, dass es mir im Fleisch richtig weh tat, und sie verabschiedeten sich Grazie Libbò für den schönen Abend, bis bald ciao ciao, du kannst den Fernseher jetzt ausmachen und schlafen gehen. Aber ich hatte nichts schönes gesehen und es blieb mir nur der Schmerz an der Schulter und im Rücken und ein bisschen warmes Bier in der Flasche, aber das trank ich trotzdem, schließlich war es schon bezahlt, und ich dachte die sind ja richtig blöd, hatte ja selber gemerkt dass der Fernseher kaputt war und der Draht gelöst und man nichts sehen konnte, ein bisschen was verstand sogar ich von Geräten, war doch bei der Borletti und der Ducati gewesen, und wenn nicht die schlimme Sache mit dem blutig abgerissenen Arm von Boschetto gewesen wäre, wär ich vielleicht heute noch dort, meinetwegen ausgerechnet auf der Stelle des Capos dem ich das Nasenbein entkernt hatte, die Zähne, die Kinnlade und die andern Sachen im Gesicht. Dann waren die Leute auch dieses Spiel leid und es kam eine lange Zeitlang keiner mehr zu mir nach Hause, bis eines Tages gleich neben mir eine ziemlich alte Frau eingezogen ist, ein Hungerhaken, dürr wie eine getrocknete Feige, aber noch gefällig, weil wie man so sagt, in Kriegszeiten ist jedes Loch eine Festung, aber weil sie überhaupt nichts gehört hat nannten alle sie Sordicchia. Ich hab fast gleich mit ihr Freundschaft geschlossen und um sie zu beeindrucken hab ich ihr gesagt ich hab einen fast neuen Fernseher und wenn sie kommen wollte ihn anzusehen konnte sie jederzeit kommen, sie sollte mir aber Bescheid sagen vorher, weil ich hatte immer mal ne Runde zu drehen mit meinen Tüten, aber um sie ganz zu beruhigen und zu überzeugen sagte ich ihr, wenn die Sonne untergeht läuft der Fernseher eine halbe Stunde lang gut und man kann dann eine Menge Sachen sehen, auch mit Augen zu, und gerade mit Augen zu sah man die Sachen vom Fernsehen noch besser. Und eines Tages kam die Sordicchia tatsächlich, und sie war auch freundlich, wo ich so viel Freundlichkeit gar nicht erwartete, sie hat mir nämlich zwei Scheiben in Wasser eingeweichtes Brot gebracht mit Tomate und Oregano was ich von klein auf immer mochte und meine Mama mir als Jause gab um den Magen zu beruhigen, und jedes mal wenn ich das aß schaute sie mich mit traurigen Augen an. So zogen die Sordicchia und ich uns stundenlang Fernsehen rein für lau und ich war froh weil ich reden konnte, auch wenn ich die Worte verhaspelte, aber sie war ja stark schwerhörig und hörte eh nichts, um aber so zu tun als würde sie was hören verzog sie ab und zu das Gesicht zu einem zahnlosen Lächeln, ein paar Zähne hatte sie vielleicht beim Lotto versetzt, und mir ging es echt gut mit dieser neuen Freundschaft, denn sie brachte jedes mal was Gutes mit, Freakadellen etwa, auch wenn in diesen Freakadellen mehr Brot als Fleisch war, wo mir die Freakadellen mit Käse und Ei doch lieber waren, aber schließlich aßen wir sie schön langsam dieweil wir Fernsehen guckten mit unseren Gesichtern drin und einem Sonnenstrahl der uns beiden ein schönes Licht gab, mir Liborio und der spindeldürren Sordicchia, wo ich gar nicht wusste wie sie hieß, aber auch wenn ich's gewusst hätte wozu hätte ich sie anreden sollen wo sie so wie so null komma nix hörte, nicht einmal wenn man ihr hinterm Ohr eine Kanone abfeuerte. Wobei dann, man weiß ja, die Leute sind niederträchtig und gönnen einem nichts was sie nicht selber haben, da hat man mir den Floh ins Ohr gesetzt ich soll aufpassen, die Sordicchia ist als junge Frau und bis vor kurzem anschaffen gegangen in einem Haus in einem anderen Viertel, wo jung und alt es für Geld machten, und vielleicht hatte sie auch eine ansteckende Krankheit die sie einem auch mit einem Blick übertragen konnte, und ich dachte mir der Ermes Venturi ist aber nicht bei der Sordicchia gewesen, und alle Frauen die ich in meinem miesen Leben kennengelernt hatte waren schließlich wie die Sordicchia, und ich hatte mich mit ihnen immer wohl gefühlt und war zufrieden, abgesehen von den Preisen die immer teurer wurden. Mir war diese Frau sympathisch weil sie wohl erzogen war und immer wusste wann sie zu gehen hatte, sobald der Fernseher, so wie die Sonne unterging, das Schauspiel beendete das gerade lief, wobei ich die Sordicchia fast immer im Profil sah, aber ohne das lasterhafte Auge von einem der verkrampft ist, und außerdem war sie bestimmt schon bald um die achtzig, also war das so in Ordnung, am Ende war es einfach eine schöne Freundschaft, auch wenn mir manchmal schon die Mucke in den Sinn kam und ich mir dachte, eigentlich mit ein bisschen Fantasie konnte sich die eine oder andere Fummelei doch ergeben, das hätte uns dann beiden gefallen, aber es ist nie was kompromissliches passiert zwischen uns beiden, oft gingen wir nicht mal ins Haus sondern blieben vor der Tür und unterhielten uns, das heißt ich redete und sie nickte oder schüttelte den Kopf, aber einfach so, ohne jeden Belang, und die Leute die vorbeikamen sahen uns an und lachten, und ich kapierte gar nicht was es da zu lachen gab wenn einer stotterte und die andere taub war, aber für mich war das gerade deswegen perfekt, keiner konnte dem andern in die Quere kommen, und außerdem, alles in allem, besser ein Schwätzchen mit der Sordicchia als allein bleiben wie ein Hund. Wo mir dann einfiel wer weiß wie viele von denen die lachten hatten mit der Sordicchia die schmutzigen Sachen gemacht und jetzt taten sie lässig mit der elenden armen Haut, mit zweien sogar, zum Teufel auch mit denen die sich für was besseres halten als die andern, zum Teufel mit ihnen, bis ans Ende der Welt. So war es jedenfalls, dieses Leben, wie wenn du am Heiligabend Tombola spielst und du hast nur eine Karte und deine Zahlen kommen nie, nicht ums verrecken nicht, und was willst du schon gewinnen, steht dir doch eh nur ein verkorkster halber Treffer zu, dass du höchstens die rohen Bohnen essen kannst, dir das bisschen Zeit zu vertreiben das dir noch bleibt während die andern springen und lachen und Schlag auf Schlag gewinnen auch wenn sie kein einziges Haar mehr auf dem Kopf haben. Irgendwann fing eine Hektik an unter den Leuten, die zählten die Tage wie Soldaten vor der Entlassung vom Dienst, überall wurden eiligst Vorkehrungen getroffen, wichtige Dinge die noch zu erledigen oder zu erinnern waren, aber auch Ängste und Gebete den Rosenkram aufzusagen zur Vorbereitung auf das Ende der Welt wie es in der Bibel stand, dass die vier Reiter der Apokalypso kamen, nämlich der Hunger, der Krieg, die Krankheit und der Tod, dann würde man die Posaunen hören sieben mal, und alle machten sich in die Hose vor lauter Angst, die Erdkugel landet in den Flammen der Hölle, da musste ich lachen bei diesen Märchen wo die Dummen dran glaubten, nur weil ein neues Jahr kam, nämlich das Jahr 2000, und damit, sagten sie, konnte es mit der Geschichte der Erde vorbei sein, und wer gekriegt hatte hatte gekriegt, und wer gegeben hatte hatte gegeben. Es sollte der Tag des Jüngsten Gerichts kommen und wer schlecht getan hatte würde es jetzt schon merken, aber ich machte mir keine großen Sorgen, Todsünden hatte ich keine begangen, und falls doch hatte ich sie bereits abgebüßt mit meinem mehrfach verpfuschten Leben, wo mich jetzt alle Knallkopf nannten, auch wenn ich gar nicht in echt komplett durchgeknallt war. Aber dann geschah überhaupt nichts, alles war genau so wie bei jedem Sylvester, die Leute taten so als ob sie Spaß hätten, und mit der Ausrede der Apokalypso kippten sie sich die üblichen Mengen Bier und Wein rein, tranken Schampagner und den Gespritzten gleich kübelweise, nicht etwa in Gläsern, und alle ständig am sagen Alles Gute alles Gute Frohes Neues Gutes Ende Guten Anfang, man tanzte und schaute das Feuerwerk an und man warf altes Zeug aus dem Fenster, wo man acht geben musste um nicht davon erschlagen zu werden sonst hatte man nur ein gutes Ende ohne einen guten Anfang. Für mich ergab sich eh immer das selbe Bild, keiner lud dich zu den Festen ein, es konnten ja keine Feste für Irre sein, nur im Irrenhaus konnte man es machen wie in der Klinik von Imola, da gaben sie uns ein Fingerhoch Wein mit Sprudel und fast keiner kapierte irgendwas, im Irrenhaus sind die Tage alle gleich und es gibt kein Ende und keinen Anfang wenn der Kopf sich falsch rum dreht wie auf einem kaputten Karussell. Ich war vor dem Haus zusammen mit der Sordicchia die zu ihrem Glück den ganzen Krach nicht hören konnte, aber ich hab mit ihr auch angestoßen mit einem Glas Kartonwein, und als um Mitternacht die Bombe explodiert ist, haben wir uns auch ein Küsschen gegeben, aber ganz unverbindlich, abgesehen von einzelnen Rumtreibern die zufällig vorbeikamen und uns gesehen haben und gelacht und uns nachgemacht haben, das hat die Situation zur Nichte gemacht, aber schließlich waren wir die unmenschlichen Bösheiten gewohnt, nach all den Jahren, also soll sich auch das Neue Jahr zum Teufel scheren, wenn es wirklich das Ende der Welt gewesen wär hätten wir nichts zu verlieren gehabt, und wenn danach irgendwo das Paradeis war, wären wir da bestimmt hingekommen, und dann hätt ich gern gesehen wer zuletzt lacht. Was mir an den Weihnachtsfeiern gefiel war nur, in die Schaufenster reinzuschauen wo Süßes, Panettoni, Gebäck, Torroni mit Mandeln lagen, und ich bewunderte die Kuchen mit Marmeladen drauf in allen Farben, das erinnerte mich wie ich bei der Santa Rosa gearbeitet und den Finger in die Marmeladen reingesteckt und dann genüsslich abgeleckt hatte, auch wenn man das aus hygienischen Gründen eigentlich nicht durfte, aber das tat ja nicht nur ich, auch wenn sie mich wegen irgendwelcher schwarzer Zeichen immer erwischten und mich anmeckerten in einem Sprech den ich gar nicht verstand, also blieb ich da stehen mit gesenktem Kopf, aber im Mund hatte ich noch den Geschmack der Kirschen oder der Pfirsiche oder der blauen Trauben, weil die Marmelade schmeckte mir von allen am meistens. Ein paar Tage später kam eine schöne weiße Schneedecke herunter und auf den Straßen hörte man nichts mehr, nur das Schleifen meiner Schuhe, da ich allein unterwegs war, mit meinen Tüten und dem Fischgrätmantel und dem Rückengürtel und den Steinen in den Taschen, inzwischen hatte ich mich an meine Stadt, auch wenn ich sie noch nicht gut wieder erkannte, so sehr hatte sie sich verändert, halbwegs wieder gewöhnt und ich wollte nicht mehr woanders hin ein neues Leben zu beginnen, ich wusste ja nicht einmal was für ein Leben das sein sollte und wo ich es anfangen sollte, am Ende hätte ich womöglich noch die Sordicchia mitnehmen müssen und dann erst das Gelächter, wo sie mir eh schon auch ohne sie alles mögliche antaten, am Ende hätte sie sich noch in mich verliebt, ich war ja noch ein hübscher Mann mit den Haaren auf dem Kopf und kein Glatzkopf wie Maccarone, und das hätt mir das Leben noch mehr kompliziert, das ja auch ohne die Sordicchia schon kompliziert genug war. Kaum hatte ich die Zeit über diese Komplikationen nachzudenken, da passierte diese riesige Sache die um die Welt gegangen ist, vielleicht hatten sie bei der Bibel doch recht mit dieser Apokalypso, weil im Jahr drauf, Heilige Sankt Peter und Paul und bei allen andern Heiligen der Reihe nach dahinter, gab es einen Kriegsangriff auf Amerika mit zwei Fliegern in der Luft und zwei sapperlot gewaltigen Bauten die die Wolken am Hintern kratzten, die sind zusammengefallen wie zwei ofentrockene Kekse, und eine Menge armer Kerle sind verbrannt, und wer nicht verbrennen wollte ist aus dem Fenster gesprungen und hat trotzdem einen schlimmen Tod erwischt, im Radio hat einer gesagt es sind dreitausend Tote, und ich hoffte es sind keine Kinder dabei, weil wenn die Kinder sterben ist es viel schlimmer als wenn es die Erwachsenen trifft, und mir hat das weh getan, dreitausend Tote sind wirklich eine Menge Leute, mit all den Toten hätte man einen ganzen Ort bevölkern können, mit lebenden allerdings, und dabei hatte es in der Luft von Nuyork eine Staubwolke gegeben wie von tausend Gewitterwolken aber ohne Regen. Überall lagen Eisen und Kupfer und kaputte Scheiben mit einer Menge Leute die schrien und heulten rund herum, das sah wirklich aus wie die Geschichte von der Apokalypso in der Bibel, ich hab das im Fernseher von der Bar auf der Piazza gesehen und gleich kapiert dass das ein schlimmes Ding war, weil keiner was von mir wollte, keiner sich anstellte wie sonst, mich zu verarschen Libbò was meinst, kriegen die das wieder hin mit diesem Disaster, keiner nahm mich auf den Arm, es musste also ne schlimme Sache sein. Ich kriegte auch gleich Angst es kann ein neuer Krieg anfangen und die Deutschen kommen wieder wie damals, wo ich rumrannte und guckte wie die jungen Leute krepierten auf allen Seiten, und man hat dann tagelang geredet von diesem Krieg gegen Amerika, und das war ja das größte Land der Welt, da konnten also andere Kriege anfangen in vielen Teilen der Welt, und einmal nach dem ganzen Palaver hab ich meinen Mut zusammengenommen und hab gesagt was ich dachte, und habs vor allen gesagt ohne mich mit der Zunge zu verhaspeln, Krieg ist Scheiße hab ich ganz auf einmal gesagt, und alle haben mich angeguckt als wär ich endlich ein normaler Mensch, und einer wo ich nicht wusste wer das ist hat gesagt Eigentlich gar nicht so verrückt dieser Trottel von Liborio, und das hat mich gefreut weil das hieß so wie sie mich im Irrenhaus angenommen hatten, nahmen sie mich jetzt auch in meiner Stadt an, auch wenn ich nicht ganz normal war, aber ich schaute mich um und sah Leute die nicht ganz normal waren gab es zuhauf, wie die Blätter die der Wind in den Ecken der Häuser zusammentreibt, und deswegen steckte ich mir die Steine in die Taschen wenn der Wind vom Meer herauf kräftig wehte, die Sache mit den Steinen hat allerdings, auch nachdem ich gesagt hatte Krieg ist Scheiße, trotzdem keiner kapiert, und nach einer Weile war ich wieder der Liborio von vorher, wo die Kinder mir hinterher stotterten und die Großen mir Streiche spielten wie zum Bleistiel Essig in den Wein kippen oder ein Abführmittel wo mir dann ein Dünnpfiff kam wo selbst das Klo genug hatte von all dem Scheiß der überhaupt nicht aufhören wollte zu laufen, so war das, und ich konnte nichts tun weil ich war nicht nur der Irre sondern der letzte der Irren. So vergingen meine Tage wie bei einem der sich auf dem Meer verirrt und sich auf einer Insel wiederfindet auf der es nichts gibt, der aber trotzdem Angst hat irgendetwas oder irgendjemand zu stören, wahr ist aber auch wir waren um einiges schwermütiger geworden, ich und alle andern, und zwar derart dass man in dem Jahr bei den Festen in der Luft spüren konnte dass etwas nicht stimmte und es wollte diesmal keine richtige Feststimmung aufkommen, und beim Feuerwerk mussten bei den vielen Knallern alle an den hässlichen Krieg denken der sich wie eine Krankheit über die Welt ausbreitete, und es gab keine Medizin die Kranken zu heilen, aber auch wer sich für gesund hielt ohne die Krankheit konnte sterben. Und wenn auch die Feste bedrückend wurden blieb nicht viel zu tun und zu denken, und um mir die Zeit zu vertreiben, wo mir vorkam wieder in einem großen Irrenhaus zu sein, machte ich mich wieder zu meinen Spaziergängen eines einsamen Häftlings auf, mit dem etwas schwankenden Gang von denen die auf See fahren und wieder an Land keinen festen Boden unter den Füßen finden. Ich strich eng an den Hauswänden entlang aus Angst irgendeinem Störenfried und Eiersohn zu begegnen, und auch weil ich mich zu reden scheute wenn die Wörter mir ins Stolpern kamen, so hielt ich mich in den Kirchen auf, denn dort muss man still sein, und vor den Kirchen gefiel es mir die Tauben zu füttern, die taten wie die Kinder wenn das Brautpaar aus der Kirche kommt, alle lesen Konfetti und Karamellen auf. Aber was mir am meistens gefiel war zur alten Stadtmauer zu gehen und den Schwalben zuzuschauen, die flogen geschwind ohne je zusammenzustoßen, als hätten sie einen eigenen Schutzengel gehabt der jeden Aufschlag verhinderte, sonst wären sie jeweils im Duett heruntergefallen, aber ich ging immer allein hin mit meinen Steinen in der Tasche. Ein starkes Stück aber das ich mir geleistet habe, wieder was zu zählen inmitten all der anderen, ist mir passiert, nachdem ich die politischen Sachen lang nicht mehr verfolgt hatte, auch wenn mir ab und zu die wilden Streiks und die Demos wieder in den Sinn kamen, von denen ich eine Menge mitgemacht hatte aus vielen Gründen, und ich malte mir die Plakate wo drauf stand SCHANDE und das passte immer für alle Verstrickungen der Politik wie den Frieden, die Rente, die Mafia, die Befreiung vom Faschismus, wo wir im Chor alle *Bella ciao* sangen, am ersten Mai wo die Sonne der Zukunft kommen sollte, aber dann war es immer bewölkt, vielleicht hatte Gottvater, dachte ich, nicht so viel Freude daran wenn diese Sonne aufging, und hielt mehr zu den Geistlichen als zu den Gewerkschaften der Arbeiter. Einmal im März hat mir einer der mit der Gewerkschaft zu tun hatte, weiß aber nicht ob er Exkremist war oder Metaller, gesagt, es sei nach Rom zu fahren, es kommen eine Menge Leute zum protestieren weil die Reichen ein Gesetz umstoßen wollten nach dem man die Leute nicht einfach so ohne triftigen echten Grund entlassen konnte, und auch ich solle mitkommen weil ich hatte bei der Borletti und bei der Ducati gearbeitet, er wusste nämlich dass ich dort gearbeitet hatte. Und alle drängten mich Komm schon Libbò, komm Libbò, wo mir schon klar war sie wollten ein wenig mit mir ihren Spaß haben, aber ich bin trotzdem mitgefahren, so erinnerte ich mich wieder wie ich jung gewesen war, wo ich jetzt langsam auf die achtzig zu ging, und so war ich am Morgen der erste am Bussbahnhof, da war noch gar keiner da und nicht mal die Busse, und da hab ich gleich gedacht sie haben mich wieder reingelegt, aber war nicht so, die Gewerkschaft der Metaller macht solche Foppereien nicht. Und ich habe gut getan dass man mich im Buss in die erste Reihe gesetzt hat, aber ich still, weil wenn ich aufgeregt war, verhaspelte sich meine Zunge noch mehr. Und ich habe auch gut getan nach Rom zu fahren, es waren viele Leute da an dem Tag wie bei einem großen Fest, und es schien die Frühlingssonne, es war als hätte dieser Tag auch den Segen des Himmels gehabt, vielleicht hatte es sich der Herrgott nochmal anders überlegt was Geistliche und Gewerkschaften betrifft und hatte sich auf die richtige Seite gestellt, und beim Anblick all dieser Arbeiterleute die da waren hat es sich vielleicht auch für den Herrgott gelohnt, die Mannschaft zu wechseln. Ich war ja bei vielen Streiks gewesen aber so einen hatte ich noch nie gesehen, und die mit mir waren wussten vielleicht von meinen Streiks und haben mir gleich, als wär ich Soldat gewesen, eine rote Fahne in die eine Hand gedrückt und die Stange eines großen Transparents in die andere, das war wirklich etwas unbequem, aber die Lieder der Metaller hab ich nicht gesungen und die Parolen habe ich nicht gerufen, wieder aus Angst meine Zunge kommt zu spät, aber ich habe fast eine Rangelei gehabt um in die erste Reihe zu kommen, am nächsten Tag war ich damit sogar in der Zeitung vom *Manifesto*, genau ich der Genosse Liborio auf der Piazza San Giovanni in Rom, und ich schaute mich weit um als suche ich Boschetto oder Bacunino, Lenino oder diesen Palmiro der vielleicht weitläufig mit Togliatti verwandt war, weil wie durch ein Wunder und als gäbe es im Himmel auch einen Heiligen für die Streiker, fand ich mich unter dem Transparent der Fiom Ducati Bologna wieder und ich hörte auch die Geräusche wieder, bistanclaque und tata tatan und tutum tutum tututum, ich kannte zwar keinen, aber das sind doch auch Genossen dachte ich, auch wenn es besser gewesen wär bei denen aus meiner

Stadt zu bleiben. Aber dort war ich nicht weil ich mich verirrt hatte, und niemand rief nach mir, und keiner suchte mich inmitten des ganzen Durcheinanders, und ich habe mir alle Reden angehört, klatschte in die Hände auch wenn ich nichts verstand und dachte gleich kommen sie mich holen, muss ja, sie können mich doch nicht mit dieser Fahne hier lassen, jetzt holen sie mich gleich, und so bin ich in der Tat auch den nächsten Tag noch in Rom geblieben, weil der Buss war zurückgefahren und keiner hatte gemerkt dass ich fehlte, vielleicht weil ich immer still gewesen war und die Stille hört man nicht gut. Na schön, Schwamm drüber. Dann haben mich die Carabinieri aufgespürt und auch ein paar Metaller aus Rom gefunden, so haben sie mich in den Zug gesetzt und mich auch noch gescholten, und ich hab gesagt war nicht meine Schuld, ich hatte das Transparent der Ducati gesehen und ich hatte gemeint ich finde meine alten Kumpels wieder, aber die kannte keiner, und mir hat das leid getan weil ich glaubte wenigstens Boschetto ist berühmt wegen seinem zerquetschten Arm, und deswegen bin ich verloren gegangen, und als ich dann in meiner Stadt angekommen bin und auch ein wenig stinkig war weil man die Leute nicht so behandelt, sagten alle sie hatten auf mich gewartet, aber ich wusste dass das nicht stimmt, und am Ende haben sie mir ein Viertel Wein gezahlt, also Mund halten, Ende gut alles gut, aber wenn eine Sache ein Ende hat stimmt es auch nicht immer dass es gut ist wenn alles aufhört. Aber dann, wie das mit den schwarzen Zeichen so ist, hab ich erfahren, während ich in Rom verschütt gegangen war ist meine Freundin die Sordicchia gestorben, so auf einmal, direkt vor meiner

Haustür, vielleicht wollte sie mich besuchen und aus Kummer dass ich nicht da war ist ihr das alte Herz gebrochen das sie hatte, und man hat mir erzählt dass sie ganz gekrümmt wie ein leerer Kartoffelsack da lag und es nicht geschafft hatte, rechtzeitig jemand zu holen, und wenn schon, dachte ich, auch wenn man noch jemand verständigen hätte können, wäre sowieso keiner für die Sordicchia gekommen, und auch wenn ich plötzlich abgekratzt wär wäre genauso keiner gekommen, und deswegen dachte ich der Tod ist ne weitere schlimme Sache wie der Krieg, weil keiner kommt, und dann kann es passieren wie in der Apokalypso der Bibel wo keiner sich rettet, die guten nicht und nicht die bösen wie Maccarone der Stoffeler der für mich von allen der Böseste war, wenn er nicht gewesen wäre hätte es die Apokalypso gar nicht gegeben, fand ich. Beim Begräbnis der Sordicchia, das hatte die Gemeinde bezahlt, sie war ja in einem Elend das schwärzer war als schwarz, war nur ich da, und ich hatte sogar einen Strauß Blumen gekauft die waren wie Margeriten, aber größer als die kleinen und gelb, weil das war die Lieblingsfarbe der Sordicchia. Das Begräbnis war kurz, der Pfarrer hatte es eilig und hat eine schnelle Segnung hingelegt, und ich still mit gesenktem Kopf und den Steinen in den Taschen, weil der Wind schon im Anzug war. Am Ende der Todesfeier bin ich zurück nach Hause und es war mir ein wenig zum Weinen, aber es ist mir keine einzige solidarische Träne gekommen, das hat mir leid getan weil die Toten sollten für mich eigentlich alle gleich sein, aber für die Sordicchia war das Begräbnis eine Sauerei gewesen, auch wenn man sie, finde ich, mit ein paar Beziehungen am Ende wohl doch ins Paradeis gelassen hat. Nach der Sache mit dem Begräbnis hab ich angefangen eine Müdigkeit zu spüren die ich vorher noch nie auf diese Art so stark gespürt hatte, und ich hatte zu nix mehr Lust, ich hab mir vorgenommen nicht mehr zu sprechen und nicht mal mehr zu denken, weil sogar die Gedanken aufliefen wie die Zunge und im Kopf stotterten, dass ich gar nichts mehr kapierte von dem was ich dachte, da war es besser einfach still zu sein, so war ich komplett verrückt, für die anderen war ich das auch wenn ich mit mir selber redete, da war es besser so, still und stumm bis ans Ende meines Lebens. Da stellte ich mich dann versteckt hinter einen Mauervorsprung als wär ich ein Dieb, am späten Nachmittag setzte ich mich auf eine Bank der Allee und tat so als würde mir die Zeit vergehen und ich schüttelte den Kopf vor und zurück und seitlich auch, immer stumm und barsch wie ein Fisch, still und maulfaul wo mir die Wörter eh nicht folgen wollten genau wie die übelsten aus der Klasse von meinem Lehrer Romeo Cianfarra, der ein zu guter Mensch war und es einfach nicht schaffte dass sie ruhig waren, gesittet und gesessen, und drin spürte ich wie einen Schmerz wenn du durch Dornen gehst oder durch Brennesel die brennen und damit das Brennen vergeht musst du drauf pissen weil in der Pisse Ammoniak ist, wobei die größeren Bösen dich anpissten auch wenn die Brennesel gar nichts damit zu tun hatten, aber das war nur eine Ausrede auf die kleineren zu pissen, war zwar schon ein Spiel, aber Pisse war es doch. So verging der Sommer, ich spürte die Beklemmung aller anderen Sommer und der Winter und der Frühlinge und auch der Herbste die ich schon in den Jahren vorher erlebt hatte, und dann hab ich angefangen eine Kälte zu verspüren als hätte es in meinem Leib drin dauernd geschneit, und der Schnee wurde dann zu Eis und löste sich nicht mal mit dem Schneidbrenner auf der sogar ins Eisen Löcher macht aber in den Schnee drin nicht. Und mit der Kälte die ich spürte, auch wenn in der Luft nichts eisiges war, fing eine Ermüdung an wo mich die Farben in den Augen störten und mir schwindlig war wenn ich einen Baum anguckte, wo ich früher schaute ob es vielleicht ein Nest gab, und auch der Flug der Schwalben regte mich auf weil sie nie herunterfielen, wogegen die humanen Menschen bei der geringsten Kleinigkeit mit der Nase auf die Erde fallen und alle am lachen, während wenn ein Esel fällt sagen alle armes Vieh, aber was mich am meistens schmerzte war den Kindern beim laufen zuzusehen, was mir früher immer gefallen hatte, weil manchmal kam mir vor, ich bin selber dabei mittendrin und lief mit ihnen zusammen herum beim Krieg spielen oder beim spickern oder beim Kibbelkabbel, wenn man das Stöckchen hammermäßig gut traf sprang es weit und man holte sich mehr Punkte als bei dem amerikanischen Spiel das Beisboll hieß. Auch die Sonne schien mir ein kränklich bleiches Gesicht zu haben und nahm mir ganz und gar nicht die Kälte aus den Knochen, und ich kapierte nicht warum dieser Druckabfall, wenn ich doch bis kurz vorher stark war und alle Haare hatte und mit den Steinen in der Tasche rumging, wo ich mit einer Hand zehn Ziegelsteine auf einmal heben konnte. Nachts schlief ich nicht viel, aber der Leib kam zur Ruhe und auch der Husten schlief ein und verging bis zum Morgen drauf. Wenn er nicht verging und es noch Nacht war, setzte ich mich vors Haus und schaute in die Sterne wenn sie da waren, ein sternenklarer Himmel kann auch winters rauskommen, und ich fing an sie zu zählen, ohne Hast, und wenn mal ein Nachzügler aus der Bar vorbeikam und mich sah und fragte Was machst du Libbò zählst du die Schäfchen, sagte ich ihm Ach was Schafe, die Sterne zähl ich, sagte ich ihm, und er lachte und sagte ich bin ziemlich durchgeknallt, er sagte es leise damit ich ihn nicht höre, aber ich hörte ihn, war ja nicht die Sordicchia, ich regte mich aber nicht mehr auf, ich wollte nur genau wissen wie viele es waren und wie sie es schafften still zu stehen ohne sich zu lösen, genau wie ich damals bei der Ducati wissen wollte wo verdammtnochmal diese Teile landeten an denen ich seit Jahr und Tag arbeitete, aber damals hab ich mich am Capo ausgelassen und bin in der Klapsmühle gelandet, aber jetzt konnte ich schlecht den Herrgott schimpfen der die Sterne geschaffen hatte und die anderen Sachen, sonst hätte ich noch was abkriegen können, das hätte dann das schwarze Zeichen aller schwarzen Zeichen werden können. Also rauchte ich in kurzen und langsamen Zügen ein Päckchen Alfa ohne Filter und wartete dass es Tag wurde, und erst dann fing ich an wild zu husten, einen hübschen Katarr zu bilden der dir genug Tuung verschaffte, ihn auf die Mauer zu spucken, den sah ich mir an wie ein Kind das sein Eis auf den Boden laufen sieht. Aber das machte mir nicht allzu viel aus, ich war ja nun fast achtzig und bei dem Leben das ich geführt hatte konnte ich, fand ich, ziemlich zufrieden sein, nur dass ich diesen Eiswind im Nacken spürte der mich an den Schultern packte und die Steine in den Taschen taten nicht mehr ihre Wirkung, ich kochte mir einen Rotwein und strampelte mich ab solang ich konnte, die Kälte kam jeden Abend und ging nicht weg, dann kam sie auch noch am Morgen und am Nachmittag und ging trotzdem nicht weg, ich zog mir den Fischgrätmantel mit dem Rückengürtel an, auch wenn es passabel warm war und die sagten mir ich bin ein Knallkopf, und ich zog ihn trotzdem an und drüber auch noch die braune Jacke die mir der Dottor Alvise Mattolini gegeben hatte. Was willst du denn im Krankenhaus das es ja auch gab und groß war in meiner Stadt, ich hatte doch alles mögliche erlebt inmitten von tausend Schlachten und war sogar in Rom gewesen und war dort verschütt gegangen, aber ich war immer zurück nach Hause gekommen wie die, die nach Jahren aus dem Russenland heimkamen, abgesehen von diesem Filippone der wer weiß wo verschütt gegangen war. Ab und zu kam mir ein Batzen Blut hoch, aber dann kochte ich mir den Wein auf und alles war wieder gut, und wozu sollte ich ins Krankenhaus um Untersuchungen und Röntgenbilder zu machen wo dann, wer sucht der findet, immer irgendeine Krankheit bei rauskommen musste, wie stehen die Ärzte sonst da, wozu sollte ich ins Krankenhaus wenn mich dort keine Sau besuchen kam, vom Krankenhaus gefielen mir die Besuche der Verwandten die was mitbringen wie Zwieback und eine Orangenlimo, aber wenn es die nicht gab, was war das dann für ein Krankenhaus für mich. Dann legte ich mich aufs Bett und machte das Krankenhaus bei mir zu Haus, guckte auf die Decke ob irgendwo ne Spinne war, und wenn eine da war sagte ich ihr Gute Nacht und Leck mich am Arsch, aber das sagte ich nur zum Scherz, weil ich hatte nie einer Fliege was zu leibe getan und einer Spinne auch nicht, nur einmal hatte ich ein Gemetzel gemacht aber mit dem Capo der mir auf die Eier ging, schlimmer als eine Fliege und als eine Spinne ebenso. Der Körper magerte immer mehr ab, auch wenn ich ordentlich viel Essbares reinspachtelte und ein Weinchen fehlte nie dazu, und ab und zu fiel mir ein Sprichwort aus alten Zeiten ein das ging so Zum Teufel mit dem Alter, eine Art Verfluchung des Alters, eine eher üble Sache, wo manchmal, wie man so sagt, besser ein seliger Tod war als das Alter, aber das sagte ich nicht als bösen Fluch mit lauter Stimme, dass ein Greis der mich hörte sich auch aufregen konnte, und mir tat es leid wenn die Leute sich aufregten, vor allem und am meistens die Alten und die Kinder. Das einzige war dass niemand mich besucht hat nachdem die Sordicchia das Zeitliche gesegnet hatte wie man so sagt wenn einer stirbt, so ging ich meine Tage im Geist durch mit allen Leuten die ich gekannt hatte, die mir Gutes und Schlechtes getan hatten und alle meine Abenteuer die eigentlich gar nicht so wenig gewesen waren und alle wusste ich sie noch, von den ersten Gehversuchen als Kind bis zu diesem bösen Husten, der, ich wollte das gar nicht denken, aber er sah mir nach dem letzten schwarzen Zeichen meines Lebens aus, und zum Glück war diese Arschgeige abgekratzt die mir jedes mal wenn er mich sah zu mir sagte Libbò du hast schon wieder verloren, auch wenn es stimmte, ich hatte schon wieder verloren und diesmal für immer.

2007 … 2009

Wenn Menschen sterben,
singen sie Lieder.
VELIMIR CHLEBNIKOV, *DAS EINE BUCH*

Der gute Einfall, wieder etwas Mut zu fassen, kam mir etwa in der Woche vom Fasching, wenn jeder Schabernak erlaubt ist, dabei verarschte man mich auch dann, wenn Fasching weit vom Schuss war, und so schwirrte mir im Kopf herum, ich sollte ein schönes allerseitiges Fresstmahl geben mit all den besten Sachen zum essen und zum trinken mitsamt Dessert hinterdrein, ein richtig großes Gelage bis zum platzen, das konnte ein hübscher Abschied werden, alle würden sich dann dran erinnern und sagen Eigentlich gar nicht so blöd dieser Knallkopf von Liborio Bonfiglio, genau wie es der Dottor Alvise Mattolini immer sagte, mit diesem grinsen im Gesicht, das einem auch ein wenig auf den Kieker ging, aber er wusste was man sagen darf und was nicht, um den Leuten nicht auf den Schlips zu treten. Es brauchte ein paar gute Monate, aber am Ende waren alle dabei, außer Maccarone der Stoffeler den hatte ich extra nicht eingeladen, so konnte er's sich abgewöhnen anderen das Leben wegzunehmen, aber alle anderen Gestalten meines insgesamten Lebens waren alle da vom ersten bis zum letzten rund um den Tisch, ich hatte die Tischdecke von der Mitgift meiner Mama ausgebreitet, der seligen und guten Seele, die genau so hieß wie die Mutter Jesus, und vielleicht deswegen fühlte auch ich mich einigermaßen gekreuzigt im Himmel und auf Erden. Weil wenn man alles zusammennimmt, hatte ich genau genommen das ganze bisschen Geld von meiner Rente auf den Kopf gehauen fürs einkaufen und um die besten und gutesten Sachen zu kaufen, weil ich nicht dastehen wollte als Geizkragen, wo die die gekommen sind mir ja auch viele Geschenke und Mitbringsel gebracht haben dass ich summa summarum bei all den Ausgaben und Einnahmen gar nicht so viel draufgezahlt habe, was wär es denn auch sonst für eine Feier gewesen, wo mir doch auch noch der Splien gekommen ist, im ganzen Ort Plakate aufzuhängen. Aber danach wars mir zu blöd, zu peinlich, weil ich womöglich noch eine Rede hätte halten sollen, und dann Gute Nacht, weil meine Zunge war jetzt eingerostet wie eine spröde und alte Schnur und ließ sich nicht mehr lösen, nicht einmal wenn Padre Pio mit den löchrigen Händen herunterkam mitsamt den anderen Wunderheiligen mit ihren normalen Händen. So sind sie halt die Verrückten, sie sehen die Welt ein bisschen schrill und machen die Sachen wies kommt, und wenns schlecht wird betet jeder auf seiner eigenen Faust zu Gott und Scheiße für alle, und sonst hipp hipp hurra! Und sogar die Geräusche im Kopf waren vorbei, nur die Kälte hat nicht aufgehört und die Stiche in der Brust und die Steine in den Taschen, aber das einzige was mich niedergehauen hat war, dass ich keinem die Hand geben konnte, nur Boschetto, aber der hatte ja nicht einmal einen Arm, nur die Augen voller Wasser weil er so viel geweint hatte nach dem Unglück in der Fabrik. Und Boschetto war der erste der gekommen ist im Sonntagsgewand, und schau die Madonna die dir manchmal ohne Absicht über die Lippen geht, auch noch mit dem ganzen Arm, wie neu gemacht, als hätte die Maschine ihm nie den halben abgetrennt, und mir war ganz rührselig geworden vor lauter Freude ihn wiederzusehen wie er früher mal war, der Boschetto, und hinter ihm der Reihe nach in den frisch gewaschenen Blaumännern und auf dem Herz Ducati Motori stabilimento di Borgo Panigale, Lenino, Bacunino, Malatesta und Palmiro, der vielleicht ein entfernter Verwandter von Togliatti war, und ein bisschen schamhaft auch noch der Capo mit neuen Zähnen und wir haben Frieden geschlossen wie die Kinder nachdem sie gezankt haben und gemeinsam hüpfen und singen Verflucht sei der kleine Teufel der uns hat entzweit, gelobt die Muttergottes, die uns hat vereint, da war meine kleine Küche, wenn auch aufgeräumt, ein bisschen klein für all die Leute und für die die noch kommen sollten, weil ich hatte alle eingeladen zu dieser Abschiedsfeier mit Umarmungen und Handschlag, weil wenn das Leben eh aufhören muss, ist es besser wenn es so aufhört, mit einer schönen Abschiedsfeier mit Umarmungen und Handschlag, so machen es die ordentlichen Leute die sich fest die Hand geben ohne viele Worte zu machen. Weil am Ende des netten Wiedersehens gehen alle Gäste müde aber zufrieden und ich hab das einen guten Brauch gefunden um aus dem Leben und in den Tod zu gehen, weil wenn ich später als die andern sterben würde, stimmt schon, dass ich dann ein weiteres Mal allein blieb, aber an die Einsamkeit hatte ich mich ja schon gewöhnt, und sie tat mir nicht mehr weh als ein Hühnerauge. Von der Straße her kamen inzwischen weitere Stimmen und viele unterschiedliche Sprechs, Mailändisch, Bolognesisch, Bagnocavallesisch etzetero etzetero, ich war ein bisschen verwirrt weil ich nicht wusste wohin ich sie stecken sollte, und außerdem brauchte es mehr Stühle und mehr Gläser, aber dann war es wie ein Wunder von Padre Pio weil je mehr dass gekommen sind, desto mehr wurden die Wände in der Wohnung weiter und ganz ganz dünn, und schließlich durchsichtig wie eine saubere Glasscheibe dass man auf der einen Seite das Meer gesehen hat und auf der anderen die Berge, auf den Bergen lag Schnee und auf dem Meer die Boote die von weitem mit den Wellen einen Volkstanz aufführten während von der Piazza her die Musikkapelle zu hören war, meiner Meinung nach eine Kapelle aus Apuglien, die die Opern spielte aber ohne die Sänger die gesungen haben, und mit der Musik der Musikkapelle haben alle Platz gefunden in meiner Wohnung und alle waren glücklich hergekommen zu sein nach der langen Zeit wo kein Schwein gekommen war, nachdem die Sordicchia gestorben ist. Meine Mutter hat schon am Tischende gesessen, und neben ihr Nonno Peppe im Hemd des sozialistischen Maurers, von Nennis Seite allerdings, der mit der Sordicchia ein wenig getändelt hat, aber der eine hat leise geredet und die andere hat nichts gehört, und so hat es keine Hoffnung gegeben auf ein echtes Techtelmechtel, und darauf ist Don Nicola der Doktor gekommen mit der Weste und dem Strohhut so um elf und die Commar'Elisa ganz in rot, weil wenn es darum ging für lau etwas zu essen und trinken zu kriegen, waren die beiden immer sofort zur Stelle, aber wenns nach ihnen gegangen wäre, als ich auf sie gewartet habe, hätte ich immer noch auf meine Geburt gewartet, und ganz die Dummbacke war auch ihr Sohn Filippone dabei, der zu Fuß aus dem Russenland zurückkam und es hatte seine Zeit gebraucht, weil er ja vielleicht auch übers Meer musste, und dann mein Lehrer Romeo Cianfarra der mir das Buch *Cuore* gebracht hat, und um ihn nicht zu enttäuschen habe ich ihm nicht gesagt, dass er es mir schon mal geschenkt hatte, außerdem besser zwei als eins, hab ich mir gedacht, und Mastro Antonio der Seilmacher mit dem düsteren Gesicht und seine hochnäsige Signora mit den falschen Perlen am Hals und an den Händen, dass man sie für einen Weihnachtsbaum hätte halten können ohne die Lichter allerdings, dann Mastro Girolamo De Angelis der allein kam und mich sofort anschrie Bürsten Bursche! und wir haben gelacht wie zwei Soldaten die sich nach der Front wieder treffen, dann hat es mir einen Stich ins Herz gegeben dass ich die Teresa Giordani wieder gesehen hab die aber so war wie früher mit einem leichten Blumenkleid, das der Wind angehoben hat wie ein Blatt, nicht wie das Fass zu dem sie geworden war, ohne die drei Kinder im Schlepptau, drei kleine Arschlöcher die bestimmt nach Maccarone dem großen Arschloch geraten waren, und einen Augenblick lang hab ich gedacht es kann alles wieder neu anfangen, wenn der Teufel seine Finger und den Schwanz mit ins Spiel bringt damit er was zu lachen hat, und mit ihr eingehakt ist auch die Teresa Balugani gekommen, mit den Sommerflecken im Gesicht und den Haaren wie ein Kupferguss, genau so wie bevor sie vom Balkon der Anstalt gesprungen ist, wo wenn Alvise Mattolini uns ein Zimmerchen gegeben hätte um so tun als wären wir eine Familie, dann wär das arme Mädchen vielleicht nicht gesprungen, und am Ende gäbe es auch noch den einen oder anderen kleinen Liborio irgendwo auf der Welt. Gleich dahinter auf Geck gemacht Ermes Venturi, allerdings ohne die Sifilis im Gesicht, der sein Auge sofort auf die beiden Teresen gerichtet hat als wolle er sich an sie ranmachen, aber ich hab ihm einen scharfen Blick zugeblitzt und er hat sich etwas pikiert hingesetzt, aber wenn er nicht den Geck gab war es wie wenn er schon definitiv tot war, und deswegen hatte er diese ganze Sifilis gehabt bis zum Haaransatz wo er immer einen Finger dick Brillantine auftrug, er glaubte ja er riecht gut, aber er hat streng gerochen, und so hab ich ihm die Wahrheit gesagt und er war enttäuscht, ist aber nicht gegangen, er ist geblieben und hing einfach rum, weil so hatte er es immer gemacht, der Ermes Venturi aus Bagnacavallo, jetzt wusste ich ja, dass es kein Scherz war sondern der echte Name seiner Stadt. Die Wände der Küche wurden immer weiter als würde einer mit dem Kompressor hineinblasen und die Leute hatten Platz und freuten sich über das Fest, jeder erzählte was und sie erzählten sich gegenseitig wie sie mich kennengelernt hatten, und mir kam es dieses eine Mal im Leben vor als würde ich das Orchester dirigieren, so wie die größeren Kinder die Spiele der kleineren anleiten, ohne aber irgendeinen anzupissen. Das war aber noch nicht das Ende, das Beste sollte noch kommen, als mit Hallo und Gelächter eine Gruppe Jungs reinkam die ich gleich erkannt habe, sie waren genau so wie bevor sie im Krieg gegen die Deutschen gestorben sind und sie sagten immer noch Jamme jamme und ockey ockey, und hatten ein paar

Handgranaten mit und die Flinten über die Schulter, und das haben sie gut gemacht, find ich, man weiß ja nie, ob nicht wieder ein Krieg anfängt und eine Apokalypso ausbricht wie es in der Bibel steht, weil in der Bibel stehen keine Witze und Lügen, was ist das denn sonst für eine Bibel. Und dahinter, mit Gesichtern wie auf den Fotos im Personalausweis ein Grüppchen von Durchgeknallten, die aus der Anstalt von Imola herunter gekommen waren zusammen mit dem Dottor Alvise Mattolini mit einem derart schlingernden Blick, da konnte man meinen, wenn man ihn nicht richtig gut kannte, er ist der durchgeknallteste von allen, weil er hatte ja alle Tage mit den Irren zu tun, da konnte ihm schon der eine oder andere Schatten übers Hirn gefallen sein. Der Dottore hat mir ohne ein Wort des Grußes ein Päckchen gegeben mit einem roten Band drum rum und ich hab es stillschweigend angenommen mit heftig klopfendem Herz vor lauter Aufregung der Vermutung dass da drin das drin war was ich meinte dass da drin war. Und tatsächlich ist aus dem Papier ein schöner weißer sauberer und duftender Kittel rausgekommen dass ich vor lauter Glücksgefühl kein Wort des Danke aus der Stimme rausgebracht habe, wir haben uns nur angeschaut mit einem Lächeln, ich und der Dottor Alvise Mattolini, sozusagen Geht doch, so lässt sich vernünftig reden, weil so vernünftig wie in einer Irrenanstalt wird man nirgendwo sonst vernünftig reden, und so ist es aus eigener Erfahrung und diese Erkenntnis steht fest. Auch der Anwalt war dabei, der wollte eine Eingabe machen, weiß der Kuckuck gegen wen oder was, aber dann haben sie ihm einen Krug Wein und eine Kippe zu rauchen gegeben und er hat Papier und Bleistift weggelegt, zugehört hat ihm sowieso keiner, weil es ein richtig schönes Fest war und das durfte man nicht mit Kanzleipapier und Stempeln der Juristerei ruinieren, auch wenn ich sehr gern eine saftige Eingabe gegen diesen Stoffeler von Maccarone gemacht hätte, aber wie sollte das gehen wenn dann plötzlich ein ganzer Schwarm Exkremisten von der Uni gekommen sind mit Spruchbändern wo drauf stand FREIHEIT FÜR LIBORIO und sie sangen die bekanntesten Lieder der Exkremisten, und mit ihnen war auch ein Häufchen Metaller die ich nicht kannte, vielleicht waren sie von einer anderen Fabrik, ich hab sie trotzdem reingelassen weil ich ja selber Metaller gewesen war als junger Mensch, und dann war ich auch in Rom gewesen auch wenn ich den Buss verpasst hatte, aber die Fahne die sie mir gegeben hatten hab ich heil und ganz zurückgebracht und an der Wand aufgehängt und jetzt schauten alle drauf und wussten dass Liborio Bonfiglio Metaller gewesen war und das war kein Märchen, ich war immer noch mit Haut und Haaren dabei als Metaller. Auf die Fahne hat dann keiner mehr acht gegeben als dann hübsch geschminkt und mit Rockschlitz ein ganzes Fuder Nutten hereingekommen sind, auch sie hatte ich eingeladen, hatten sie doch so viel für mich getan als ich die Säfte erneuern und das Hirn freiblasen musste von düsteren Gedanken und Geräuschen, voran Donn'Assunta die Mätresse mit feuerrot gemalten Lippen und einem Blick dass sie sich immer noch für einen heißen Feger hielt, auch wenn sie einen Arsch hatte dass sie zwei Stühle brauchte sich hinzusetzen, alle haben dann angefangen zu tanzen und am meistens die Metaller die sich am Ende tanzend und quatschend mit den Schönen der Nacht abgesprochen hatten zusammen eine Gewerkschaft zu gründen um so die Rechte der Arbeit und der Muschi besser zu schützen, wirklich ein schönes Essen und ein schönes Fest, dann gab es noch einen riesigen Aufschrei wie wenn Pascutti und Bulgarelli Tore schossen, am Ende sind auch Bartali und Coppi auf dem Fahrrad gekommen und nach ihnen in einem schönen Anzug aus grauer Wolle und mit goldener Brille Palmiro Togliatti, das erste was er gesagt hat war, nicht einmal von weitem war er mit meinem Freund Palmiro von der Ducati verwandt, aber dann hat er ihn trotzdem umarmt und der Palmiro hat so getan als würd er heulen wie ein Kälbchen, dieweil Boschetto lachte und mit leuchtenden Augen auf seinen Arm starrte der wieder ganz war und lebendig wie ein gerade geborenes Kind. Weil alles recht wundersam zuging ist Don Biagio reingekommen, der alte Pfarrer der Mutterkirche aus dem Dorf meiner Mama, ganz in Gold und Silber gekleidet und mit den Paramentern dass er aussah wie der Sohn vom Papst, und hat angefangen alle zu segnen und redete Latein was er nur selber kapierte, aber irgendeiner hat gesagt, dass das nicht gerade Latein war was er da redete, und dass Don Biagio beim Messe lesen wohl etwas übertrieben hatte mit dem Nippen am Vino santo und halb betrunken war und deswegen redete wie er redete, aber der Segen am Ende musste her und er hat auch die Exkremisten und die Metaller gesegnet und die beiden Palmiro und den echten Togliatti, wo ich meinte der wird jetzt stinksauer, statt dessen blieb er ganz brav auf seinem Platz wie ein Minestrant, auch wenn er das Kreuzzeichen nicht machte, er war der letzte mit dem Segen, und am Ende waren trotzdem alle zufrieden, die normalen und die Irren, die Lebenden und die Toten. Teresa Giordani sah mich mit den gleichen Augen an wie bei den Festtagen und an dem Abend wo wir uns mit einem flüchtigen Kuss gestreift hatten und bevor diese ganze Gefühlsverirrung passierte mit dem dazwischen funken dieses unsympathischen glatzköpfigen und fetten Stoffelers von Maccarone. Meine Mutter die am Tischende saß wie eine Königin sagte allen die ihr die Aufwartung machten wie der Mutter eines Königs hundert mal, dass ich die gleichen Augen hatte aber wirklich ganz die gleichen wie mein Vater, und seufzte dabei jedes mal dass sie nicht wusste wo er war, und ich der doch immer an ihn dachte hatte ihn nicht eingeladen, nicht wegen Vergessigkeit, ich wusste einfach nicht wo ich ihn finden sollte, das wäre die gute Gelegenheit gewesen sich anzuschauen, aber das Leben besteht auch aus Mankos, für die Reichen, für die Armen, für die Normalen, für die Durchgedrehten. Nonno Peppe der die ganze Geschichte nicht mehr hören konnte, stand am Fenster und rauchte eine Toscano-Zigarre und schaute einmal auf die Berge und einmal auf das Meer, als hätte er gehen wollen, aber nicht gewusst wohin. Sobald mir also in der Erinnerung einer einfiel, kam er, trat ein, setzte sich, aß und trank, sang ein bisschen und alle waren wir zufriedener, auch wenn keiner ihn vorher je mit dem Arsch nicht angeguckt hatte, das heißt ihn überhaupt nicht kannte. Ich hab mich riesig gefreut über diese Heimkehr, ich brauchte nur an einen Mensch zu denken und schon kam er oder sie, mit gesunden Farben im Gesicht, dass mir vorkam der Tod ist ganz verschwunden, und wenns ihn noch gab wars auch ziemlich gut. Ich schaute mir dieses schöne Fest an mit dem

Kopf der an gar nichts mehr dachte wie die irrsten Irren, denen die's richtig erwischt hat wie die in der Geschlossenen, da hörte ich schleifende Schritte vor der Tür und dann wurde mit der Hand geklopft, ich hatte ja keine Klingel, also hab ich sachte die Tür aufgemacht, es konnte schließlich ein Stänkerer sein der sich über den Lärm bei der Feier beschweren wollte, und da stand mir wiesawie einer gegenüber den ich mein Lebtag alle Jahre inbegriffen noch nie gesehen hatte. Dieser Kerl redete mich mit einer Stimme an die von ganz weit her zu kommen schien, eine unterirdische Stimme beinah, ich versuchte zuzuhören, ich verstand ihn und verstand ihn nicht, ich ließ ihn aber nicht rein wie die andern, als würde er mich aus irgendeinem Grund bedrücken, der sich mir nicht erschloss, und er redete von den großen und weiten Orten in Amerika, von allen Arbeiten die er gemacht hatte, als Maurer, als Hafenarbeiter, als Viehhüter, als Müllmann, und in harten Zeiten großen Elends wo man sich nur mit Stehlen über Wasser halten konnte als Dieb, aber nur kurz und nicht als Profi, und mitten in all diesem Wirrwarr von überschlagenen Ereignissen dass er auch einen Sohn zurückgelassen hatte hier in der Gegend, der übrigens, sagte er zu mir der ich ganz still war, genau die gleichen Augen hatte wie ich, die selbe Farbe, den gleichen Glanz, das selbe Geschau, ein bisschen so und ein bisschen so. Ich hatte die Augen nach unten gerichtet, aber nicht aus einer Art umgekehrter Arroganz, ich wars einfach gewohnt, ein bisschen aus Schenierlichkeit und ein bisschen aus Angst die andern anzuschauen die jederzeit bereit waren mich zu verarschen. Ich blieb einfach still und schaute auf seine Schuhe, wo man nicht genau erkennen konnte welche Farbe sie hatten, braun oder schwarz, wegen des vielen Staubs drauf, als ob es in jenen Landstrichen Amerikas nur Schotterwege gebe, voller Staub oder Schlamm, aber wie konnte es sein dass es da keine asfaltierten Straßen nicht gab bei all dem Überfluss den man sich von Amerika erzählte. Ich wusste einfach nichts zu sagen oder zu tun, ich war ja auch an vielen Orten gewesen, aber ich ging doch nicht hin und erzählte ihm wo ich alles gewesen war. Mich traf ein Stich im Hirn und auch im Herz, er redete weiter aber ich wollte ihn gar nicht hören, weil wenn einer zu mir redete, schon seit der Zeit im Irrenhaus, guckte ich zu Boden und blieb stumm und ein wenig schenierlich wegen meiner Schüchternheit, und auch aus Angst dass man mich schimpft wegen etwas das ich angestellt habe. Diese Schüchternheit ist mir auch außerhalb der Anstalt geblieben, aber in dem Moment war es mehr die Angst dass das wirklich mein Vater sein konnte, und so kam mir drinnen eine heftige und wilde Wut hoch, dass aus seiner Schuld der sich nach Amerika abgesetzt hatte, mir so viele garstige Sachen passiert waren, es war jetzt zu spät all die schwarzen Zeichen zu löschen die mich getroffen hatten, einen Vater brauchte es wenn auch nur für wenige Jahre im Leben eines Menschen wie ich klein gewesen war und groß auch. Und der kam jetzt daher als ob nichts gewesen wäre und wollte zu meinem Fest rein, ach was, er hatte es schon kaputt gemacht, aber so was macht man nicht, man kommt ja nicht einfach daher geschneit wann man will und macht einen auf lässig und unverschämt in fremden Häusern, so einfach geht das nicht, selbst wenn eine gewisse rückwärtige Reue vorlag. Aber ich schaute ihm nicht so genau ins Gesicht und sagte nichts, nicht das leiseste Wörtchen, auch wenn ich ihn gern zum Teufel jagen und ihm die Tür ins Gesicht klatschen wollte, was sollte ich jetzt damit anfangen, wo es zu spät war für Gefühle die zwischen einem Vater und einem Sohn fließen können, wo es bis zu dem Augenblick keinerlei Nachricht, nicht einmal eine Postkarte mit draufgeschrieben Mir geht es gut ich hoffe euch auch gegeben hatte. Ich war misstrauisch zu diesem Mensch, ich dachte ich lass ihn lieber nicht rein, sonst kriegte meine Mama vielleicht noch einen Schock, und auch für ihn war es gut, weil Nonno Peppe, auch wenn er Sozialist war, aber von Nenni einer, konnte ihn in Scheibchen schneiden wie einen Caciocavallo-Käse, hatte er ihm doch geschworen ihn zusammenzuschlagen dafür dass er einfach abgehauen war. Ich spürte eine starke Verstörung im Schädel und im Körperbau, auch wenn dieser Mensch jetzt nicht mehr redete und vielleicht darauf wartete dass ich ihm sagte reinzukommen, aber mir war nicht danach und ich redete mich mit einer Lüge heraus, dass zu viele Leute da sind und dass es nix mehr zu essen und zu trinken gab, ich wusste dass es nicht stimmt und dass er wirklich mein Vater sein konnte, aber mir war nicht danach und ich hab ihm eine Hand auf die Brust gelegt wie um ihn abzuwehren. Da ist mir, weil ich hab das nur am Rand beobachtet, ist mir vorgekommen so was wie Wasser in seinem Geschau zu sehen, und inzwischen war es rundrum ganz still geworden wie nachts im Winter wenn keine Sau mehr auf der Straße vorbeikommt, was weiß ich, ein Nachtwächter, ein Bäcker, die von der Müllabfuhr, überhaupt keiner, nicht mal ein Hund, und wenn einer kommt ist er nicht zu hören weil auf dem Boden Schnee liegt und die ganze Welt schläft ohne auch nur ein bisschen zu schnarchen. Am Ende dieses quälenden Wortschwalls hab ich seine Schultern krumm gesehen wie wenn er eine starke Last aus scheitern und Strapazen zu tragen hatte, er ist gegangen ohne sich noch umzudrehen, hätte er sich umgedreht wäre vielleicht noch was Neues passiert, und dann, weil ich hatte eine Art gefühlsmäßigen Sinneswandel, als ich ihn zurückholen wollte war er nicht mehr da, vielleicht war er nie da gewesen, und es war mir einfach der Verstand ins schleudern geraten. Erst da hab ich gemerkt dass ich ihm nicht richtig in die Augen geschaut hatte, wenn er mein Vater war konnte ich endlich erfahren ob er die gleichen Augen hatte wie ich, wenigstens das, und jetzt war ich für immer aufgeschmissen, weil wie sollte ich nochmal dieses Glück haben. Aber ich hatte ihn nicht reingelassen mit meiner miesen Petrigkeit als wollte ich mich rächen für alle Böshaftigkeiten die mir in meinem Leben geschehen waren wegen der schuldigen Schuld eines halben Vaters der mich sitzengelassen hatte wo ich noch gar nicht laufen und sprechen konnte. Als dann vor mir keiner mehr war und die Straße leer war wie die Taschen eines Hungerleiders fiel mir ein, das war der fünfte aufmüpfige Streich, die hintertürckischste Bösheit von allen, schlimmer als der Scheißhaufen vor der Tür des Seilers, als der Leim in der Marmelade der Santa Rosa, die zerschnipselten Kittel in der Anstalt, der Fick mit der Teresa Giordani zur Schmach von Maccarone, und das wars, nur fünf aufmüpfige Bösheiten hatte ich zusammengebracht, schließlich war ich gar nicht so böse in meinem Herz, aber diesen Kerl hätte ich reinlassen müssen, wärs ein Hund gewesen hätt ich ihn nicht auf diese Art davongejagt, doch es war nicht Böshaftigkeit gewesen, es war mir einfach nicht danach nach all der Zeit, auch er hätte früher dran denken können mir wenigstens seine Augen zu zeigen. Mit all diesen Schwankelungen im Herz, zu große Freude und zu tiefer Schmerz, und auch wegen des vielen dunkelroten Tafelweins überkam mich eine unwiderstehliche Schläfrigkeit und ich bin wie ein Idiot auf dem Stuhl eingepennt, vielleicht habe ich sogar eine Menge Sachen verpasst die passiert waren, weil als ich aufgewacht bin war keiner mehr im Haus und die Küche war wieder eng geworden auch wenn sie für mich immer noch locker saß wie ein Anzug der ein paar Nummern zu groß ist, weil ich ziemlich abgemagert war, auch wenn ich alle Tage zweimal am Tag aß, die Wände waren nicht mehr hauchdünn und durchsichtig und die Berge konnte man nicht sehen und aufs Meer schauen konnte man nicht mehr, aber ich wusste auf den Bergen liegt Schnee und auf dem Meer tanzen die Boote eine Art Tarantella mit den Wellen, in der Luft war drin nur der Geruch der Zigarre von Nonno Peppe geblieben und sonst nichts. Da hab ich mich wieder ein wenig erholt, weil zu Anfang hatte ich gedacht es ist alles nur ein Traum und nicht etwas das wirklich passiert ist, weil sie hatten auch alle Krümel aufgelesen, es gab keinen einzigen Krümel mehr für eine Taube und für die Vögelchen, die waren bestimmt enttäuscht, und ich war auch enttäuscht weil wenn gefeiert wird feiern alle mit, also auch die Tauben, die Vögelchen, die Katzen und die alten und neuen Irren. Auf dem Tisch stand letztendlich nur eine leere Flasche Strega-Likör, eine Käserinde und ein Stück Brot mit einem grünen Strich auf der ersten Scheibe die hart war wie Stein und vielleicht hatte sie deswegen keiner gegessen von all den Leuten die zu meinem Fest gekommen waren sich zu verabschieden, weil wie man so sagt, heute sind wir da, morgen nicht. Alles in allem aber, wenn einer verstummt und für immer abkratzt, gibt es eine schöne Messe zum Abschluss, einmal religiös gesungen und Amen, alles wird gut, drei Vater unser und ein Avemaria wie Don Biagio sagte als ich klein war und ich bei ihm zum beichten ging, wo ich mich auch noch anstrengen musste mir tödliche und lässliche Sünden einfallen zu lassen, weil ich zu brav war um Sünden zu machen, auch die normalerweise lässlichen, abgesehen von denen wo man sich anfasste und sich nicht anfassen durfte sonst wurde man blind, aber das waren die Sünden die mir am meistens gefielen, auch jetzt noch wo ich über die achtzig war, was mir wie eine ganz schön große Zahl vorkam für ein einzelnes Leben, mein Leben übrigens. Blind geworden bin ich zwar nicht, abgesehen von einer kataraktischen Kleinigkeit wegen des überzogenen Alters. Aber wie man so sagt, nicht jeder Kringel gelingt mit einem Loch, weiß nicht warum, vielleicht machen die Leute zu viel Mehl rein oder zu wenig Wasser und das zieht den Teig zusammen und verstopft das Loch wie einen Abfluss im Spülbecken, wo du Sachen reinwirfst und nach und nach wird auch die Zwiefel zum Knoblauch, jedenfalls kroch mir nach und nach wieder die Kälte in die Knochen, aber kälter und heftiger als die andern Male, da hab ich Angst gekriegt und bin ganz schnell und besorgt ins Krankenhaus, aber nicht in das wo der Dottor Alvise Mattolini war, sondern in das in meiner

Stadt, das auch schön groß war mit vielen Treppen und Glasfenstern, und Leuten die rastlos auf und ab gingen in sauberen weißen Kitteln die durch die Luft flatterten und alle wie Engel aussahen, nur dass keine Irren da waren und das fand ich ein wenig schade. Der Doktor der mich untersucht hat, weiß nicht wie der hieß, er hats mir nicht gesagt, aber dass ich Liborio Bonfiglio heiße wollte er wissen und in null komma nix hab ich ihm die ganze Geschichte erzählt. Er hat mich röntgen lassen, da gucken sie dir drinnen rein wie ein Spion, und nach ein paar Tagen hat der Spion gesagt, da ist ein Fleck neben meiner Lunge der aussieht wie eine Wolke kurz bevor es zu regnen kommt, und es braucht genauere Untersuchungen, aber mit den Wolken bin ich immer ganz gut klargekommen, und die Nadeln machten mir Angst, ich hätt beinah fast davon in Ohnmacht fallen können, und so bin ich zu dem Doktor nicht mehr hingegangen, ich hatte eh sofort kapiert dass auch er mir keinen weißen Kittel geben würde. Ich hab ein Päckchen Alfa gekauft und hab es vor der Haustür geraucht die ganze Nacht durch, und ich war bei meinen Gedanken die wie der Rauch der Alfa in den Himmel zogen bis hoch zu den Wolken und sich verloren und so, dachte ich, sind wir jetzt quitt, auch wenn ich nicht recht wusste womit und mit wem und wieso. Derweil fiel mir die Feier und das Abendessen wieder ein und mein Herz schlief zufrieden ein wie ein kleines Kind dem die Mama ein Wiegenlied vorsingt und es liegt in der Wiege die es leicht in den Schlaf wiegt, es schläft und sieht aus wie ein schlafender Engel. Ninna nanna ninna oh, questo bimbo a chi lo do. So sang die Mama wo ich jetzt nicht weiß ob sie wirklich meine Mutter war, auch wenn mir vorkam es war die gleiche Stimme, vielleicht aber auch nicht weil gesagt hat sie mir nichts. Sie hat mir nicht einmal gesagt dass ich die gleichen Augen hatte wie mein Vater, und meine Mama hat mir das immer gesagt. Sie sang einfach nur. Ninna nanna, nanna ninna, oh.

So bleib ich jetzt einfach hier sitzen und warte wo ich bin, auf diesen zerfledderten Strohstuhl aus schiefem und morschem Holz genagelt, aus der Welt als wärs das Ende der Welt. Und warten wir's ab was noch zu passieren hat. Na schön, mal sehen was passiert.

2010

Jahr, in dem Liborio Bonfiglio bald von der Bühne der Welt abtritt, und zwar im Winter

> Nicht was wir gelebt haben, ist das Leben, sondern das, was wir erinnern und wie wir es erinnern, um davon zu erzählen.
>
> GABRIEL GARCÍA MÁRQUEZ, *LEBEN, UM DAVON ZU ERZÄHLEN*

Heute ist der 22. August und damit hab ich meine vierundachtzig Jahre voll gemacht, immer noch mit dieser Blamasch der gleichen Augen, die ich seit hundert Leben mit mir herumschleppe. Und dieses Haus wo ich geboren bin und wo ich heute oder morgen oder wer weiß in einer Minute vielleicht sterbe, dieses Haus ist auch noch voller Fliegen die hinaher fliegen. Und ich, Liborio Bonfiglio geh ihnen hinterher, man weiß ja nie, wenn der Teufel seine Finger im Spiel hat, und Schwanz und Hörner dazu, bringt dich die Fliege an einen neuen Ort, wo ich endlich erfahren kann, wie die Augen von meim Vater wirklich waren. Dann hat die Geschichte endlich ein Ende, weil jede Geschichte hat ein Ende, und wenn sie zu Ende ist, ist sie zu Ende und dann ist alles gesagt. Jede Geschichte eines Menschen, ob verrückt oder normal, ist ne Vermischlung der selben Dinge, ein Tal der Tränen, ein Lächeln zwischendrin, eine Niete flüchtiger

Freuden, und ein großer Schmerz, wie wenn im Kino die Lichter ausgehen. Da setzt sich einer vor seine Haustür und wartet, bis dass der Tod vorbeikommt der zu mir sagt Schau her Libbò, die Geschichte ist zu Ende und es gibt jetzt nix mehr zu sagen. Und wenn alles aus ist, weil alles hat ein Ende, sind wir Menschen, ob gut oder böse, arm oder reich, normal oder verrückt, sind wir alle gleich, und wie das Wasser, das die Form wechselt aber immer noch Wasser ist, wenn es saukalt ist wirds zu Eis, wenn es verdammt heiß ist, verdampft es, steigt in den Himmel auf und wird zur Wolke und fällt dann mit dem Regen wieder auf die Erde und wird wieder zu Wasser, und wenn es ordentlich friert wieder zu Eis. So ist unser ganzes Leben, Wasser das kommt und Wasser das geht, und wenn ich dann wieder zu Staub werde, wie der Geistliche auf dem Altar sagt, aber auch dieser mein Staub ist immer Staub von Menschen, von einem Mensch aus Fleisch und Blut mit all seinen Gefühlen, den Schmerzen, dem Krach im Schädel, bistanclaque bistanclaque, tata tatan tatatan, tutum tutum tututum, deswegen hab ich mich verdrückt, das ist ja nicht nur der Lärm der Fabrik, sondern all die Erinnerungen meines kompletten Lebens, genau so wie ich es auf den Grabstein schreiben lasse, wenn ich eines Tages früher oder später tot bin. Ich hinterlasse auch, der Grabstein soll aus glattem und hellem Marmor sein mit Lettern aus Gold, Falschgold allerdings, weil sonst wenn sie aus echtem Gold sind, kanns gut passieren, schließlich gibt es eine Menge diebisches Gesindel auf der Welt, dass einer sie über Nacht klaut, dann wäre nichts mehr zu lesen, dann wär die ganze Arbeit futsch, dann weiß niemand nie wer unter dieser Erde liegt und kein Schwein wird sich mir erinnern. Und so soll es eigentlich geschrieben stehn, in falschem Goldlack, und zwar genau so:

HIER endlich RUHT
LIBORIO BONFIGLIO
Metaller
geboren am 22. August 1926
gestorben … (setzt der Steinmetzer)
Er hat die gleichen Augen gehabt wie sein Vater

Volare, oh oh, nel blu dipinto di blu
(wenns der Platz hergibt)

AMEN

> Ihr Menschen habt Namen. Das kommt daher,
> weil ihr nicht wisst, wer ihr seid.
>
> NEIL GAIMAN, *CORALINE*

All die Erinnerungen meines Lebens lass ich
auf den Grabstein schreiben, wenn ich eines Tages
früher oder später zum letzten Schwalbenflug ansetze.
Der Grabstein soll aus hellem Marmor sein
mit Lettern aus Gold, Falschgold allerdings, weil sonst
wenn sie aus echtem Gold sind, kanns gut passieren,
schließlich gibt es Gesindel auf der Welt,
klaut sie noch einer nachts bei mattem Mond,
dann wäre gar nichts mehr zu lesen,
und die ganze Arbeit wäre futsch, und nie
weiß niemand wer unter dieser Erde schläft
und kein Schwein wird sich mir erinnern. Amen.

Leserinnen und Leser mögen es dem alten Mann Liborio Bonfiglio nachsehen, dass er sich nicht immer ganz korrekt ausdrückt. Er beherrscht einfach nicht alle Finessen der Standardsprache, hat insbesondere Schwierigkeiten mit der Groß- und Kleinschreibung, Getrennt- und Zusammenschreibung, dem Konjunktiv, dem Genitiv, der Zeitenfolge und den Fremdwörtern. Man möge ihm daher die Wiederholungen, die doppelten Negationen und den weitgehenden Verzicht auf eine »korrekte« Interpunktion sowie auf Absätze verzeihen.

Ohnehin liest sich der Monolog eher als mündliche Rede des alten Kauzes, der im italienischen Original häufig Ausdrücke und Redewendungen des Dialekts der Abruzzen einfließen lässt, sich aber hin und wieder bei verschiedenen Dialekten der vielfältigen italienischen Sprachenlandschaft bedient. Einzelne dialektale Einsprengsel aus mehreren Regionen des deutschen Sprachraums seien daher gestattet.

ANMERKUNGEN UND ERLÄUTERUNGEN

Reale Personen

Pietro Nenni, Politiker der sozialistischen Partei und in der Nachkriegszeit Protagonist zahlreicher Abspaltungen im sozialistisch/sozialdemokratischen Lager.

König Säbelchen, Vittorio Emanuele III, faktisch der letzte König Italiens: seine geringe Körpergröße erforderte die Anfertigung eines besonders kurzen Schwertes, daher die populäre Verunglimpfung als *Re sciaboletta* (Säbelchen).

Giuseppe Garibaldi, Freiheitskämpfer und Nationalheld.

Antonio Gramsci, marxistischer Politiker und Philosoph, der lange Jahre in faschistischen Gefängnissen verbrachte. Verfasser der *Quaderni del carcere*, 1948–51, deutsch *Gefängnishefte*, Hamburg 1991–2002.

Palmiro Togliatti, von 1947 bis 1964 Generalsekretär der kommunistischen Partei Italiens.

Gino Bartali, Fausto Coppi, berühmte Radrennfahrer.

Totò, eigentlich Antonio De Curtis, Komiker, Theater- und Filmschauspieler.

Peppino De Filippo, Schauspieler und Komödiant.

Wanda Osiris, eigentlich Anna Maria Menzio, Schauspielerin und Sängerin.

La Belle Otéro, eigentlich Carolina Otero, spanische Schauspielerin und Tänzerin.

Giorgio Scerbanenco, Schriftsteller und Journalist ukrainischer Abstammung, Verfasser italienischer Kriminalromane, schlug sich vor seiner journalistischen Karriere mit Gelegenheitsjobs auch als Fabrikarbeiter durch.

Giuseppe Di Vittorio, wichtiger Gewerkschaftsführer.
bärtiger Professor, Anspielung auf den Semiotiker Umberto Eco (*Der Name der Rose*) und seine berühmten Vorlesungen.
Amedeo Nazzarro, eigentlich Amedeo Nazzari, Filmschauspieler.
Padre Pio, Kapuzinerpater, um dessen Wirken sich ein umstrittener Kult entwickelt hat, inzwischen heiliggesprochen.

Politische Parolen
Duce Duce tu sei la luce – Duce Duce, du bist das Licht.
W IL RE – Hoch lebe der König.
LOTTA DURA SENZA PAURA – Harter Kampf, ohne Angst.
È ORA È ORA POTERE A CHI LAVORA – Es ist an der Zeit, die Macht den Arbeitern.
CHIEDETE L'IMPOSSIBILE – Verlangt das Unmögliche.
TARIFVERTRAG, ARBEITERSTATUT – Der Kampf um Löhne und Arbeitsbedingungen wurde von beiden Seiten mit harten Bandagen geführt, z. B. mit Streiks, Aussperrungen, Besetzung von Fabriken, Polizeieinsätzen. Mit dem 1970 eingeführten Arbeiterstatut wurden den Beschäftigten wesentliche Rechte gewährt (Meinungsfreiheit, Kündigungsschutz) sowie zarte Formen der Mitbestimmung eingeführt.
Pesenti, Agnelli, ladri gemelli – gleichermaßen (wie Zwillinge) Diebe. Carlo Pesenti (Italcementi) und Gianni Agnelli (Fiat) waren typische Vertreter italienischer Großkonzerne. Oft auch Agnelli, Pirelli (Chef des Reifenherstellers), ladri gemelli.

Gedichtverse aus Klassikern
Generationen italienischer Schülerinnen und Schüler mussten sie auswendig lernen:
Junge Stute, die nicht zurückkommt, *O cavallina, cavallina storna, /*

che portavi colui che non ritorna, von Giovanni Pascoli, im Gedicht »La cavalla storna«, aus der Sammlung *Canti di Castelvecchio*, 1903.
Schäfer ziehen an die Küste, *Settembre, andiamo. È tempo di migrare*, aus »I pastori« von Gabriele D'Annunzio, aus der Sammlung *Alcyone*, 1903.
Ochsenliebe, *T'amo, o pio bove*, aus »Il bove« (Der Ochse) von Giosuè Carducci, aus der Sammlung *Rime Nuove*, 1887.
Kleine Schwalben, aus »X agosto« von Giovanni Pascoli, aus dem Sammelband *Myricae*, 1897.

Bücher und Zeitungen

Cuore, Das Jugendbuch von Edmondo De Amicis war von Anfang an ein großer Erfolg, es verkörperte das Pathos des Risorgimento und war laizistisch geprägt. Bottini, Garrone, Muratorino, Derossi, Franti, Precossi und der Lehrer Perboni sind Figuren aus diesem Buch. Deutsche Ausgabe *Cuore. Eine Kindheit vor hundert Jahren*. Mit 15 Illustrationen der Prachtausgabe von 1892, übersetzt von Hans-Ludwig Freese. Freese, Berlin 1996.
Die Jungen von der Paulstraße, in Europa weit verbreiteter Jugendroman des Ungarn Ferenc Molnár von 1906.
Kalender von Frate Indovino, populäres Jahrbuch mit Geschichten, Rezepten und frommen Sprüchen, ähnlich dem *Reimmichlkalender* in Tirol.
il manifesto, linke Tageszeitung.

Historisches

Jugendorganisationen des italienischen Faschismus, Kinder der Wölfin (6 – 8 Jahre), Balilla, Kleine Italienerinnen (beide ab 8 Jahren), Avantgardisten, Junge Italienerinnen (beide ab 14 Jahren), Jugendliche Kampfbünde, Junge Faschistinnen (18 – 21 Jahre).
Abessinien, Im Abessinienkrieg 1935–36 eroberte das faschistische

Italien das Kaiserreich Äthiopien u. a. unter völkerrechtswidrigem Einsatz von Giftgas und errichtete ein rassistisches Regime. 1941 verlor das weitgehend isolierte Italien die Gebiete an die Alliierten. Italiens brutale Kolonialgeschichte ist bis heute kaum aufgearbeitet.

Kampf gegen die Deutschen, In der Heimatstadt des Autors Remo Rapino, Lanciano, kam es bei der Besetzung Italiens durch die Wehrmacht im Herbst 1943 zu bewaffnetem Widerstand wie sonst nur selten im übrigen Italien.

25. April, Tag der Befreiung von der deutschen Besatzung, wird in Italien als Ende des Zweiten Weltkriegs gefeiert.

Wahlen von 1948, Nach der Abschaffung der Monarchie und bei der aufkommenden Blockbildung nach dem Krieg war zunächst unklar, ob Italien sich westlich orientieren würde. Es blieb zwar von einem Bürgerkrieg wie in Griechenland verschont, aber erst mit den Wahlen von 1948 fiel – auch dank massiven Eingreifens der Amerikaner u. a. über den Marshall-Plan – eine richtungsweisende Entscheidung, die das Land dem westlichen Bündnis zuschlug. Die Democrazia Cristiana bestimmte bis in die 1990er-Jahre die Regierung, von der die starke kommunistische Partei stets ausgeschlossen blieb.

Schwindelgesetz, *Legge truffa*, Versuch der Einführung eines Mehrheitswahlsystems mit dem Ziel, die oppositionellen linken Parteien im Parlament klein zu halten, 1953 gescheitert.

Rassismus, Süditalienische Emigranten, die in Norditalien Arbeit fanden, sahen sich häufig mit Ablehnung und Ausgrenzung konfrontiert (s. auch Lega Nord).

Bomben, Ende der 1960er-Jahre begann in Italien eine Serie von Sprengstoffanschlägen mit Hunderten von Toten und Verletzten im ganzen Land mit dem Ziel der Destabilisierung des von heftigen sozialen Auseinandersetzungen geschüttelten Landes. Viele dieser Anschläge sind bisher nicht endgültig aufgeklärt, werden aber faschistischen Gruppierungen zugeschrieben. Auch Geheimdienste waren involviert.

Wilde Streiks nennt Rapino hier Sabotageaktionen, die zum Arbeitsausfall führen, aber spontane Arbeitsniederlegungen, die unabhängig von der Gewerkschaft organisiert wurden (was man gewöhnlich unter wildem Streik versteht), gab es in den Arbeitskämpfen der 1970er- und 1980er-Jahre auch in Italien häufig.

Populäre Lieder

Lied vom Piave, patriotisches Lied aus dem Ersten Weltkrieg.

Giovinezza giovinezza primavera di bellezza, Hymne der faschistischen Bewegung.

Sole che sorgi libero e giocondo, Hinweis auf Puccinis *Inno a Roma.*

Vincere vincere vincere, e vinceremo, faschistisches Kampflied.

Faccetta nera (schwarzes Gesichtchen), faschistisches Kampflied des Abessinienkrieges 1935–36.

Bella ciao, Partisanenlied.

Su fratelli, su compagne, su, venite in fitta schiera, Hymne der Arbeiter.

Fratelli d'Italia, italienische Nationalhymne.

Bandiera rossa, Bandiera rossa la trionferà, Lied der Arbeiterbewegung.

Drei Esel und drei Briganten, *Tre somari e tre briganti*, Lied des Komikerduos Franco Franchi und Ciccio Ingrassia.

Volare oh oh con il cielo dipinto di blu, eigentlich *… nel blu dipinto di blu*, Schlager von Domenico Modugno.

Ai Carmela ai Carmela, eigentlich *¡Ay Carmela!,* antifaschistisches Lied aus dem Spanischen Bürgerkrieg.

Ninna nanna, Wiegenlied.

Zitate aus Operntexten

Amami Alfredo (Verdi, *La traviata*).

Di quella pira l'orrendo fuoco (Verdi, *Il trovatore*).

Chiamatemi Mimì, eigentlich *Mi chiamano Mimì*, (Puccini, *La Bohème*).

Figaro qua Figaro là (Rossini, *Il barbiere di Siviglia*).

E muoio disperato (Puccini, *Tosca*).

All'alba vincerò! *Vincerò! Vincerò!* (Puccini, *Turandot*).

Sì vendetta, *tremenda vendetta …* (Verdi, *Rigoletto*)

»Ja, Rache, fürchterliche Rache, / ist das einzige, was meine Seele verlangt … / schon nähert sich die Stunde deiner Strafe, / die dir verhängnisvoll schlagen wird. / Wie der Blitzstrahl Gottes / wird der Narr dich zu treffen wissen.« Hier in der deutschen Übersetzung von Elena Sterbini.

Gastronomische Spezialitäten

Torrone, weihnachtlicher Mandelnougat.

Spumante, eher süßlicher Schaumwein.

Cotoletta alla milanese, eine Art Wiener Schnitzel.

Strega, Marke eines Kräuterlikörs.

(Karten)Spiele

Lansquenet (Landsknechtspiel), **Briscola**, **Tressette.**

Passatella, Spiel, bei dem in einer Gruppe ein Weinkrug herumgereicht wird, aber eines der Mitglieder unter allen möglichen Vorwänden am Trinken gehindert wird.

Biliard, Billard, Boccette, eine 48, eine 60, Goriziana, Filotto, Garuffa, Traversino sind Fachausdrücke in der italienischen Variante.

Orte

Lanciano in den Abruzzen an der Adriaküste, Lebensort des Autors Remo Rapino, zugleich Heimatstadt von Liborio Bonfiglio.

Bagnacavallo, Ort in der Provinz Ravenna. Wörtlich übersetzt Pferdebad, der Name geht auf die antike Furt im Flussbett des Senio zurück, daher die Wortspiele des Autors. Bagnacavallo, che l'erba cresce, eigentlich Campa cavallo, che l'erba cresce (wörtlich: Halt durch, Pferdchen, das Gras wächst nach).

Navigli, Mailands Kanalsystem.

Piazza Grande, soweit von Bologna die Rede ist, die Piazza Maggiore, Schauplatz wichtiger Ereignisse, etwa der Studentenproteste 1977.

Zigarettenmarken

Tre Stelle, Nazionali, Esportazione, Alfa, MS: populäre, da besonders billige Marken aus der Produktion des staatlichen Monopols.

Politische Parteien

Partei mit dem Kreuz, Die Democrazia Cristiana war in der Nachkriegszeit fast fünfzig Jahre lang Regierungspartei und hat die KP vor dem Hintergrund der Auseinandersetzung zwischen Ost und West im Kalten Krieg in Schach gehalten (s. auch *Don Camillo und Peppone*).

Forza Italia, von Silvio Berlusconi Mitte der 1990er-Jahre gegründete Mitte-Rechts-Partei.

Filme

Liebe, Brot und noch was, Filme des Genres Commedia all'italiana aus den 1950er-Jahren, *Liebe, Brot und Fantasie*; *Liebe, Brot und Eifersucht* (beide von Luigi Comencini), *Liebe, Brot und 1000 Küsse* (Dino Risi).

Das Wunder von Mailand, von Vittorio De Sica, 1951.

Fahrraddiebe, von Vittorio De Sica, 1948.

Figuren des Romans

Franco Spetta und **Tito Spera** (Spetta e spera, übersetzt: Warte und hoffe), Anspielung auf die Zeile Aspetta e spera im faschistischen Lied *Faccetta nera*.

Boschetto (Wäldchen), **Lenino** (nach Lenin), **Bacunino** (nach Bakunin), **Malatesta** (nach Errico Malatesta, italienischer Anarchist; wörtlich bedeutet mala testa schlechter Kopf, mal di testa Kopfschmerzen), **Palmiro** (nach Palmiro Togliatti): lauter Spitznamen der Arbeitskollegen im Ducati-Werk.

Dottor Alvise Mattolini (matto, übersetzt: irr), Sprechender Nachname des Leiters des psychiatrischen Krankenhauses in Imola.

Sordicchia (die Gehörlose), Spitzname der schwerhörigen Nachbarin.

Sonstiges

Alpini, Gebirgsjägertruppe.

Bersaglieri, traditionelle Schützenspezialeinheit des Heeres mit üppigem Federschmuck auf dem Hut.

Tarantella, Volkstanz.

Boh, umgangssprachlicher Ausdruck des Italienischen für »keine Ahnung«.

Case di ringhiera, historische Sozialwohnungsbauten in Norditalien (insbesondere in Mailand und Turin) mit umlaufenden Balkonen, die gleichzeitig als Flur zu den einzelnen Wohnungen dienten.

Sechshunderter und **Elfhunderter** sind zwei populäre Automodelle, der Kleinwagen Fiat 600 (in Deutschland auch als NSU Fiat Jagst), und die Limousine Fiat 1100.

Fiom (Federazione Impiegati Operai Metallurgici), Gewerkschaft der Metallarbeiter innerhalb des linken, der kommunistischen Partei nahestehenden Gewerkschaftsbundes CGIL. Mit dem Wirtschaftswunder der 1950er- und 1960er-Jahre waren viele Arbeiter aus dem Süden Italiens in die großen Fabriken im Norden gezogen. Soziale Ungleichheiten bei den »Massenarbeitern« und später auch die Einwirkung der Studentenproteste ab 1968 führten zu sozialen Unruhen.

Merlino-Gesetz, eigentlich Legge Merlin, es verfügte 1958 die Abschaffung der Bordelle.

Ospedale psichiatrico di Imola, eines der bekanntesten und größten psychiatrischen Krankenhäuser in Italien, dient hier als Schauplatz für die Erörterung der Umwälzungen durch die von Franco Basaglia betriebenen radikalen Psychiatriereformen, die weltweit Auswirkungen auf den Umgang mit psychischen Störungen hatten. Rapino macht hier Liborio Bonfiglio augenzwinkernd zu einem Protagonisten der Reformbestrebungen.

QUELLENANGABEN ZU DEN EPIGRAFEN

1926 Juan Rulfo, nach der Übersetzung von Mariana Frenk, Hanser 1964.

Laurence Sterne, Deutsch von Adolf Seubert, Reclam 1880.

1956 T. S. Eliot, Deutsch von Norbert Hummelt, Suhrkamp 2015.

1977 Edgar L. Masters, Deutsch von Wolfgang Martin Schede, Artemis 1959.

2007 Velimir Chlebnikov, Deutsch von Hans Christoph Buch, enthalten in *Werke 1, Poesie*, Rowohlt 1972.

2010 Gabriel García Márquez, Deutsch von Dagmar Ploetz, Kiepenheuer & Witsch 2002.

Alle anderen Epigrafen: Übersetzung Walter Kögler.

Ayelet Gundar-Goshen

Wo der Wolf lauert

»Ein Roman, der wie ein Film wirkt. Packend und überraschend bis zum Schluss, böse und bissig in seiner Gesellschaftsanalyse und ergreifend in all seinen Erschütterungen.«

rbb Inforadio

Lilach Schuster hat alles: ein Haus mit Pool im Herzen des Silicon Valley, einen erfolgreichen Ehemann und das Gefühl, angekommen zu sein in einem Land, in dem man sich nicht in ständiger Gefahr wähnen muss wie in ihrer Heimat Israel. Doch dann stirbt auf einer Party ein Mitschüler ihres Sohnes Adam. Je mehr Lilach über die Umstände des Todes erfährt, desto größer wird ihr Unbehagen: Ist es möglich, dass Adam irgendwie damit in Verbindung steht?

Roman
gebunden, 352 Seiten
Aus dem Hebräischen von Ruth Achlama
ISBN 978-3-0369-5849-1

Auch als eBook erhältlich

Elif Shafak

Das Flüstern der Feigenbäume

»In einer traumhaft poetischen Sprache erzählt die Autorin eine allgemeingültige Geschichte über Liebe, Hass und Heimatverlust.«
freundin

Die jungen Liebenden Defne und Kostas dürfen sich nur heimlich treffen – sie ist Türkin, er Grieche, es herrscht Bürgerkrieg auf Zypern. Als sie durch die Unruhen getrennt werden, ahnen sie nicht, dass sie Jahre später wieder vereint werden. In einem neuen Leben, auf einer neuen Insel.

Roman
gebunden, 512 Seiten
Aus dem Englischen von Michaela Grabinger
ISBN 978-3-0369-5863-7

Auch als eBook erhältlich

www.keinundaber.ch